JN086035

個人と組織 不適合のダイナミクス

適合と不適合が牽引する外部環境適応

PERSON-ORGANIZATION FIT/MISFIT

［著］山﨑 京子

東京 白桃書房 神田

はじめに

組織に従順な従業員

　勤務する組織に対する違和感，欲求不満，葛藤，ときには怒り，といった感情は，濃淡あれども誰もが抱くことはあるだろう。1957 年にアメリカで出版された *Personality and Organization: The conflict between system and the individual*（邦題『組織とパーソナリティー：システムと個人との葛藤』）を執筆した Chris Argyris は，成熟した人間の自己実現と公式組織との間には，内面的な不一致があることを示した。そのようなとき，個人は葛藤や欲求不満，失敗に順応するために，離職や無関心という方法によって仕事に巻き込まれないようにしたり，あるいは逃げ場はないと受け入れてやりがい等の内面的な報酬への希望を減少させて金銭的報酬への願望を増大させたりすると論じた（Argyris, 1957, 邦訳 p.262）。こうした個人の組織に対する葛藤を，果たしてそのまま自己処理をして組織に順応すればよいのか，それとも声をあげることで組織を変えることはできないのだろうか，という疑問が本書の原点にある。

　だが，経営者の視点から見れば「組織に適合した従順な従業員」は合理的でもある。経営学では，組織を「2 名以上の人々の，意識的に調整された諸活動，諸力の体系」（Barnard, 1938）と理解し，互いに相互作用する人間行動のシステム（桑田・田尾，1998）だと捉える。そこで，経営組織が合理的に機能するように，組織を構造化し，業務プロセスを設計し，あるいは個人の組織への貢献を引き出す人事システムを構築するといった調整を行う。つまり，人間行動のシステムを正常稼働させることが経営の成功要因として考えられているので，「組織に適合した従順な従業員」を作り出せるということは調整に成功したことを意味するのである。

　そこで，もし職場で組織の方針に異を唱える行動を取ったら，組織からは調整に失敗した「組織と不適合を起こした人材」として扱われる恐れがある。だからこそ，人々は現実社会では「適合した従業員」を演じつつ，テレビドラマの仮想現実の中で「不適合による発言」を颯爽と言い放つ主人公の振る舞いを楽しんでいるのかもしれない。

「不適合」がもたらすもの

　とはいえ，個人と比べて，組織の方が常に正しいというわけではない。経営破たんや粉飾決算，不祥事，ブラック企業，システム障害など組織外部にもすでに明るみに出ている問題のみならず，低い生産性，高い離職率，顧客離れなど組織内部で暗黙的に共有されている危機感を含めれば，組織の非合理性は枚挙にいとまがない。開発経済学者の Hirschman（1970）は，組織の質が低下した際に構成員は，組織から離脱するか，組織に対して質を改善するための発言をするかのどちらかの行動を取ると論じた。だとすれば，組織に対して発言ができる人間は，組織に屈していない，つまり組織と適合していない人間ということになるだろうか。確かに，組織に従順な従業員が組織変革をリードできようはずもなく，組織内の既成概念に異を唱えることができるのは不適合を認識している人間になるだろう。だが，組織が常に正しくないように，個人も常に正しいとは限らない。組織と不適合だからというだけで，組織変革を起こせるという単純な話ではない。そもそも，組織構成員の多くが不適合になってしまっては，組織としての「意図的な調整」が失敗していることになり，合理的な経営をすることができなくなるのである。

個人と組織という二者関係での議論の限界

　このように，個人は組織と適合したほうがよいのか，不適合になったらどうなるのか，という議論が本書のテーマである。本書が依拠する個人－組織適合（Person-Organization fit: P-O fit）という研究領域では，従来は個人の価値観と組織文化が適合することが個人の望ましい行動を促す，と理解されてきたが，近年では不適合はどのように認知されるのか，その認知は変化するのか，不適合は何をもたらすのか，という関心へと拡張している。

　しかし前述のように，現実社会で我々が経験していることは，個人，組織のどちらかが正しい，と断言できるものではなく，この二者関係だけで適合と不適合を議論するには限界があるのではないかと考えた。そこで，本書では，この二者の外側にある外部環境，例えば市場，技術などを仮置きし，変化する外部環境に個人と組織のどちらが適応しているのか，という基準で議論をしたらどのような新しい個人－組織適合・不適合の展開ができるか，と

いうことに挑戦している。

　これはまさしく，テレビドラマで人気を博した半沢直樹が「私の信念は，世の中の常識と組織の常識を一致させること。〔中略〕仕事は客のためにする。ひいては世の中のためにする。その大原則を忘れたとき，人は自分のためだけに仕事をするようになる。自分のためにした仕事は内向きで，卑屈で，身勝手な都合で醜く歪んでいく。そういう連中が増えれば，当然組織も腐っていく。組織が腐れば，世の中も腐る。」*と語ったことを，学術的に議論しようとしているのが本書の試みであるといえる。

想定する読者

　本書を読んで頂きたい第1の読者は，組織との不適合を少しでも感じている従業員側，その逆に不適合の人材をどのようにマネジメントすべきか思案しているマネジメント側，双方の実務家諸氏である。組織のなかでなぜ不適合が発生し，それが組織に何をもたらすのかを本書を通して理解し，組織内で発生する不適合を適切に機能させることで外部環境への適応を促してほしいと考えている。

　第2の読者は，個人－組織適合を研究テーマに検討されている研究者，学生の諸氏である。この研究領域は日本においてまだ実証研究数が少ない。その背景には，日本型雇用システムの特徴である新卒一括採用と終身雇用による個人と組織の安定した関係性（濱口，2011）があり，個人は組織との長期にわたる関係性の中であえて自身の価値観や特性を自覚する必要がなかったからだといえる。だが，近年では副業解禁やジョブ型雇用の導入など個人が組織との関係性を見直す機会が増加しているため，改めて，個人と組織の関係性を捉え直す必要があろう。本書で探求する概念が，変化を迎えた日本の個人と組織の関係性を研究する一助になれば幸いである。

2022年2月

山﨑　京子

＊ 池井戸潤（2015）『ロスジェネの逆襲』文藝春秋，pp.394-395。

目　次

はじめに

Chapter 1

序論

1. 本書の目的

　本書の目的は，組織に対して不適合になった個人は組織にどのようなダイナミクスをもたらすのか，を問うことである。より具体的にいえば，①採用や教育を経て組織に適合していたはずの個人は，どのように不適合を自覚するのか，そして②不適合になると個人はどのような適応行動を取るのか，さらに③その行動は組織にどのようなダイナミクスをもたらすのか，という一連の動きを個人の認知から探求するものである。

　この研究関心の背景には，日本における組織マネジメントが転換期を迎えていることがあげられる。伝統的な日本的人的資源管理の特徴である新卒一括採用や終身雇用では，同質な人々をマネジメントするスタイルが主流であり，言い換えると個人と組織が適合していることが大前提だったといえよう。だが，今日のようにグローバル化や少子高齢化，技術革新といった外部環境の変化は，組織に多様性と複雑性をもたらすことになり，同質な集団ではなく異分子を抱えた組織マネジメントが求められるようになっている。よって，今日の日本において不適合によるダイナミクスの議論を行うことには重要な意味があると考える。

1.1. 研究関心1：個人と組織の不適合

　理論的背景としては不適合より適合という概念のほうが組織行動論の領域では研究が蓄積されている。それは，個人と組織の適合（Person-Organization fit: P-O fit）とされ，この概念を初期に提示したChatman（1989）は「組織の規範や価値観と個人の価値観の間における調和（conguruence）が個人－組織適合（P-O fit）である」（p.339）と定義し，双方の適合が組織成果（規範や価値観の変革）や個人成果（価値観の変化，職務行動の拡大，長期在職）に影響するというモデルを示した。Chatman（1989）以降の研究では，今日に至るまで欧米を中心に数多くの定量的な実証研究が発表され，個人と組織の適合の度合いは，転職，職務満足，組織コミットメント，組織市民行動などの個人成果に影響している（Hoffman & Woehr, 2006; Kristof, 1996; Verquer, Beehr & Wagner, 2003）ことが明らかになり，個人と組織が適合するほど望ましい個人行動をもたらすという解釈がされるようになった。確かに，人間には環境に適応したいという欲求がある（唐沢，2014, p.121）ため，個人は組織に適合すれば居心地が良く，帰属意識が高まり，安定した仕事態度を取る，という解釈は理解できる。

　では，不適合の場合は何がおきるだろう。所属する組織との不適合は個人にストレスを感じさせ，心理的健康の低下（Anderson & Winefield, 2011）や，離職（Wheeler, Gallagher, Brouer, & Sablynski, 2007）といった望ましくない個人行動につながる，という展開は経験的にも理解できるものである。そうであるならば，すべての不適合は組織にとって歓迎できないものなのだろうか。不適合の効果的な側面を論じたArgyris（1957）は，公式組織と個人のパーソナリティの間の不一致（incongruence）による葛藤は避けることができないが，この不一致が両者の効果性を高める可能性にもなり得ることを指摘した。また，Chatman（1989）も組織内の多くの個人が組織と極度に適合を高めることは，「例えば，服従（conformity），同質性（homogeneity），低い革新性をもたらし，組織が新しい環境のコンティンジェンシー（contingencies）に対応できなくなる」（p.343）と，過剰な適合による組織の危険性についても言及をしている。さらに，「不適合は，個人の成長と学習を発生させるのみならず，組織と異なる価値を持ち込むことで，組織内に

ある非効率な惰性を緩めたり，逆転させたりして，組織に環境適応の機会を提供したり，優位性をもたらすことができるかもしれない」(pp.343-344)と，不適合が組織にもたらすメリットについても指摘している。このように，不適合は適合の対立概念として必ずしもネガティブに扱われるものではなく，不適合が組織にダイナミクスをもたらすという論点も必要になってくる。ところが，どのような不適合であれば組織に望ましい影響を及ぼすのか，といった論点は国内外共に十分に議論されていない。これが，本書が不適合に関心を持つ理由である。

1.2.　研究関心 2：オープン・システムとしての組織とダイナミクス

　次に本書が関心を持つのが，組織の外部環境と組織，個人の関係である。なぜなら，組織は政治，経済，社会，技術などの組織外部からの影響を常に受けており，また組織のなかにいる個人も外部環境に対して適応が求められるからである。従来の個人－組織適合の議論は，個人と組織の 2 者関係であり，外部環境を視野に入れないクローズド・システムの議論であった。だが，本書では組織のみならず個人も外部環境に対して開かれたオープン・システムとして扱おうとしている。これまでのように定年まで（時には定年後の再雇用先までも）同じ 1 社だけに勤務し，副業も許されず，定期的な人事異動に適応できる社内特殊的熟練が求められてきた個人であれば組織との 2 者関係で議論ができたが，近年では転職市場が活性化し，自律したキャリア形成の施策として異業種間交流や副業，プロボノが推奨され，ジョブ型人事制度で高度専門性が評価されるようになると，個人は外部環境から直接情報を入手し，学習することになる。よって，個人－組織適合の議論において，外部環境に対するオープン・システムを想定することが現実的だといえよう。

　理論的にも，Chatman（1989）が「新しい環境のコンティンジェンシー」や「組織の環境適応の機会や優位性」に言及していたことに着目できる。コンティンジェンシーとは，直訳すれば将来の偶発的出来事を意味するが，経営学におけるコンティンジェンシー理論（contingency theory）は研究蓄積のある理論体系として位置付けられている。野中・加護野・小松・奥村・坂

4

下（2013）は，コンティンジェンシー理論の特性を「組織を分析単位とし，組織の構成要素（構造，個人属性，過程）間の相互依存性を，組織全体の環境適合の有効性に関連させて理論的・実証的に分析することによって，組織の環境適合理論の構築を志向」（p.10）したものだと説明している。さらに，加護野（1980）は「コンティンジェンシー理論は，組織の環境適応が組織の有効性を決定するというイメージをもとに組織現象の分析を行う。」（p.4）としている。このように，コンティンジェンシー理論は競争の激しい外部環境に組織が適応することで生き残り，競合優位性を獲得することを主眼とした研究領域だといえよう。Chatman（1989）は明示的にはコンティンジェンシー理論に言及してはいないが，組織の外部環境への適応[1] について暗示的に示していると考えられる。本書では，個人と組織の不適合の議論に外部環境への適応という論点を加えることを通して，個人と組織のダイナミクスを議論している点が特徴となっている。

　あいにく既存の適合研究の多くは適合を測定時の一時点における状態として説明をしてきたことから静態的（スタティック）な研究である，という批判がされやすかった。だが，近年になって適合の認知が動態的（ダイナミック）に変動するプロセスを解明しようとするダイナミック適合（Caldwell, Herold & Fedor, 2004; DeRue & Morgeson, 2007; Shipp & Jansen, 2011）という研究が登場するようになった。こうしたなかで本書では，組織をオープン・システムとして位置付けることで，個人が外部環境から直接受ける刺激が組織に対する適合や不適合の認知に影響を与える可能性があるのではないか，という視点から議論を進める。

1　適合（fit, congruence）と適応（adaption, adjustment）について，本書の立場を明確にしておく。加護野（1980）では，「コンティンジェンシー理論の基本的なアイデア，つまり鍵概念は『適合（fit）』あるいは『調和（congruence; consonance）』の概念である」（p.25）と適合を用いているが，同時に「組織の環境適応が組織の有効性を決定する」（p.4）と両方の用語を用いている。先行研究からの引用による議論の際は用いられている用語をそのまま使用するが，本書の独自の議論では適合と適応を弁別する。適合とは，2つの変数の双方が持つ個性や特徴が合っている状態を示し，適応は2つの変数のうち一方がもう一方に合わせる，あるいは合わせようとすることを示すものとし，よって，不適合を適合に向かわせるダイナミズムが適応には含意される。

2. 本研究の概念図

　既存の個人−組織適合はクローズド・システムでの議論が中心であったが，本書では外部環境というオープン・システムの変数を加えて，個人と組織の外部環境への適応という視点から議論を展開することで，不適合による適応行動のダイナミクスの解釈を深めようとしている。だが，変数が増えることで関係性が複雑化するため，ここでは本研究の考え方について単純化した概念図で提示する。

　コンティンジェンシー理論を唱えた Lorsch & Morse（1974）は，個人と組織と外部環境は強い相互作用の関係にあると考え，これらを３つの円で表し，それらを重ね合わせてモデル化した。この考え方を発展させ，本書では個人−組織適合と外部環境への適応という視点から３つの円によって５つの類型を示す。

　まず第１の型が，個人と組織が適合しており，さらに個人も組織も外部環境に適応している，という状態である（図1-1）。

　外部環境に対して個人と組織の双方が適応しているので，個人は組織の方針や価値観に違和感なく適合している状態である。これは，従来の経営戦略論，組織論，そして組織行動論，さらにマーケティング論において望ましい状態だと明示的に捉えられてきた。とはいえ，実際の経営組織においてこの理想状態の達成は容易ではなく，また３者共に動態的であるためこの状態が

図1-1　第１型：外部環境に適応している個人−組織適合

恒常的に続くことはない。そこで次の型が発生する。

　第2の型が，個人と組織は適合しているが，どちらも外部環境には適応していない，というものである（図1-2）。

　実際に考えられるのが，外部環境の変化に個人も組織も気付かずに取り残されてしまった状態だといえよう。この型が厄介なのは，個人と組織がお互いの適合に安心して外部環境との不適応に気付かないままでいると，外部環境に適応しようとするダイナミクスが発生せず，組織変革の機会を逃すことになる点である。

　第3の型が，組織は外部環境に適応しているが，個人と組織が不適合，というものである（図1-3）。

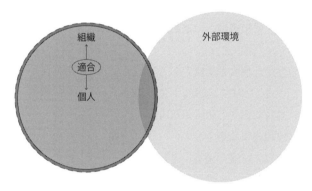

図1-2　第2型：外部環境に適応していない個人－組織適合

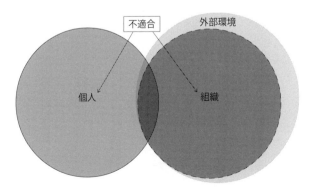

図1-3　第3型：組織だけ外部環境に適応した個人－組織不適合

　外部環境の変化に対して組織は敏感に適応しようと戦略変更や組織変革を行おうとしているが個人が組織の要求に合わせられないような事例や，業務経験の浅い個人が組織に新規参入した直後の事例が考えられる。この型では個人と組織の間には不適合が発生しているため，前者であれば組織変革の浸透施策が必要になるし，後者であれば個人への組織社会化が求められることになる。従来の経営学では，個人を組織側に適応させようとするこの型に関する研究が多かったといえよう。

　第4の型が，個人は外部環境に適応しているが，個人と組織が不適合，というものである（図1-4）。

　ここでは，個人のほうが外部環境への適応を柔軟に果たしているが，組織が変化を受け入れられずに取り残されたような事例がイメージできる。例えば，個人は持続可能な開発目標（sustainable development goals: SDGs）を意識したプロセス改善への危機意識があるが組織の意思決定が遅い，営業担当者は競合他社と比較して自社の顧客施策が出遅れていることを自覚しているが組織の課題認識が甘い，といった事例が考えられるだろう。このときに，個人は組織と外部環境の狭間で苛立ちを感じて組織との不適合が発生することになる。不適合は個人のストレスを増幅させるため，従来の研究では組織への不適応としてメンタルヘルスの領域で議論されることが多く，経営学ではあまり取り扱われてこなかった。

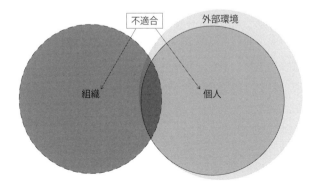

図1-4　第4型：個人だけ外部環境に適応した個人－組織不適合

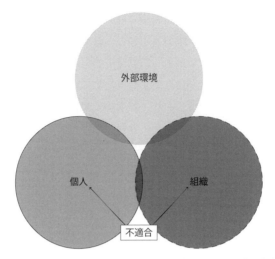

図1-5　第5型：外部環境に適応していない個人‐組織不適合

　最後の第5の型が，個人も組織も外部環境に適応しておらず，さらに個人
と組織が不適合，というものである（図1-5）。

　実際の経営の場面では，外部環境に適応できず経営破綻寸前の組織で，外
部労働市場に対して自身の価値を売り込めない個人が，組織との不適合を発
生させているようなケースが考えられるが，経営としては末期的な状況なの
で数多いとはいえないだろう。

　これら5つの類型のうち，第1，第2の型では個人と組織が適合している
ので安定状態にあり，適応行動は不要となる。また，第5型では個人と組織
は不適合だが，双方共に外部環境に適応していないため個人と組織の相互作
用の発生は考えにくい。だが，残る第3と第4の型においては個人と組織の
どちらか一方のみが外部環境に適応している不適合ということになる。ここ
で，外部環境に適応していない状態は成果が期待できないため，適合を回復
しようとする適応プロセスが発生する（Donaldson, 2001）。このようにして，
第3と第4の型では不適合がもたらすダイナミクスが想定されるのである。

3.　本研究の対象

　さて，これまで外部環境という表現で議論を進めてきたが，実証研究を実施するにあたり，外部環境の操作化が必要になる。そこで本書では外部環境の代理変数として顧客市場を想定した。なぜなら，顧客市場は，組織の作り出す商品やサービスの評価，購入決定の主体であり，組織の売上の源泉となるからである。また，顧客は企業にとって最も重要な参加者であり，戦略上主要な外部環境を構成している（桑田・田尾，1998）とされている。よって組織の顧客志向は市場成長と競争の著しい環境において選択されやすい戦略志向（Deshpandé, Grinstein & Ofek, 2012）とされ，コンティンジェンシーな状態における外部環境の代理変数としてふさわしいといえる。

　マーケティング領域では個人や組織の顧客志向と業績の関係に関する研究蓄積が豊富にある（e.g., Kohli & Jaworski, 1990; Liao & Chuang, 2004; Narver & Slater, 1990; Saxe & Weitz, 1982）。興味深いことには，顧客志向による個人－組織適合の議論はマーケティング領域でも近年展開されるようになっている（e.g., Anderson, Marcos & Smith, 2016; Farrell & Oczkowski, 2009; Life, 2014）。

　さらに，顧客市場は組織内部の個人も直接的な接触を持つことができる。顧客に対して直接サービスを提供する顧客接点人材（Hartline & Ferrell, 1996; Hartline, Maxham & Mckee, 2000）は，組織を介さずに外部環境からの刺激を直接受けることになるため，研究対象として適しているといえよう。

　以上より，本研究では外部環境の代理変数として顧客市場をおき，顧客市場に個人や組織の意識が向いているかどうかを示す顧客志向性の水準を用いて，個人と組織の適合と不適合を議論していく。

4.　本書の構成

　本書は全7章と補章による構成となっている。まず第1章となる本章で問題提起をしたのちに，第2章の先行研究では3つのテーマを議論する。1つ

目が個人-組織適合・不適合研究であり，伝統的な研究と近年の不適合とダイナミクスに関わる議論を整理している。2つ目が適応行動として本書が検討した発言行動に関する先行研究を概観する。そして3つ目が外部環境への適応を戦略論から，そして顧客市場についてマーケティング論からの知見を整理する。ただし，本書のような広い領域にまたがる議論を展開するための先行研究は膨大になることから，読みやすさを優先して第2章では全体のストーリーが分かる範囲の概略を記し，巻末の補章に各論の詳細を記述した。先行研究に関心のある読者は，補章を合わせてお読み頂きたい。

　第3章では，先行研究で得た理論的推論から研究のための概念操作化を行い，リサーチ・クエスチョンと研究方法を明示する。

　つづく第4章，第5章，第6章はそれぞれ実際のデータを扱った経験的研究になっている。第4章では，定量調査を通して本書が展開しようとする適合と不適合のフレームワークを示す。第5章では個人の組織に対する適合と不適合の認知を定性的研究によって示す。第6章では，不適合を認知した個人の適応行動と組織とのダイナミクスを定性パネル調査によって議論する。

　そして最終章となる第7章では，これら3つの実証研究を統合した結論を導き，研究の限界と本書の理論的貢献について言及する。さらに実務への適用については，本書の発見事実に基づいた実践的な提言を行う。

Chapter 2

先行研究

　先行研究は，大きく3つの議論に分類される。第1節では個人－組織適合と不適合に関する研究群を扱う。既存の個人－組織適合研究の発見事実とその限界を議論しつつ，本書が関心を持つ不適合研究とダイナミック適合研究の現在地を確認する。第2節では，不適合による個人の適応プロセスに関わる理論，なかでも発言行動を考察し，第3節では，本書の試みである組織をオープン・システムとして捉えるために，外部環境を顧客市場として操作化していることから，外部環境と顧客志向に関する先行研究レビューを行う。

　なお，前述したとおり，本書はこれまで理論的にも実証的にも議論が不足していた研究領域を扱うことから，依拠する理論が膨大となるため，本章では読みやすさを優先し要点にしぼった記述にとどめ，詳細な各論は巻末の補章にまとめている。必要に応じて補章を参照頂きたい。

1. 個人－組織適合・不適合研究

1.1. 個人－組織適合研究

　本書の研究関心である個人－組織適合（P-O fit）は，個人－環境適合（Person-Environment fit: P-E fit）の下位概念に相当する。個人－環境適合は，Lewin（1951）による相互作用論（人間の行動は個人と環境の相互作用によって決定される）の考え方に基礎を置く概念とされ（Sekiguchi, 2004;

竹内, 2009), 組織行動論や人的資源管理論の領域において数多くの論文が発表されている。この概念によって研究が発展した領域としてあげられるのが, 個人－組織 (Person-Organization), 個人－集団 (Person-Group), 個人－職務 (Person-Job), 個人－職業 (Person-Vocation) である (Edwards & Shipp, 2007) が, 近年の研究では他にも適合対象が増えている。採用プロセスの時間軸による適合の内容を整理した Jansen & Shipp (2013) では, 雇用前と雇用後にステージを分け, 雇用前の採用前段階では個人－職業, 探索段階では個人－職務と個人－個人, 選択段階では個人－職務と個人－組織が重視されるとしている。そして雇用後の社会化段階では個人－組織と個人－職務, 長期雇用段階では個人－職務, 個人－職業, 個人－組織, 個人－集団, そして個人－個人 (Person-Person) の適合がテーマとなるという整理を行っている (補章 表補-1)。

　本書で議論する個人－組織適合は, Jansen & Shipp (2013) の分類に従えば, 雇用前の選択段階, 雇用後の社会化段階, そして長期雇用段階と3つのステージに関わるのだが, 既存の実証研究の多くは雇用直前と直後に集中している。在職年数が長ければ組織文化に適応している可能性は高いと考えられてきたためだと思われるが, その一方ですべてのベテランが自身と組織を同一化しているとはいえない。そこで, 本書では長期雇用段階における個人と組織の適合に着目をした。

　個人－組織適合の理論的な発展過程を辿ると, 組織と個人の心理的関係性を議論する系譜へとつながり, Argyris (1957) に適合理論の原型を見ることができる (Verquer et al., 2003)。Argyris (1957) は, 公式組織の原則は個人の健康なパーソナリティの成長傾向とのあいだに不一致を発生させるとして, その不一致の増大は従業員の成熟, 公式組織による能率追求, 従業員の階層下部, そして職務の機械化が要因であるとした。そのうえで,「個人と組織の間の不一致は, 両者の効果性を高めるための基礎にもなりえる」(Argyris, 1964, p.7) と, 不一致が個人と組織の成長への動機付けになることを示唆した。

　その後, Chatman (1989) は明確に個人と組織の適合とその影響に関するモデルを提示した (図2-1)。「個人－組織適合とは, 組織の規範や価値観

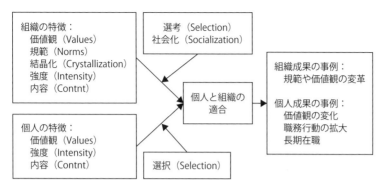

図 2-1　個人－組織適合の Chatman モデル
出所：Chatman（1989）p.34

と個人の価値観の適合（congruruence）である」（Chatman, 1989, p.339）と
定義し，個人と組織のそれぞれの価値観は，選考と社会化の影響を受けて個
人－組織適合に影響し，その個人－組織適合は組織成果や個人成果に影響を
与える，というモデルによってそれらの影響関係を説明した。この概念モデ
ルでは，個人－組織適合が高まれば組織成果や個人成果につながるとしてい
るが，その一方で過剰適合は同調，惰性をもたらし，変革性と適応性が減少
するため，組織，個人双方にとって望ましくないと指摘している。この適度
な不適合を肯定する議論は，個人－組織適合を測定する尺度の登場により停
滞し，2000 年代後半にようやく再注目されるようになる。

　適合研究に数多くの実績を残している Kristof（1996）は，Chatman（1989）
以降に乱立した実証研究によって混乱した概念定義を整理して，「個人－組
織適合とは，個人と組織間の職場における適合（fit）であり，（1）一方が他
方の要求するものを提供し，または，（2）類似する基礎的な特徴を共有し合
い，または，（3）その両方が成立していること」（Kristof, 1996, pp.4-5）と
した。この定義では，価値観や文化に限らず，需要と供給を含めた包括的
な適合を論じている。類似する基礎的な特徴を共有し合うのが補充的適合
（supplementary fit）で，組織と個人の本質的な特徴間（組織の文化や価値
観と個人の人格や価値観）の関係性を示している。一方が他方の要求に応
えるのが相互補完的適合（complementary fit）であり，個人が望む資源や

機会を組織が供給するかどうかという需要 – 供給適合（needs-supplies fit）と，組織が個人に要求する資源や知識・スキル・能力を個人が提供できるかどうかという要求 – 能力適合（demands-abilities fit）という 2 種類がある（補章 図補-2）。こうした様々な適合の実証研究をメタ分析したところ，個人の価値観と組織文化との適合が最も個人態度に有意に影響することを支持する結果が得られている（Kristof-Brown & Jansen, 2007; Verquer et al., 2003）。

　このように，適合という概念は個人を組織に適応させるという考え方ではなく，個人がすでに認知している自身の特徴や価値観が組織文化と合っているのかどうか，を議論している点に特徴がある。Kristof-Brown, Zimmerman & Johnson（2005）や Hoffman & Woehr（2006）も個人と組織を独立した存在として捉えており，両者の相互作用と適合性を強調するダイナミックな概念であるはずだった。

　ところが，個人と組織の適合度を測定する尺度の登場以降，スタティックな概念へと移行していく。組織文化プロファイル（organizational culture profile: OCP）尺度では，組織文化に関する 54 項目（補章 表補-2）について，個人の重視する価値観と組織の重視する価値観を別々に個人に評価させ，それらの一致度によって適合の度合いを測定しようとしている。（O'Reilly, Chatman & Caldwell, 1991）。この OCP を用いた O'Reilly et al.（1991）の研究では，個人 – 組織適合が認められた 1 年後に職務満足と組織コミットメントへの正の影響が確認され，2 年後に在職意向が認められたが，その後の研究者はより簡便な 1 時点だけで測定する実証研究を選択するようになり，結果的に個人 – 組織適合はスタティックな研究だと批判されるようになるのである。

　さらに，測定方法と分析手法についても複雑で（Edwards & Van Harrison, 1993; Meglino & Ravlin, 1998），その測定にあたっては主観的適合（個人に対して，組織特徴に対する認知と同時に，自分自身についても語ってもらう），客観的適合（個人に自分の特徴を回答させた後に，他の組織メンバーに組織の特徴を回答させる），そして認知的適合（個人の特徴がどの程度彼らの所属する組織と適合しているのかを本人に直接問うもの）と 3 種類に分けることができ（Hoffman & Whoehr, 2006; Kristof, 1996; Kristof-Brown &

Billsberry, 2013)[1]，分析方法は測定方法に依存する。

　そこで，Kristof-Brown & Billsberry（2013）は，これまでの先行研究を個人−環境適合パラダイムと認知的適合パラダイムの 2 つに分類し，それぞれの適合定義や研究アプローチが全く異なることを示した（補章　表補-3）。個人−環境適合パラダイムは個人の特性と環境（組織や集団）を同一基準にして双方の適合の度合いを測定するものであり，認知的適合パラダイムでは個人の適合や不適合の感覚に重点を置いているため，両者の相関は高くはない（Edwards, Cable, Williamson, Lambert & Shipp, 2006）。それは，適合の認知がどのように形成され，なぜ，態度や行動に影響するのかまだ不明な点が多い状態のままで実証研究が乱立したことが原因とされている（Kristof-Brown & Billsberry, 2013）。だからこそ，新たな研究テーマとして着目される不適合や適合のダイナミクスを研究するうえでは，研究手法をどちらかのパラダイムに偏向しすぎることなく，両者を補完的に用いるリサーチデザインが望ましいとされている（Kristof-Brown & Billsberry, 2013）。

1.2.　不適合研究

　乱立した伝統的な個人−組織適合の定量研究では適合が望ましい態度につながることを前提としてきたが，果たして適合が万能だといえるのか，という疑問が生じるようになる。Ostroff & Schulte（2007）や Harrison（2007）は，過剰適合による環境変化への不適応を指摘し，不適合についても適合と同様に説明する必要性を主張するようになった。そのようななか，不適合であっても仕事の選択肢がなければ離職に直結しないこと（Wheeler et al., 2007）や，不適合と無関心は逆相関であること（Tong, Wang & Peng, 2015）などが分かってきた。不適合研究が進まなかった背景としては，伝統的な定量研究において認知的適合を測定する尺度（Cable & Judge, 1996; Cable & DeRue, 2002）が用いられることが多く，「私の価値観は，組織の価値観に

1　竹内（2009）は，主観的適合（subjective fit），客観的適合（objective or actual fit），認知的適合（perceived fit）の 3 分類のうち，それらの名称に関して Hoffman & Woehr（2006）が「認知的適合」としているものを，Kristof-Brown et al.（2005）では「主観的適合」と逆に名称化しているなど，統一されていない点を指摘している。本書では，Kristof-Brown & Billsberry（2013）の名称分類を用いることにする。

合っている」という設問に対して，低得点を不適合と位置付けてきたことが一因だとされる。適合が低いことと，不適合は別の概念として研究を進める必要がある（De Cooman, Mol, Billsberry, Boon & Den Hartog, 2019）。

　こうして，不適合の現象をより詳細に理解するために，一般的な組織文化ではなく一定の方向性を持つ概念を用いようとした研究では，組織戦略に対する不適合群の態度（Silva, Hutcheson & Wahl, 2010）や，個人と組織の倫理観の適合・不適合をマトリクスで概念モデル化（補章 表補-4）した研究（Coldwell, Billsberry, Van Meurs & Marsh, 2008）が発表されるようになる。Coldwell et al.（2008）は既存研究と異なり，個人と組織の各々の価値観の違いから不適合を説明しており，個人の倫理的期待と，個人が認知する組織の倫理的態度との不適合（期待を上回っても，下回っても）が組織の採用力や定着率に負の影響を与えるのみならず，価値観が相反する不適合は個人の曖昧な態度や行動を生成するとしている（Coldwell et al., 2008）。

　さらに，Cooper-Thomas & Wright（2013）はインタビューによる定性的研究によって，不適合の類型化（図2-2）を行い，「個人と環境の不適合とは，個人と環境の間の不一致を意味し，次元においては一方または両方の当事者にとってその不一致が顕著であり，また組織レベルでの比較対象となる要因に関連する個人要因が過多，不足，もしくは質的に異なること」（p.24）と定義した。この研究を通して，個人に内在する社会的規範や価値観が，環境との適合や不適合の認知に大きく影響していることが判明した。言い換えるなら，不適合の認知は個人の価値観形成段階と大きな関係がありそうである。

　だが，人はどのように不適合を認知し，その後どのような行動を取るのか，については完全には解明しきれていない。このブラックボックスの解明にあたり，Follmer, Talbot, Kristof-Brown, Astrove & Billsberry（2018）は不適合のプロセスの探求を通して（補章 図補-5），不適合を認知した個人は対処行動として，不適合の影響を軽減するためのアプローチに「適応戦略」「脱出戦略」「救済を求める戦略」，そして不適合と共存する「諦め戦略」を採用していることなどの発見事実を得た。この研究が示しているのは，個人は不適合になったときは適合への適応のためにダイナミックな行動を取る

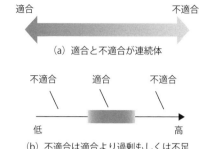

（a）適合と不適合が連続体

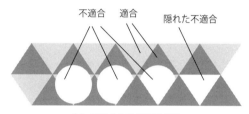

（b）不適合は適合より過剰もしくは不足

（c）不適合との質的な相違

図2-2　不適合の3タイプ
出所：Cooper-Thomas & Wright（2013）p.23

　ということである。そもそも，適合概念の源流である職業心理学やLewin（1947, 1951）では，個人と環境の関係性はダイナミックなプロセスだと考えられていたにもかかわらず，後の研究によって個人と組織のスタティックな状態を示す研究であるという認識が一般化してしまった。だが，「組織研究者にとって最も難易度が高いのは，ダイナミックで説明力のあるプロセスを示す実質的な個人－組織適合モデルの提示である」（Pervin, 1989, p.357）と指摘されるように，不適合とダイナミクスを実証的に研究することには多くの課題が残されているといえる。

　以上のとおり適合と不適合のダイナミクスを理解するための論点は3点あり，①個人の認知の変化をどのように説明するのか，②不適合はいかに発生し，③どのような適応行動をもたらすか，である。これらの論点に対し，理論的解釈を加えながら，さらに先行研究を概観する。

1.3. 不適合に関する理論的推論

1.3.1. 認知の変化に関わる概念

　個人の認知は常に変動のない一定なものではなく，環境との相互作用のなかでダイナミックに変化する。この変動に関わる概念として1点目にあげられるのが，組織社会化（高橋，1993; Van Maanen & Schein, 1979）である。組織社会化とは，「組織への参入者が組織の一員となるために，組織の規範・価値・行動様式を受け入れ，職務遂行に必要な技能を習得し，組織に適応していく過程」（高橋，1993, p.2）とされることから，適合研究の初期段階であるChatman（1989）でも適合への影響要因としてあげられている。Cable & Parsons（2001）では，組織社会化戦術の結果として個人が組織の価値を内面化したという指標に個人－組織適合を代理変数としている。だが，Cooper-Thomas, van Vianen & Anderson（2004）は，組織社会化が個人の価値観の変容に影響を与えた期間は新規参入から数か月間という限定的なものであるとしている。組織社会化が個人－組織適合と異なる点は，前者の対象者が組織への新規参入者で，個人が組織に適応することを目的としていることから，組織が価値の提供側，個人は受容側，という関係性ができていることである。一方，個人－組織適合では長期雇用段階も対象範囲となり（Jansen & Shipp, 2013），個人と組織の価値観はそれぞれ独立のものとして議論している（Chatman, 1989; Kristof, 1996; O'Reilly et al., 1991）ことから，個人と組織は対等であり，個人と組織の相互作用論となる。

　認知の変化に関わる概念の2点目は，学習と熟達化である。組織との適合の認知には個人の価値観形成が鍵になる（Cooper-Thomas & Wright, 2013）ことから，組織社会化以降の個人の価値観は学習によって形成される可能性がある。長期雇用では成人学習，すなわちアンドラゴジー（Knowles, 1980）が進行すると考えられる。アンドラゴジーにおける主張は，人間は成熟とともに自己概念が自己決定的になり，経験を学習の資源として，社会的役割に関心が向けられ，応用の即時性を求め，内的要因によって学習が動機付けられる，というものである（Knowles, 1980）。どうやら組織社会化以降のほうが価値観の形成が進みそうである。この点においては，専門職の熟達化の議論からも知見を得ることができる。熟達者は意思決定や問題解決をするとき

に, 知識, メタ知識, 信念, を用いており, このうちの信念とは, 個人としての理想や価値観を含む主観的な概念で, 一種の「個人的な理論」(松尾, 2006, p.33) として機能するとされる。金井 (2005) も, 実践から生まれ, 実践を導いている理論を「内省的実践家の持論 (theory-in-practice used by a reflective practioner)」(p.97) と呼んでいる。

　こうした理由により, 新規参入者は信念形成が未発達なので組織社会化の影響を強く受け, それ以降は成人学習による熟達化が影響して, 個人－組織適合の認知を変化させると考えるのが妥当であろう。これらの議論を背景に, 専門職の適合と不適合を学習理論から検討した数少ない事例の１つが, Wingreen & Blanton (2007) である。彼らは, 社会的学習理論[2] に依拠しながら高度専門技能を習得する IT エンジニアのダイナミックな個人－組織適合を概念モデルに表した (補章　図補-6)。この研究における特徴の１点目は対象者を新規参入者ではなく専門能力を持つ人材が組織内で適合するダイナミックな適合を論じていることである。2 点目は, 適合への動機付けに社会的学習理論を取り入れ, 個人が組織に適合しようとする行動を説明しようとしていることである。3 点目が, 不適合な部分を適合に向かわせようとする動きを「適応行動へのエンゲージメント」として示していることである。

　高度専門技能人材は転職を繰り返しながら専門性を高めようとするが, その理由は専門性が評価されるのは組織外部における労働市場だからである。よって, 個人は外部環境に適応することが職業的価値観として重要なのだといえるだろう。

1.3.2. 不適合の発生に関わる概念

　Follmer et al. (2018) による不適合の認知の誘発要因の個人側の要因としては, 職場環境における他者からの社会的シグナル (よそ者扱い) だとされているが, なぜ仕事環境においてよそ者になるのか。考えられることとして, 組織からの期待に応えられない個人の学習 (組織社会化や熟達化) 不足

---

2 社会的学習理論 (Bandura, 1986) は, 人間の認知と行動の関係性を説明するフレームワークで, 「人と環境は相互作用しており, 人は簡単に環境からの刺激に反応しているのではなく, それを認知して行動に移している」とする理論。

か，その逆の資格過剰（overqualification: 柳澤，2004）があげられる。

　資格過剰とは，個人の教育レベルや経験が求められる仕事に比べて過剰な状態（Erdogan, Bauer, Peiro & Truxillo, 2011; Maynard, Joseph & Maynard, 2006; Peiro, Agut & Grau, 2010）とされ，個人は組織の要求より個人の能力のほうが高いことを認知することから，個人－職務不適合だと理解されている（Erdogan et al., 2011; Liu, Luksyte, Zhou, Shi & Wang, 2015）。これまでに，資格過剰による不適合（Luksyte, Spitzmueller & Maynard, 2011; Maynard & Parfyonova, 2013）は，職務態度の悪さ（Bolino & Feldman, 2000; Fine & Nevo, 2008），心理的健康の低下（Anderson & Winefield, 2011），希望退職の増加（Maynard et al., 2006; Maynard & Parfyonova, 2013; McKee-Ryan & Harvey, 2011）につながるとされている。

　その一方で，資格過剰の個人は中長期的なキャリア形成を意識し（Hung, 2008），昇進が早く（Dekker, de Crip & Heijke, 2002），パフォーマンスが高く（Fine, 2007），学習スピードが速く（Fine & Nevo, 2008），営業成績が良い（Erdogan et al., 2011）という結果も得られている。資格過剰の従業員は，現状のシステムの生産性を高め，現状改善に努めようとチャレンジするほど，障害に出くわし，欲求不満になり離職することもある（Erdogan & Bauer, 2009, p.225）からこそ，周囲からの支援やエンパワーメント，心理的契約などが最も重要な調整変数であると Erdogan et al.（2011）は強調している。以上のように不適合や資格過剰がもたらす行動については様々な被説明変数があり，組織に背を向ける不適応アプローチと建設的な行動をとる適応アプローチに分けることができ（補章 表補-5），近年は適応アプローチへの関心が高まっている。

　さて，組織社会化や熟達化，資格過剰といった個人側の要因による不適合の発生を議論してきたが，組織側の変化による不適合も考えられる。それが組織変革によるものである。組織変革では抵抗，燃え尽き，批判，機能不全，離職，モラルダウンが発生しやすいが，熟達志向性の高い群は組織変革の公平性を理解すれば適切な個人－組織適合につながる（Caldwell et al., 2004）という発見もある。また，変化への適応に対する自己効力感が高い個人は，組織変革実行中のレディネスのレベルと個人－組織適合とは正の関係

性を示したが，この自己効力感が低いと個人－職務適合を悪化させるリスクになる（Caldwell, 2011）ことも明らかになっている。

　これらの研究が示している長期雇用における個人－組織適合の論点は，不適合の発生は動態的であり，さらに資格過剰からの建設的なアプローチ，熟達化による自己制御の内面化，そして外部環境の変化への柔軟な適応力になり得るということである。

1. 4.　不適合のダイナミクス

　組織社会化や学習は個人の価値観の変化を説明する理論的根拠になるが，実際に組織との適合や不適合の認知が一定期間中にどの程度変化をするのかを解明したのが Vleugels, De Cooman, Verbruggen & Solinger（2018）である。長期雇用における個人の適合の認知を動態的に解明しようとした Vleugels et al.（2018）の研究では，過去に起きたことが一定期間を経て適合の認知や情動に影響するのではなく，個人の仕事経験のなかに適合の認知が落とし込まれているため瞬間的に適合を認知することができるとしている。また，Vleugels, Tierens, Billsberry, Verbruggen & De Cooman（2019）は適合の認知の変動に 5 つのタイプ（安定適合型，変動適合型，無所属型，微弱適合型，不適合型）を見出した。こうした類型が見出されたことからも，個人レベルでは価値観適合の認知は安定した構成要素であるという仮定は困難であり，個人は不快な不適合を解消するために努力しているから変動するのではないかと Vleugels et al.（2019）は考察している。

　Vleugels et al.（2019）の指摘のとおり，不適合は個人にとってストレスになることから，適合を獲得，維持するために認知や行動を複雑に調整する（Follmer et al., 2018）ことになるが，それが適応行動である。適応は，欲求不満や心理的葛藤に対して心理的な自己防衛や克服をしようとする内的適応と，外界と自分の関係を調整する外的適応に分かれる（福島, 1989）。外的適応のなかでも，外界に働きかけて変化をさせる能動的適応は，資格過剰における適応アプローチに相当するといえよう。Wingreen & Blanton（2007）は，個人が組織と不適合な部分を適合に向かわせようとすることを適応（fitting in）だとしており，March & Simon（1993）では，人は満足が得ら

れなければ代替行為を探索し，探索行動は報酬値への期待を高める一方で，要求水準が高まるため，主観的な満足度が低くなり，次の探索につながるというダイナミックなサイクルをモデル化している（補章 図補-7）。このモデルにおいて，不満足は不適合から発生しており，期待する報酬値を適合だとすると，個人は適合を得るための探索行動を取ることになる。よって，不適合によるダイナミクスとは，適合への適応行動であり，適応プロセスだと捉えることができる。こうした適応行動が発生する動機やメカニズムを説明する理論については，既存の不適合研究でも多くの議論がなされており，目標設定理論や期待理論（e.g., Wingreen & Blanton, 2007），衡平理論や認知的不協和理論（e.g., Erdogan et al., 2011）などがあげられており，研究者のなかでも依拠する理論は様々である。本書では，後述する離脱・発言・忠誠の理論でも用いられている認知的不協和理論（Festinger, 1957）を適応行動の根拠としておく。

　さて，これまでの先行研究より，不適合による適応行動までを整理すると，①学習不足または資格過剰が不適合を発生させる，②不適合が認知的不協和を発生させる，③不適合の状態を適合させようとする適応の過程でダイナミクスが発生する，④不適合は調整変数によっては建設的で創造的な行動につながる，ということが確認できた。

2. 適応行動としての「発言」

　不適合による適応行動を検討するにあたり，本書では認知的不協和の解消行動とされる離脱・発言・忠誠理論（Hirschman, 1970）の発言行動に注目をする。Hirschman（1970）は，組織の質が低下した際に構成員は不協和の状態になるが，自身の信念・態度・認識の変更を迫られるだけではなく，現実世界を変えるための行動が不協和を解消する代替的な方法であるならば，それが発言行動になるとした。

　Hirschman（1970）の理論を受けて，Farrell（1983）は，職務不満足の際

の従業員行動を説明するために，離脱，発言，忠誠に，さらに放棄行動を加えて理論化を行った。放棄は，Hirschman（1970）では言及されていないが，労働者の間で無断欠勤，ミスが増えるなど，無責任で役割を無視したふるまいをもたらし，組織成果への悪影響を及ぼすというものである。よって，これら 4 つの行動である離脱・発言・忠誠・放棄（exit, voice, loyalty, neglect: EVLN）こそが，職務不満足による行動を分析する際の概念的フレームワークに最適である，としている。

　Hagedoorn, van Yperen, van de Vliert & Buuk（1999）は，発言を 2 つに分類し，配慮的発言を問題解決のために当事者意識を持って臨み納得がいくまで上司と話す姿勢と定義し，攻撃的発言を組織への考慮なく自身の勝利に固執して上司に対して好戦的に自身の希望を訴える姿勢だと定義した。同研究以降は，職場の発言に関する研究は数多く積み重ねられ（Brinsfield, Edwards & Greenberg, 2009），過去に発表された発言研究を体系的に整理した Klaas, Olson-Buchanan & Ward（2012）によれば，個人の特徴として，組織を手助けしたいという欲求による発言は組織市民行動の一部とされ（Van Dyne & LePine, 1998），発言行動ができるのは職場内で自分に影響力があると認知している従業員であり（Venkataramani & Tangirala, 2010），発言は自分の役割として建設的な提案をしているという認識に基づき行なわれる（Van Dyne, Kamdar & Joireman, 2008），などの研究が整理されている。

　また，発言は高い権限を持つ者に対して強く訴えることによって組織を変革させようとする行動（Luchak, 2003），職務不満足でも高い創造性をもたらすのは，継続的コミットメントが高く，かつ①同僚からの日常的なフィードバックがある，②同僚の支援がある，③創造性への組織からのサポートが認知できるとき（Zhou & George, 2001），また適応者は職務不満足のときに上司の発言マネジメントが機能していると慣習的アイデアの発言行動を取り，変革者は職務満足なときに上司の発言マネジメントが機能していると革新的アイデアの発言行動を取る（Janssen, De Vries & Cozijnsen, 1998），などの建設的な発言に関する研究も数多く存在する。さらに，LMX（leader-member exchange）の状態が良いときに向社会的で非公式の発言が活性化する（Botero & Van Dyne, 2009; Liu, Zhu, & Yang, 2010; Van Dyne et al.,

2008）ことや，リーダーがインプットへの開放性を見せると従業員はより向
社会的な発言を出したがる（Detert & Burris, 2007）ことなど，建設的な発
言の発生には組織や上司との関係性が調整変数になっている。

　こうした実証研究から得られる示唆の１点目は，不適合な状況でも建設的
な発言という適応行動が発生するのは，個人に自身の影響力の自覚があり，
組織を手助けしたいという意図と発言内容の正当性に自信があるとき，とい
うことである。２点目は，建設的な発言行動は上司や組織との良い関係性が
調整変数になっているため，個人が組織の健全化のために発言を試みようと
しても，非受容的な環境ではその発言行動は抑制される，ということであ
る。

3. 外部環境としての「顧客市場」

3.1. 外部環境への適応

　Chatman（1989）は個人－組織適合に外部環境の存在を視野に入れてい
たと考えられるが，それ以降は外部環境を含めた議論が置き去りにされてき
た。本書は組織をオープン・システムとして捉えるため，外部環境を操作化
するための論理展開を行う。

　外部環境は組織との関係性のなかで表現されることが多い。組織の内部環
境を意識的調整が及ぶ範囲，その範囲外にある諸要因を外部環境とする（桑
田・田尾，1998）ため，ステイクホルダーのなかでは雇用契約関係のある労
働者は内部環境に相当し，それ以外の顧客や株主は外部環境に位置付けられ
る。本書でたびたび議論をしているオープン・システム（open system）と
は，外部環境から資源をインプットし，それを消費することを通して，再び
環境に何かしらの資源をアウトプットするシステムのことであり，それに対
して，外部環境とは遮断されたシステム内部で自給自足をしているシステム
のことをクローズド・システム（closed system）と呼ぶ（桑田・田尾，1998）。
オープン・システムとしての組織は，生存，成長のために外部環境に適応す
る必要があり，組織の環境適応が組織の有効性を決定すると考え，条件が異

なれば有効な組織化の方法も異なるという視点を持つのがコンティンジェンシー（contingency）理論（加護野，1980）である。コンティンジェンシー理論では，状況変数と組織特性変数の間の適合・不適合が組織成果に影響を与えるというモデルを描いている（補章　図補-10）。そして，組織が外部環境に対して不適合をおこしたときは，適合を回復するために組織変革を促す適応プロセスが発生する（Donaldson, 2001）。こうした，不適合から適合への適応のダイナミクスに関する議論は，個人－組織と同様に，組織－外部環境でも行われている点が興味深い。

　Lorsch & Morse（1974）は，コンティンジェンシー理論の変数に個人を加えて，「外部環境」「組織システム・内部環境」「個人システム」という 3 変数を議論した（補章　図補-11）。オープン・システムとしての組織は，絶えず外部環境と相互作用しており，個人は組織成果に貢献をしているので，個人と組織と外部環境は強く相互作用をしていると考えた。彼らは，個人が習得し実践しなくてはならない知識体系と情報は外部環境にあると考え，個人も外部環境を考慮しながら意思決定や行動を取るため個人も組織同様に外部環境との適合が重要だと主張した。こうして，個人と組織と外部環境という 3 者の適合（fit）モデルを描いたのである（補章　図補-12）。

　Chatman（1989）が個人－組織適合理論を発表するより 15 年早く，Lorsch & Morse（1974）が組織－外部環境，個人－組織，に加えて個人－外部環境の適合に言及した点は興味深い。現代では技術革新によって専門技能の陳腐化が早いため，個人は当時よりさらに組織外部からの情報収集や学習が求められている。

　だが，実証研究として外部環境を操作化しようとすると変数が無限大なため困難である。そこで，本書では企業が経営戦略として必ず掲げる顧客志向に着目をし，顧客市場を外部環境として代理変数化した。顧客市場への志向性は，組織のみならず個人にも同時に求められるため，次項では外部環境を顧客市場と読み替えるための議論を行う。

3.2.　顧客市場への適応

　顧客市場を外部環境として操作化するうえで必要となるのが，組織による

顧客市場の位置付けである。顧客志向は技術志向，生産志向と共に戦略志向の下位概念とされ，市場成長と競争の著しい環境で選択されやすい戦略である（Deshpandé et al., 2012）。こうした議論より，個人と組織の顧客市場に対する志向性は，外部環境への適応を示す代理変数となると考える。

3.2.1. 組織の顧客志向

　顧客志向とは顧客の価値を創造するために顧客を組織の中心に位置付けて行動すること（Day & Wensley, 1983），と定義されている。マーケティング論では1990年代以降に組織の市場志向（market orientation: MO）研究が発展し，MARKOR（Kohli & Jaworski, 1990; Kohli, Jaworski & Kumar, 1993）とMKTOR（Narver & Slater, 1990）という2つの測定尺度[3]がほぼ同時期に発表されたことで市場志向概念が確立したとされる。MARKORが組織の行動を，MKTORが組織文化を測定しているとされているが，本書では個人の価値観と組織文化の適合を議論しているため，MKTORについて言及する。

　MKTOR[4]は，市場志向を既存および潜在顧客に対して優れた価値を創造するために必要な行動を最も効果的かつ効率的に作り出す組織文化と定義される。市場志向は顧客志向，競争志向，機能横断的統合という3つの要素から構成される一次元の概念であり，その中核には長期的な利益と収益性という意思決定基準を初期仮説として設定している（補章 図補-13）。顧客志向は，顧客に対して優れた価値が提供できるように，より顧客のことを理解して長期的に顧客への価値創造を維持しようとする概念である。MKTORに代表される組織文化アプローチは，マーケティング領域における市場志向，あるいは顧客志向が組織に高い業績をもたらす要因として近年注目されている（北居, 2005）。

　顧客志向を組織文化と捉えるアプローチは，サービス組織では特に重視されており，サービス・マネジメントに特化した組織文化の類似概念には，

3　MARKORとMKTORは双方とも略語であり，原文（market orientation）を邦訳すると同じ「市場志向性」になり判別が不可能なため，本書では尺度名として固有名詞化されているMARKORとMKTORのまま記載する。
4　MKTORの尺度一覧は第4章の表4-3，並びに補章の表補-9に掲載している。

サービス風土（Schneider, 1990）がある。これは，経営理念である顧客満足を実践するために「社外への適応」をすることと「社内の内部統合」を行うことを目的としたものであり，個人が認知する組織のサービス風土によって，個人レベル，店舗レベルでのサービス・パフォーマンスが向上し，顧客満足度が有意に予測できるとされる（Liao & Chuang, 2004; Schneider, 2004）。

　組織の顧客志向は，機能横断的統合（Narver & Slater, 1990），社外への適応と社内の内部統制（Schneider, 2004），そしてサービス・マネジメント・システム（Normann, 1984）という表現で表され，社内外を有機的に結びつけることに着目をしている。これらの議論から，本書における組織の顧客志向は「組織が，顧客ロイヤリティを長期的に維持するために，顧客に優れた価値を創造し提供しようとする組織文化や組織マネジメント行動」と定義する。よって，組織の顧客志向性の水準は，組織の外部環境への適応の代替変数になると考える。

3.2.2. 個人の顧客志向

　マーケティング論では，個人の顧客志向と組織の顧客志向は全く異なる文脈で研究が発生し，双方が独立して並行的に研究が蓄積されてきた。個人の顧客志向としてあげられる研究は，Saxe & Weitz（1982）の販売志向顧客志向（sales orenteation customer orientation: SOCO）[5] や，顧客志向の態度を測定する尺度（Stock & Hoyer, 2005），顧客マインドセット（customer mind set: CMS）尺度（Kennedy, Lassk & Goolsby, 2002），サービス従業員の顧客志向（customer orientation of service employees: COSE）尺度（Brown, Mowen, Donavan & Licata, 2002）など数多く存在している。これらの研究から，顧客志向性の高い販売員は，長期的な顧客満足を意図した行動を取る一方で，顧客の利益を犠牲にしてまでも販売することで顧客不満足になる行動を避け（Saxe & Weitz, 1982），顧客志向と販売量，売上高，販売成績順位，との関係には強い相関（Jaramilo, Ladik, Marshall & Mulki, 2007）があ

5　SOCO を直訳すると「販売志向顧客志向」となるが，文脈の中で SOCO に言及をする際は「顧客志向性の高さ」を意味することが多い。これを日本語だけで示すと「販売志向顧客志向の高さ」となり，意味が伝わらなくなる。また，顧客志向という言葉を用いる尺度は他にも数多くあり混乱を免れないので，本書では販売志向顧客志向（SOCO）と表示する。

り，従業員の社会的スキルと顧客ニーズに応えようとする動機付けが，顧客満足と顧客コミットメント，顧客の安定した引き留めに影響する（Hennig-Thurau, 2004）ことなどが判明している。

　ちなみに，顧客にサービスを提供する個人は顧客と直接対話をすることから，顧客接点人材（Hartline & Ferrell, 1996; Hartline et al. 2000）とも呼ばれている。本書がこの顧客接点人材に着目する理由は，組織のなかで最も外部環境に近い存在だからである。Lorsch & Morse（1974）はコンティンジェンシー理論のなかで個人と外部環境との適合について言及しているが，本書においては顧客接点人材こそが顧客市場という外部環境に最も近く，顧客との交流を通した学習による信念（松尾，2006）を形成する可能性が高いと考える。個人の顧客志向の信念形成は個人の顧客市場への適応であり，つまり外部環境への適応として操作化が可能である。また，サービス・エンカウンター（Bitner, Booms & Tetreault, 1990）研究や，サービスの劇場アプローチ（Fisk, Grove & John, 2004; Grove & Fisk 1983; Grove, Fisk & John, 2000）でも，顧客接点人材が顧客市場に適応する重要性が議論されており，個人は組織に適合するよりも早くに外部環境に適応する可能性を示唆している。

　これらの議論より，本書における個人の顧客志向の定義を「個人が，顧客満足のために誠意を尽くして顧客価値を提供し，顧客から長期的な信頼を得ようとする態度や信念」とし，個人の顧客志向性の水準の高さは，個人の外部環境への適応の代替変数になると考える。

3.2.3. マーケティング領域における個人と組織の関係性

　伊藤（2009b）は，これまでマーケティング領域で個別に研究されてきた個人の顧客志向と組織の顧客志向を接合させるために，個人と組織の顧客志向性の高低をマトリックスにして整理した（補章 表補-12）。横軸に組織の市場志向性を，縦軸に従業員の顧客志向性をおき，その高低で分類をすると，4象限が出来上がる。そのうち，組織の顧客志向性は高いが個人は低い，その逆の組織の顧客志向性は低いが個人は高い，という2つのギャップが存在することを示した。このギャップこそが個人－組織不適合に相当する。ギャップ（不適合）の解明への注目が高まるなか，組織行動論の適合理論が

マーケティング論でも援用されるようになる。

　個人の顧客志向性から組織市民行動，職務満足，組織コミットメントへのパスに対して，個人 – 組織適合と個人 – 職務適合を調整変数とした研究（Farrell & Oczkowski, 2009）や，個人 – 組織の顧客志向性の適合が顧客の感動的なサービス経験への調整変数となる（Anderson & Smith, 2016），そして，個人と組織の双方の顧客志向性が高い状態のほうが，双方が低いときよりも組織コミットメントが高い（Life, 2014）などの実証研究があげられる。

　その一方で，組織行動論がマーケティング論から学べることは何かといえば，個人と組織と顧客市場をつなぐフレームワークの考え方であろう。例えば，サービス文化や，顧客満足，従業員満足，エンゲージメント，ロイヤリティ，オーナーシップなどとサービス行動の関係性を網羅的に連鎖させた概念フレームワークを，Heskett（2014）は提案している（補章　図補-16）。

　だが，このモデルは上流（組織）から下流（個人）への影響の構図が特徴となっているため，Andreassen, Kristensson, Lervik-Olsen, Parasuraman, McColl-Kennedy, Edvardsson & Colurcio（2016）は顧客接点から逆流したボトムアップからの組織変革であるサービス・デザインというモデルを提示した（補章　図補-17）。サービス・デザインとは，サービス品質やサービス提供者と顧客間の相互関係を向上するために，人々やインフラ，コミュニケーション，構成要素などを，計画化し，組織化する活動（Mager, 2009）と定義されている。従来の市場志向研究のモデルは，組織から個人を介して顧客側に一方的に情報やサービスが流れるプロセスであったが，サービス・デザインでは組織は顧客と価値を協働で創造するという考え方を基準にしており，既存モデルからのパラダイムシフトだといえよう。

　サービス・デザインを構築するうえでキープレイヤーになるのが，顧客接点人材である（Cross, Brashear, Rigdon & Bellenger, 2007）。顧客接点人材とその顧客接点を支援する人材が，サービス提供における事実的，物質的な感動をどのように顧客に演出できるのかを設計するのがサービス・デザインであり，組織的変革はこうした設計を支えるものであるとしている（Andreassen et al., 2016）。

　このサービス・デザインにおいて何より重要なのは，アウトサイド・イン

のパースペクティブである。組織行動論では暗黙的に組織をクローズド・システムとして扱ってきたため，外部環境に適応した個人が組織に対して発言をするという発想がなかったが，本書では組織をオープン・システムとして顧客市場に開かれたものと位置付けていることから，サービス・デザインに依拠して個人起点のアプローチを個人・組織適合の概念にも取り入れることが可能となるだろう。

4. 先行研究のまとめと理論的命題

本章では要点を絞って先行研究を説明してきた。これらの議論に関わる研究領域，理論，概念はかなりの分量になるため，詳細は補章に譲るが，鳥瞰として表2-1に概念，主な研究者，研究の焦点，先行研究から本書が得た示唆，そして限界を一覧にした。これらをもとに，本書の研究関心に対しての先行研究の限界を整理する。

本書の研究関心は，個人と組織の不適合はどのようなダイナミクスをもたらすのか，を個人の認知と行動の視点から探究するものである。表2-1で取り上げた各概念は，本書の研究関心を解明するうえで多くの示唆を与えてくれるものであったが，本書の関心のすべてに解を与えてくれるものではなく，それぞれに限界があった。

本書の研究が依拠しているのは，個人－組織適合（Kristof-Brown & Billsberry, 2013）である。伝統的な適合研究では個人と組織が適合しているほど望ましい，とされてきたが，実際は個人と組織が高い水準で適合しているときと，低い水準で適合しているときでは，成果への影響が異なる。また，適合という概念をより理論的に把握するために，測定や分析の在り方，定義，そしてパラダイムに関する議論（Kristof-Brown & Billsberry, 2013）へと展開した。

この混乱が収束する頃には，適合が万能ではなく不適合を理論的に解釈し，その成果を再検討すべきだという議論へと移行し（Harrison, 2007; Ostroff & Schulte, 2007），不適合研究（Coldwell et al., 2008; Cooper-Thomas & Wright,

2013）に注目が集まるようになる。また，既存の適合研究が静態的であるという批判から，適合と不適合をダイナミックに捉えようとしており（Shipp & Jansen, 2011; Vleugels et al., 2018; Wingreen & Blanton, 2007），なぜ不適合が発生するのか，不適合を認知した個人はどのような適応行動を取るのか，といった動態的な研究へと進んだ（Follmer et al., 2018）。

　以上が適合研究の現在地であるが，本書では先行研究の限界を乗り越えるために，①個人の認知の変化を新規参入から熟達化までの時間軸で捉えること，②組織をクローズド・システムではなく外部環境に向けたオープン・システムとして捉えること，によって解決しようとした。つまり，既存の適合研究の限界は，静態的，もしくは短い期間での動態だけを扱い，さらに組織をクローズド・システムであることを前提とした議論をしてきたことにあると言えるだろう。

　適合の認知の動態に関しては，新規参入者の場合は組織社会化（Cable & Parsons, 2001; Van Maanen & Schein, 1979）によって説明ができることが分かった。だが，組織社会化は新規参入者を対象にしている研究なのでベテランの認知の動態は説明できない。熟達化（Ericsson, 1996; 松尾, 2006）のプロセスはベテランが組織との不適合を認知する可能性を推論できるが，不適合による適応行動や組織とのダイナミクスまで議論は広がらない。資格過剰研究（Erdogan et al., 2001; Luksyte & Spitzmueller, 2016）には不適合による適応行動の研究蓄積があるが，過剰ではなく不足による不適合は研究対象外である。認知的不協和による個人行動を分類した離脱・発言・忠誠・放棄研究（Hagedoorn et al., 1999; Hirschman, 1970; Klaas et al., 2012）は，不適合による個人の適応行動を最もよく説明できるが，発言した後の個人と組織のダイナミクスまでは議論が展開されていない。

　こうした行き詰まりを打破すべく，外部環境とのコンティンジェンシー理論（加護野, 1980; Lorsch & Morse, 1974）が登場する。組織のみならず個人についても外部環境への適応の重要性を説くが，外部環境には変数が数多く存在するため具体的な議論に発展させるのが難しい。そこで，市場成長と競争が激しい状況下で採用される戦略として顧客志向がある（Deshpandé et al., 2012）ことから，本書では個人と組織の顧客志向を外部環境への適応

表 2-1　本書で用いた概念一覧

	概念		主な研究者	研究の焦点
個人と組織の適合と不適合	個人－組織的な組織適合	個人－環境適合パラダイム	O'Reilly et al. (1991), Kristof-Brown & Billsberry (2013), Cable & Judge (1996)	個人と環境（組織など）の特徴を概念的に同一基準化し，類似性を定量的に測定する。個人には組織から独立した価値観があるという前提。
		認知的適合パラダイム		適合している，していないという個人の感覚，時間の変化，経験から法則を見出そうとする。
	不適合		Coldwell et al. (2008), Cooper-Thomas & Wright (2013)	不適合が離職をもたらす伝統的な研究から，不適合の認知，内容，方向性，行動の探究へ。
	不適合のダイナミクス		Wingreen & Blanton (2007), Shipp & Jansen (2011), Vleugels et al. (2018)	不適合と適合の認知の動態性を捉えるために，時間，要因，状態，動機付け，行動のメカニズムを明らかにしようとする。
個人の認知の変化と適応行動	組織社会化		Van Maanen & Schein (1979), Cable & Parsons (2001)	新規参入者が組織に適応するときのキャリア発達や組織社会化戦術の成果を探究する。
	熟達化		Ericsson (1996), 松尾 (2006)	熟達者の認知や行動の特徴，熟達に至るプロセスや要因を明らかにする。
	資格過剰		Erdogan et al. (2001), Luksyte & Spitzmueller (2016)	個人－職務不適合が不適応行動につながる伝統的な研究から，生産性，創造性を生み出す動機，要因を見出そうとする研究へ。
	離脱・発言・忠誠・放棄		Hirschman (1970), Hagedoorn et al. (1999), Klaas et al. (2012), Farrell, 1983	組織の質が低下したときに認知的不協和となった個人の行動の類型化。発言行動の特徴，要因，メカニズムを解明する。
個人と組織を取り巻く外部環境	コンティンジェンシー理論		加護野 (1980), Lorsch & Morse (1974)	変化する外部環境に組織が適応するための構造，条件を探る。個人が外部環境に適応する視点もある。
	顧客志向		Saxe & Weitz (1982), Narver & Slater (1990)	個人や組織が顧客に価値を提供することができる価値観，文化，態度，行動，能力の解明と成果との関係性を検証する。
	サービス・デザイン		Andreassen et al. (2016)	サービスが提供される顧客接点を起点にした組織変革を行うためのシステム，プロセス，マネジメントを設計しようとする。

示唆	本書の関心に対しての限界
個人と組織の何が適合しているのかという具体的な基準があるため，個人と組織の水準の高低を測定できる。	個人と組織の水準が高い群と低い群が混在する。適合の度合いが高いほど望ましいとは限らない。過剰な適合への懸念がある。適合の経験の洞察ができない。
適合や不適合をどのように認知し，どのような行動につながったのか，という動態を把握することができる。	情動の影響を受けやすいため，適合を正確に捉えるのが困難。定量調査法は，個人と組織の何が適合しているのか把握が困難。
不適合でも生産性や変革性へのポジティブな可能性がある。不適合の状態を示すモデルを検討することが重要。	不適合の発生理由，不適合による行動を説明する論理やモデルの議論が不十分。新人とベテランの不適合が弁別されていない。
適合の認知の変化の捉え方には，研究者独自の枠組みがある。ダイナミクスの発生は不適合が起点となり，動機付けの理論が必要となる。	適合の認知が動態的となる理由を説明するための論点が定まらない。長期間をかけた定点観測をする定性的研究の設計が難しい。
組織社会化戦術は参入初期の個人－組織適合の促進要因になる。個人のキャリア発達論的な視点から捉えて時間軸を作る。学習が適応を促す。	個人が組織に適応した後の長期雇用段階の議論ができない。個人が組織に適応するという関係性であり，両者を対等に扱っていない。
熟達化で形成された個人の信念が，組織との不適合の要因になる可能性。熟達者は外部労働市場に適応。	熟達化と組織との相互作用があまり議論されない。
認知的不協和による行動の説明。不適合を適合に向かわせる過程で動態的になる。資格過剰による不適合と，不足による不適合が検討できる。	過剰ではなく，不足による不適合については議論をしない。
認知的不協和の解消行動のオプション。職場環境の悪化において組織の健全性を取り戻すために発言が発生。組織との関係性が発言行動の調整変数。	個人の組織に対する発言行動の後の，個人と組織の関係性の変化までは議論されていない。
外部環境は常に変化するため，不適合の発生は自然なこと。外部環境への適応が，組織のみならず個人にとっても重要。	中範囲の理論で変数が多くなるため，個人が外部環境の何に適応するのか具体性が絞りにくい。
個人と組織の顧客志向の定義，目的，影響の明確化。顧客志向性の水準の高さが外部環境への適応という議論の展開。顧客志向性尺度の検討。	個人の認知と顧客の認知を同時に成立させることが調査設計上困難。個人と組織の水準のギャップの状態や理由，動態が解明されていない。
顧客の経験を起点にしたアウトサイド・インの組織変革は，組織をオープン・システムとして捉えている。	顧客接点人材が起点となり組織変革を起こすことを説明する論理や動機などの，個人を軸にした議論が行われていない。

の代理変数とすることとした。

　マーケティング論には顧客志向研究（Narver & Slater, 1990; Saxe & Weitz, 1982）の蓄積が豊富にある。ここで本書では，個人の顧客志向を「個人が，顧客満足のために誠意を尽くして顧客価値を提供し，顧客から長期的な信頼を得ようとする態度や信念」，組織の顧客志向を「組織が，顧客ロイヤリティを長期的に維持するために，顧客に優れた価値を創造し，提供しようとする組織文化や組織マネジメント行動」と定義した。

　だが，マーケティング論では個人と組織の顧客志向による不適合の発生理由や，それに伴う個人の適応行動を解明しようとする組織行動論のような理論展開が難しい。

　さらに，サービス・デザイン（Andreassen et al., 2016）の議論では，既存研究の枠組みである組織という上流から顧客接点人材を介して下流の顧客へ，という流れに異を唱えた顧客起点の組織変革を主張するが，顧客接点人材を軸にした組織への働きかけを追う議論には至らない。この点では，組織行動論における発言（Hirschman, 1970）の知見が有効である。

　このようにして，本書では組織行動論における個人−組織適合研究に依拠しながらも，不適合という現象を理解するために，組織社会化，熟達化，認知的不協和，発言，などの概念を援用しつつ，コンティンジェンシー理論から着想を得て，外部環境を顧客市場へと操作化するためにマーケティング論にも架橋して概念構築をしている点が最大の特徴となる。

　ここで，個人の組織への新規参入から熟達までの発達軸に沿って不適合の認知からの適応行動を整理するにあたり，第1章で用いた個人・組織・外部環境の3つの輪の親和図を用いながら次のような理論的命題を設定する。

1)　組織への新規参入者は学習不足による不適合を認知する。そこで，個人は認知的不協和を解消するために，組織社会化を受け入れて組織との適合を果たそうとする。

　組織の新規参入者は，組織が求める知識やスキルが不十分であるのみならず，経営理念や職業についての価値観も定着していないため組織への適応を促す必要があり，その際の個人−組織適合には組織社会化が有効である

(Cable & Judge, 1996; Cooper-Thomas et al., 2004)。ここで想定される不適合は，個人が組織の水準に対して不足しているがゆえに発生している。だが，組織への適応プロセスのなかで組織を理解する学習が進み，個人の価値観は組織との適合の方向に向かうダイナミクスが確認できるだろう。

　こうした議論から，第1章の親和図の第3型から第1型への移行が発生していると説明ができる（図2-3）。

　なお，組織変革の事例（Caldwell, 2011; Caldwell et al., 2004）においても，個人が組織との適合へと移行しながら外部環境に適応していくと考えられるため，上記と同じ動態が発生していることになろう。

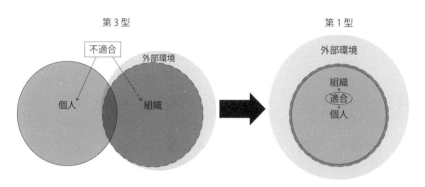

図 2-3　第 3 型から第 1 型へのダイナミクス

2）個人は組織社会化によって一旦は組織との適合を得るが，熟達化によって資格過剰の不適合が発生する。

　ところが，組織社会化が完了した長期雇用段階になると，仕事経験を通した成人学習へと変化し，外部環境からも学習をすることで認知に変化が訪れる。個人の認知の変化に関係しているのが，組織社会化（Cooper-Thomas et al., 2004），高度専門技能（Wingreen & Blanton, 2007），熟達志向性（Caldwell et al., 2004）などであり，いずれも個人の内的変化や成長に関わる要因である。特に専門技能や職業的な価値観の熟達化では外部環境への適応が進む。こうした経験による学習は個別性が高いため，熟達者が形成する信念は個人的な理論（松尾, 2006）や持論（金井, 2005）として揺るぎなきものになっ

ていく。このときに，個人が形成した価値観が組織の水準よりも過剰なとき
に不適合が発生する。外部環境を顧客市場としたときに，個人のほうが組織
より顧客志向性の水準が高いというのが，この事例に相当する。顧客接点で
の業務経験を通して職業的な価値観を習得することで，個人は組織の顧客志
向を比較対象として見ることができるようになり，組織との不適合を認知す
る要因にもなり得るのである。さらに，熟達した個人に対して組織が過剰な
組織社会化を施そうとすると，個人は心理的リアクタンス[6]（Brehm, 1966）
のような反応を示し，組織との不適合を認識する可能性も考えられる。これ
こそが，Jansen & Shipp（2013）が定義した長期雇用における個人‐組織
適合の課題に相当する。

　これは，第1型から第4型へのダイナミクスが発生したと考えられる（図
2-4）。

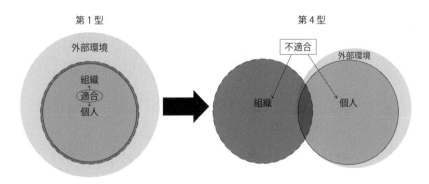

第1型　　　　　　　　　　　　第4型

外部環境

組織
適合
個人

不適合

外部環境

組織　　　　個人

図2-4　第1型から第4型へのダイナミクス

3）資格過剰による不適合を認知した個人は，認知的不協和を解消するため
　に適応行動を取るが，そのなかでも発言行動は組織を環境に適応させる行
　動になり得る。

　不適合による認知的不協和の解消のための適応行動として，発言，忠誠，

6　心理的リアクタンスは，自由への脅威を認知したときに生じる自由の回復（restoration）を目指す動
　機付けの状態であり，心理的リアクタンスが発生すると，脅された自由を取り戻すための自由回復
　行動を取ろうとする。

放棄行動（Farrell, 1983）が考えられる。発言オプションには，自己保身の
ための身勝手で攻撃的な発言（Hagedoorn et al., 1999）と，組織を手助けし
たいという欲求による建設的で向社会的な発言（Van Dyne & LePine, 1998）
があるが，後者であれば組織を外部環境に適応させようとしていることにな
る。組織の環境が悪化しているときに行う援助や改善，変革を意図した建設
的で向社会的な発言は，プロフェショナル・コミットメントが高く（Tangirala
& Ramanujam, 2008a），自身の影響力を自覚している（Venkataramani &
Tangirala, 2010）とされており，明らかに資格過剰による不適合の状態だと
いえる。例えば，顧客市場の動向や顧客獲得のための顧客志向性を習得して
いる個人が，組織の顧客志向の文化や施策が不十分で顧客離れが発生したと
きに，改善提案をするようなケースが想定される。

　なお，離脱と発言を分けるのは忠誠とされるが（Hirschman, 1970），資格
過剰の従業員は現状のシステム改善にチャレンジするほど障害に出くわすた
め，周囲からの支援やエンパワーメント，心理的契約などが最も重要な調整
変数とされている（Erdogan et al., 2011）。つまり，発言しやすい組織内環
境が整っていなければ，発言より離脱を選択することもある。

　資格過剰による建設的で向社会的な発言の場合は，第 4 型から第 1 型へ個
人が牽引するダイナミクスが発生するといえるだろう（図 2-5）。

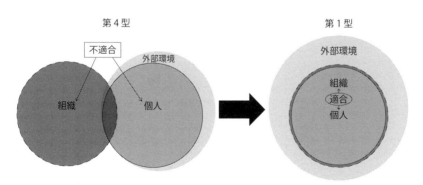

図 2-5　第 4 型から第 1 型へのダイナミクス

　上記のように考えれば，Chatman（1989）が言及した適合による服従や同質性が組織の外部環境へのコンティンジェンシー対応能力を鈍らせる，という真の意味が理解できるのである。ここからも，既存研究のように個人－組織適合をクローズド・システムで議論をすることには限界があり，特に個人の資格過剰による不適合を説明するには組織を外部環境に向けて開かれたオープン・システムとして捉える必要があるのである。

リサーチ・クエスチョンと
研究方法

1. 研究のフレームワークと研究課題

　本章では，先行研究を踏まえたリサーチ・クエスチョンの導出と，研究方法について言及する。第2章で示したように，個人・組織・外部環境を3つの輪による親和図で示すことは議論の整理になるが，今後の研究フレームワークの設計のためには外部環境の代理変数となる顧客市場の概念操作として，個人の顧客志向性の水準を個人の外部環境（顧客市場）への適応への度合い，組織の顧客志向性の水準を組織の外部環境（顧客市場）への適応の度合いだと読み替える必要がある。また，志向性とは意思や信念の傾向を示していることから価値観の一部だと本書では捉え，個人と組織の顧客志向による適合は価値観適合に分類されると考えれば，個人と組織の顧客志向性の水準の高低による適合と不適合をマトリックスで説明することができる（図3-1）。

　まず，適合の2パターンについて命名をする。個人と組織の双方の顧客志向性の水準が高い右上の象限を「高水準適合」とする。これは，個人・組織・外部環境のすべてが適合状態にある第1型に相当する。

　対角となる個人と組織の双方の水準が低い左下の象限を「低水準適合」とする。この象限は，個人と組織が適合していても外部環境には適応していない第2型の概念に相当する。

図3-1　顧客志向性による適合と不適合のマトリックス

　次に不適合の2パターンについて命名をする。個人より組織の顧客志向性の水準が高い右下の象限は，個人の水準が組織の水準に及ばないという意味で「劣位不適合」と呼ぶ。これは，組織だけが外部環境に適応している個人－組織不適合であり，第3型に相当する。

　対角となる個人のほうが組織の顧客志向性の水準より高い象限は，個人の水準が組織の水準を超えていることから「優位不適合」とする。これは，個人だけが外部環境に適応している個人－組織不適合なので，第4型となる。

　このように適合と不適合をマトリックスで示し[1]，4群を生成する方法は本書では重要な4つの意味を持つ。1つ目が，2つの不適合の弁別が可能になるという点である。資格過剰の議論が示してきたように過剰な不適合が存在するなら，不足による不適合も存在することになるが，既存研究では触れてこなかった。この点につき本書では，過剰である優位不適合と不足である劣位不適合の弁別が可能になる。

　2つ目の意味は，2つの適合の弁別が可能になるという点である。適合理論でも高い水準での適合と低い水準での適合では成果への影響力が異なるという議論（Edwards, 2008; Kristof-Brown & Billsberry, 2013）があったが，本書でも高水準適合と低水準適合という分類によって弁別できる。

1　第5型は，個人も組織も外部環境と不適応であり，かつ個人と組織が不適合なため，マトリックス上に示すことができない。だが，本書の関心は不適合による外部環境への適応であるため，第5型については議論を行わない。

　3つ目の意味が，不適合研究に新たなモデルを提示することができるという点である。マトリックス型なら，Edwards（2008）が指摘している不適合の方向性を優位不適合と劣位不適合で表すことができ，Cooper-Thomas & Wright（2013）による不適合の3つのモデル[2]に加え本書のマトリックス型を第4のモデルとして提示することができる。

　最後に4つ目の意味が，顧客志向研究への貢献である。個人の顧客志向性と組織の顧客志向性の高低のギャップをマトリックスにしようとする議論（伊藤，2009b）や，顧客志向による個人－組織適合の研究（Anderson & Smith, 2016; Life, 2014）はすでに始まっているが，適合と不適合を4群に分類する方法は，個人と組織の顧客志向性を同時に議論する研究に役立つであろう。

　さて，既述のとおり本書における個人－組織適合は，個人の態度に最も強い影響力があるとされる価値観適合（Kristof-Brown & Jansen, 2007）に分類されるが，この点において既存研究の価値観と顧客志向との弁別が必要だろう。適合研究において価値観適合の尺度として最も代表的な組織文化プロファイル（O'Reilly et al., 1991）は，革新性や寛大さ，といった組織が保有するであろう様々な文化の種類を全般的に幅広く提示することで，組織文化と個人の価値観との一致を測定しようとしている。他方，顧客志向は外部環境への適応というベクトルがはっきりしており，経営戦略との連動性が強い。そこで，一般的な価値観よりも，顧客志向性の水準の高低によって外部環境に対する適応の度合いを把握することができると考える。よって，顧客志向は組織文化や個人の価値観の全般を示すものではなく，顧客市場という特定の部分だけを照射した，一種の下位概念に相当するともいえる。このように，本書における個人－組織適合は，価値観適合に分類されるが，既存研究の全般的な価値観ではなく，外部環境への適応という視点で議論をする。

　さて，顧客市場を外部環境の代理変数にするための概念操作ができたところで，本書の研究リサーチ・クエスチョンを明確にする。既存の適合理論では組織をクローズド・システムとして扱い，個人と組織の適合を静態的（スタティック）に示してきたが，オープン・システムの組織では個人の外部環

2　第1モデルは適合と不適合が同軸上の連続体，第2モデルは不適合は適合より過不足，第3モデルは適合と不適合が質的に異なる，というもの（図2-2）。

境への適応も想定しなくてはならない。もし，個人の外部環境への適応の度合いが変化すれば，個人の組織に対する適合の認知は，高水準適合，低水準適合，劣位不適合，優位不適合という4つの象限のなかで動態的（ダイナミック）に移行することになるだろう。そこで，1つ目のリサーチ・クエスチョンは以下のようになる。

RQ(1) 個人は，組織に対する適合や不適合をどのように認知するのか。

　次に考えることは，不適合は認知的不協和となるため個人はどのような適応行動を取るのか，という点である。このときに，もし個人が外部環境に適応しており，組織が外部環境に適応していなかったなら（第4型，優位不適合），個人は組織を外部環境に適応させようとする発言行動が発生するかもしれない。そこで，2つ目のリサーチ・クエスチョンは以下のようになる。

RQ(2) 優位不適合を認知した個人はどのような適応行動を取るのか。

　これら2つの研究による発見事実を踏まえて，最後に，本書の研究主題である個人と組織の不適合がもたらすダイナミクスに議論を収束させたいと考える。

2. 研究方法

　2つのリサーチ・クエスチョンを解き明かすための研究方法について整理をする。RQ(1) と RQ(2) は，それぞれ研究1と研究2という2つの研究に対応するが，その前に予備調査を加えることで3段階の調査とする（図3-2）。
　第1段階の予備調査の目的は，適合と不適合のマトリックス上に配置されている，高水準適合，低水準適合，劣位不適合，優位不適合の4群に属する個人の特徴を把握することである。本書の議論を展開する土台となるマトリックスによる4群のフレームワークは，既存研究からの理論的な推論に留

まっているため，定量的研究によって弁別性を検証する。そのため，質問紙法によって顧客志向性の主観的適合と組織内態度，対顧客行動を測定し，多重比較によって各群の有意差を検証して群ごとの特徴を明らかにする。

　第 2 段階となる研究 1 では，個人の適合と不適合の認知の変化を捉えるため，顧客接点人材に対して半構造化インタビューを実施し，収集したインタビュー・データを修正版グラウンデッド・セオリー・アプローチ（木下，2007）に依拠した定性分析を行う。その理由は，定量分析手法では一人ひとりの個人の適合の経験についての洞察が少なく，人がどのように適合や不適合の感覚を経験するのかという点の解明が難しい（Kristof-Brown & Billsberry, 2013）という限界があるためである。

　第 3 段階の研究 2 では，研究 1 でインタビューした同一人物を 4 年後に再訪し，不適合を認知してからの行動を半構造化インタビューで聞くという質的（定性的）パネル調査を実施する。ダイナミック適合の論点では，時間軸を取り入れることが必要不可欠であり，行動はある一定期間の間に多岐にわたって行われるものであるため，パネル調査を行うことにした。分析手法は，不適合を認知してからの行動という個別的なストーリーをナラティブに捉え，インタビュー対象者の物語を分断せずに分析する方法としてメタ・マトリックス法（Miles & Huberman, 1994; 佐藤, 2008）[3] を採用した。

　適合研究のパラダイムには，個人の特性と組織の特性を同一基準にして双方の適合の度合いを測定する実証主義の主観的適合と，個人の適合や不適合の感覚に重点を置く解釈主義の認知的適合があるが，両者の相関は高くはない（Edwards et al., 2006）とされている。そこで，研究手法として，どちらかのパラダイムだけに偏向しすぎずに相互補完的な研究デザインが提案されている（Kristof-Brown & Billsberry, 2013）。本書における予備調査は，個人と組織のデータセットを個人が主観的に回答したものに対して統計分析を行うため，主観的適合の立場で定量分析を行う。研究 1 と研究 2 は，個人が経験した適合や不適合の認知と現在の行動を引き出しているため，認知的適合の立場での定性分析となる。

3　メタ・マトリックス法については，第 6 章第 1 節の研究手法にて詳述している。

　このように，複数の研究手法を組み合わせることを混合研究法（mixed method），またはトライアンギュレーション（triangulation）という。抱井・成田（2016）によれば，混合研究法は研究課題をより深く理解するために，量的および質的研究を組み合わせて使うアプローチで，単一もしくは長期的に継続して行われる研究プログラムにおいて，量的および質的データを収集，分析，統合するものである。組み合わせとして，データ収集の方法（アンケート調査，インタビュー，観察など）と，研究アプローチの方法論（ナラティブ，事例，グラウンデッド・セオリー，エスノグラフィーなど），そして哲学的な視座（構築主義，実証主義，変革パラダイムなど）が多種多様に混合されている。この考え方の背景にあるものは，従来の質的研究と量的研究の対立を軽減し，両者の一致を強調する方向に流れを変え，そのための哲学的基礎としての実用主義（pragmatism）や弁証法（dialectics）を前面に出すことであるという（廣瀬，2012）。実用主義の立場は，実践に役立つ理論を採用し，リサーチ・クエスチョンに答えられる研究法なら何でも使おうという道具的視点を持つ。

　ただし，単純に定量と定性の両アプローチを併用しただけではなく，両アプローチの統合によるシナジーの徹底的追求姿勢と哲学的視座の有無の2点が，混合研究法が他の研究手法と差別化できる点である（抱井・成田，2016，p.3）。これらを実現するためには研究デザインの選択が最初に重要な点となり，3つの基本的な型がある。第1の型が説明的順次デザイン（explanatory sequential design）であり，第1段階として量的データの収集・分析を行い，その結果に対する理解をさらに深めるために第2段階として質的データの収集・分析を行う。そして，これら2つの段階で得た知見を合わせて解釈することで，量的・質的研究アプローチの統合を図るものである。第2の型が探索的順次デザイン（exploratory sequential design）で，質的データの収集・分析から始め，そこで得た知見をもとに仮説検証の量的研究につなげるものである。第3の型が収斂デザイン（convergent design）で，特定の研究目的のもとに質的・量的データの収集・分析をそれぞれ並列的・独立的に行い，異なる方法によって得られた結果を比較または関連させることで質的・量的アプローチの統合を試みるものである。本書では，第4章で予備調査に

あたる質問紙法による定量研究を行った後に，その結果の理解を深めるために第5章と第6章で研究1，2として半構造化インタビューによる定性研究を行うので，第1の説明的順次デザインに相当する。

　こうした方法論の組み合わせの最後に量的，および質的な研究結果を首尾一貫した大きなまとまりに統合してメタ推論を引き出すことが，混合型研究法によって導出できる最大のメリットになる。本書においても，第7章において，第4，5，6章のそれぞれ異なる研究手法によって導き出された知見を統合し，全体を通して得られた推論を展開する。なお，本書で用いる具体的な研究手法については各章で触れることにする。

　これまで整理をしたリサーチ・クエスチョンと研究方法に対応する各章の構成を図3-2に示す。

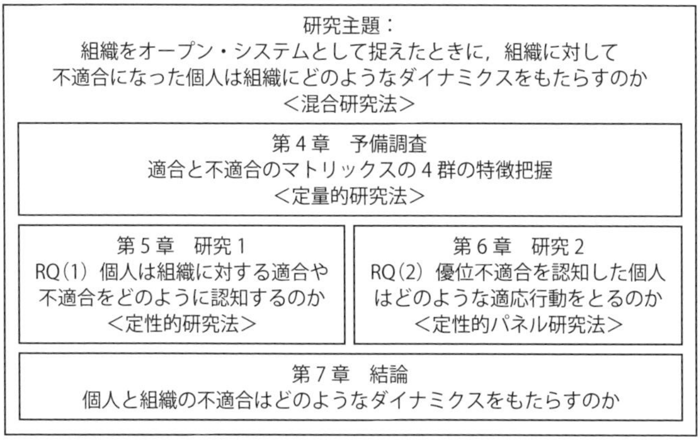

図3-2　本書の構成と研究課題

Chapter 4

適合・不適合の分類と特徴

1. 調査目的と作業仮説

　本章の目的は，適合と不適合のフレームワークを理論的概念だけではなく定量的に予備調査をしておくことで，本章以降の適合認知の動態や適応行動を示すモデルの土台を整えることである。

　そこで，本章では既存研究では明確に区別がなされてこなかった適合・不適合について，高水準適合群，低水準適合群，優位不適合群，劣位不適合群による4群を生成し，各群の特徴を比較し，4群の静態的な態度や行動を把握する。

　ここでは，個人の顧客志向性，組織の顧客志向性のどちらも，個人が主観的に評価をする。なぜなら適合理論では個人の組織に対する主観的評価が代表的な手法[1]であるためである。よって本書における組織の顧客志向性の水準とは，厳密には個人が認知する組織の顧客志向性の水準，となる。

　以上を踏まえ本章で用いる適合と不適合の4群のフレームワークは，図4-1のとおりである。

　また，本書の議論で用いる顧客志向性とは顧客志向性価値観を意味している。個人−組織適合理論において，個人の態度や行動に影響力を持つのは価

1　組織文化プロファイル尺度（O'Reilly et al., 1991）では，個人が自身の価値観と組織文化に関する全く同じ項目をそれぞれに評価する手法を用いている。

48

図4-1　適合と不適合のフレームワーク

値観適合（Kristof-Brown & Jansen, 2007）であり，志向性とは特定の方向
性を内包する意思や信念なので全般的な価値観の下位概念に相当するといえ
る。

　次に，各群の特性を比較するための変数の検討にあたり，本書では組織内
態度に加えて対顧客行動の変数を用いることにした。その理由は，既存の個
人−組織適合研究では被説明変数に離職や組織コミットメント（Wheeler et
al., 2007; Silva et al., 2010）などの組織内態度の変数が採用されているため
被説明変数への影響はある程度自明だが，顧客志向性価値観に基づいた行動
を測定するためにはこうした組織内態度の変数だけでは偏りがあるからであ
る。顧客接点人材の場合は対顧客行動も売上に直結する重要な指標になる。
よって，各群を比較する変数には組織内態度のみならず，組織外行動である
対顧客行動の変数を採用する妥当性がある。

　以上により，顧客志向性価値観の個人と組織の適合と不適合の群分類とそ
の特徴を把握するという本章の目的を達成するために，以下の仮説を設定す
る。

　個人と環境が高い水準で適合しているときは，低い水準で適合している
ときよりも，個人の業務成果への影響力がより強くなる（Kristof-Brown &
Billsberry, 2013）という先行研究より，
仮説１：個人と組織の顧客志向性価値観が適合していたとしても，高水準適

合のほうが低水準適合よりポジティブな組織内態度を取るだろう。

　不適合は組織市民行動や職務業績に対しても負の影響が確認されている（Hoffman & Woehr, 2006）。だが，顧客ニーズに応えようとする個人の傾向または素質は，個人の信念と接客の楽しみの 2 次元で構成されており（Brown et al., 2002），信念は個人の理想や価値が含まれた概念（Abelson, 1979）であることから，顧客志向性の水準は顧客ニーズに応える行動に影響すると考えられるため，

仮説 2：個人と組織の顧客志向性価値観が不適合だとしても，優位不適合のほうが劣位不適合よりポジティブな対顧客行動を取るだろう。

　上記のとおり，適合では組織内態度，不適合では対顧客行動への影響を仮定するならば，4 群それぞれに有意差が発見できると考えられるため，

仮説 3：高水準適合，低水準適合，優位不適合，劣位不適合の 4 群の組織内態度や対顧客行動には，それぞれ有意差があるだろう。

　以上 3 つの仮説の検証を通して，概念的に生成した適合と不適合のフレームワークの実証研究を行う。

2.　調査対象と調査方法

　本章で用いるデータは，山﨑（2009a）によって回収されたものであるが，本研究においては山﨑（2009a）とは異なる研究目的，分析手法によって結果を導いている。調査対象者は，接客販売に従事する顧客接点人材（角方・萱園, 2007）であるが，企業が取り扱う財の特徴や営業・販売スタイルが異なる企業を 9 社選定したうえで，その組織に所属する営業職，販売職に対する定量調査の依頼を行った。9 社の業種，財の特徴[2]，営業・販売スタイ

2　取り扱う商材が有形か無形か，および，探索属性（顧客が購買に先立ち容易に評価できる商品の特性），経験属性（顧客がサービスの提供過程によってのみ評価できる商品の特性），信用属性（購買や消費の後ですら，顧客が評価しにくい商品の特性）（Lovelock & Wright, 2002）のいずれかである。

表 4-1　調査対象企業と調査方法，調査時期

企業	業種	財の特徴	営業・販売スタイル	配布・回収方法	調査時期
X 社	自動車販売	有形財探索属性	個人営業	間接法：企業内担当者経由の社内便	2008 年 8 月
Y 社	旅行代理店	無形財経験属性	カウンター販売	間接法：企業内担当者経由の社内便	2008 年 9 月
K 社	輸入服販売	有形財探索属性	店舗販売	間接法：企業内担当者経由の社内便	2008 年 9 月
P 社	輸入婦人服販売	有形財探索属性	店舗販売	直接法：直接手渡し，郵送返却	2008 年 6 月
M 社	百貨店	有形財探索属性	店舗販売	間接法：企業内担当者経由の社内便	2008 年 7 月
R 社	生活雑貨販売	有形財探索属性	店舗販売	間接法：企業内担当者経由の社内便	2008 年 9 月
F 社	マンション販売	有形財探索属性	個人営業	間接法：企業内担当者経由の社内便	2008 年 8 月
U 社	金融商品販売（証券）	無形財信用属性	個人営業カウンター販売	間接法：企業内担当者経由の社内便	2008 年 8 月
D 社	金融商品販売（為替）	無形財信用属性	個人営業カウンター販売	間接法：企業内担当者配布，郵送返却	2008 年 8 月

ル[3]，配布・回収方法，そして調査時期は表 4-1 のとおりである。調査票の配布方法は，P 社以外は間接法によってそれぞれの企業の担当者から全国の支店に対して社内便にて質問紙を配布した。質問紙には研究協力依頼のカバーレターと返信用封筒，およびそれぞれの企業担当者からの回収方法などの説明書をセットにした。回収方法は，P 社 D 社以外は回答者が記入後封筒に入れた回答用紙を支店ごとに回収して本社に社内便で返送し，担当者からまとめて受け取る，という手法を取った。

　なお，質問紙法とは，言語を利用した人間理解の 1 つの方法である（小塩・西口，2007）。長所は人間の内面を幅広く捉えることができ，短時間で多人数に実施ができ，費用が比較的経済的に済み，回答者が自分のペースで

3　第 1 の販売スタイルが個人営業で，担当者が個人で顧客との関係性を深めながら販売行為を行うため店舗内に留まらずに顧客自宅を訪問したりできる自由度の高い営業スタイルを示す。第 2 が店舗販売で，担当者が店舗の中で自由に動き回ることができ来店客にアプローチをして販売活動のきっかけを作る販売スタイルである。そして第 3 がカウンター販売で，担当者はカウンターに常駐しており顧客が自分の前に来て初めて販売活動が始まる販売スタイルである。

取り組めるといった点があげられる一方，短所は個人の内面を深く捉えることが難しく，回答者の防衛性が反映することがあり，文章の明確性によって回答者の解釈に影響がある，などがあげられる。

　質問項目の作成にあたっては，測定内容の明確化，項目作成，内容的妥当性の検討が求められるが，本調査では先行研究ですでに構成概念や信頼性の確認が行われている尺度を用いた。

3.　調査内容

3.1.　質問紙の構成

　本研究の質問紙は，山﨑（2009a）の研究で実施した際には表 4-2 のとおり全 11 問，設問数はデモグラフィック設問を含めると 131 問であったが，本書では，そのうちの問 2，問 3，問 4，問 5，問 6，問 7 の回答のみを分析対象としたため，これらの尺度についてのみ次項で説明を行う。なお，問 2 は同じ質問に対して，個人価値観と組織価値観の双方に回答する形式のため，設問数の 2 倍の回答数になる。質問紙の作成にあたっては，それぞれの企業の担当部署内で事前調査を実施し，設問表現の理解の困難さや，誤解を生じる表現[4]については最小限の修正を行った。

3.2.　調査項目

3.2.1.　個人と組織の顧客志向

　個人の顧客志向を測定する尺度は数多く存在する。Saxe & Weitz（1982）による販売志向顧客志向（SOCO），Stock & Hoyer（2005）による顧客志向態度，Kennedy et al. (2002) による顧客マインドセット（CMS），そしてBrown et al. (2002) によるサービス従業員の顧客志向（COSE）があげられる。また，組織の顧客志向を測定する尺度にも，行動パースペクティブとされる Kohli & Jaworski（1990）の MARKOR，文化パースペクティブとされ

4　例えば，自動車販売会社で「サービス」という表現は「アフターサービス部門」であると誤解を与えるため，「接客サービス」という表現に修正するなどである。

表 4-2　質問紙の構成

	項目	研究者	評定	設問数
問1	組織文化プロファイル (OCP)	O'Reilly, Chatman & Caldwell (1991)	7段階	25問×2回 構成概念：「革新性」「細部への注意」「寛大さ」「成果主義」「組織文化」 同じ設問に対して，自身の価値観と組織が重視している価値観の双方を回答
問2	市場志向性 (MKTOR)	Narver & Slater (1990) 日本語訳：小菅 (2007)	7段階	17問×2回 構成概念：「顧客志向」「競争者志向」「機能間調整」 同じ設問に対して，自身の価値観と組織が重視している価値観の双方を回答
問3	職務満足	安達 (1998)	4段階	7問
問4	組織コミットメント	Allen & Meyer (1990)	7段階	構成概念： 規範的コミットメント3問 情動的コミットメント3問
問5	離職意向	鄭・山崎 (2003)	4段階	3問
問6	顧客志向組織市民行動	Bettencourt & Brown (1997)	7段階	6問
問7	顧客関係性維持行動	Schultz & Good (2000)	7段階	3問
問8	サービス品質	Hartline & Ferrell (1996)	7段階	10問 SERVQUAL の人的サービスに関わる項目（信頼性，反応性，確実性，共感性）への自己評価
問9	組織文化への主観的適合度			1問 「合う」「合わない」「どちらとも言えない」
問10	適合・不適合を感じる場面，原因に関する主観的定性情報		自由記述	3問
問11	デモグラフィック要因			8問

る Narver & Slater (1990) による MKTOR，そして Schneider (1990) が主張するサービス風土などである。ところが，個人と組織を同時に測定できる同一の尺度は存在しない。よって Life (2014) は，個人の顧客志向の尺度を Brown et al. (2002) や Stock & Hoyer (2005) から，企業の顧客志向性の尺度を Evans, Landry, Li & Zou (2007) から合成して個別に調査設計をした経緯がある。

　だが，適合研究の測定では，これまでも言及したとおり個人と組織が同じ設問項目によるデータセットであることを重視する。そこで，本書では個人を測定する尺度と組織を測定する尺度のどちらか一方に揃えることにする。Narver & Slater（1990）による MKTOR 尺度は，「既存および潜在顧客に対して優れた価値を創造するために必要な行動を，最も効果的かつ効率的に作り出す組織文化」と定義されている文化アプローチであるため，個人は自身の価値観と組織文化を同時に評価できると想定し，MKTOR 尺度を用いることにした。

　MKTOR 尺度には 15 項目があるが，本書では独自に 2 項目を追加して全17 項目とした（表 4-3）。個人と組織のそれぞれの志向性を 2 次元で 7 件法

表 4-3　市場志向性（MKTOR）尺度

1.	セールススタッフが，競合他社（ブランド）の情報を社内で定期的に共有すること
2.	経営目標は顧客満足が最優先であること
3.	自社や自社ブランドの競争相手のアクションに対して，素早く対処すること
4.	各店舗（部門）が顧客ニーズへの対応にどの程度配慮しながら仕事を進めているかを会社が把握すること
5.	どの立場の責任者も，既存および潜在顧客と定期的に接する（イベント等含む）こと
6.	成功や失敗した接客体験に関する情報を，組織内でオープンに共有化すること
7.	他社との差別化を出すためには，顧客ニーズの理解が何より重要であること
8.	ターゲットとする顧客層のニーズを満たすために，組織内の全ての機能（例えば，店舗，営業，マーケティング，カスタマーサービス，財務／会計など）が協力し合うこと
9.	会社の方向性が，どのようにしたら顧客に対してより高い価値を提供・提案できるか，ということを中心に考えること
10.	顧客満足を体系的かつ頻繁に測定する（顧客満足度調査，ミステリーショッピングなど）こと
11.	販売後のサービスに細心の注意を払うこと
12.	会社の上層部が，競合他社の強み・戦略について定期的に議論すること
13.	マネージャーが，組織内の人々が，どのようにしたら顧客に新しい価値を提供できるのかについて理解すること
14.	他社との差別化ができるところでの顧客の絞り込み，囲い込みを行うことを怠らないこと
15.	社内の他部門と経営資源（人材，情報，ノウハウ，場所など）を共有すること
16.	セールススタッフが顧客の要望に臨機応変に対応できるように，ある程度の自由裁量を認めること
17.	長期的な顧客関係の維持を推奨すること

注：設問 16，17 はサービス・マネジメントの理論から，権限委譲と長期顧客関係性について独自に追加した。サービス・マネジメントの理論の Looy, Gemmel & Dierdonck（2003）「サービス・マネジメント統合的アプローチ」では，権限委譲をエンパワーメント，長期顧客関係性をリレーションシップ・マーケティングという言葉で説明している。

出所：小菅（2007）p.253。出典は Narver & Slater（1990）p.24，付表 5。原著の MKTOR は質問紙に適した表現ではないため，質問紙調査に適した邦訳の小菅（2007）を参考にしつつ，対象企業からのフィードバックをもとに，回答者が答えやすい文言に一部修正した。

（個人志向性：1＝全く重要だと思わない〜7＝非常に重要だと思う，組織志向性：1＝全く重要視していない〜7＝非常に重要視している）によって評定を求めた。

3.2.2. 職務満足

セールス職という限定された対象者の職務満足度を測定するにあたり，安達（1998）が開発した職務満足感測定尺度[5] を採用した。この職務満足度の構成因子は，職務内容，給与，職務関与，職場の人間関係，職場環境，職務への動機付け，顧客との関係性の7因子19項目から成り立つが，項目数が多いため[6] 本研究では7因子のそれぞれで因子負荷量が一番高い各1項目，全7項目を採用した（表4-4）。先行研究に従い4件法[7]（1＝全くそう思わない〜4＝非常にそう思う）によって評定を求めた。

表4-4　職務満足尺度

構成因子	項目
職務内容	1. 私には"やりがいのある仕事をしている"という実感がある
給与	2. 私の給与は私の年齢，地位にふさわしい
職務関与	3. 私はこころから仕事に没頭している
職場の人間関係	4. 社内の人間関係は良好である
職場環境	5. 私の会社の幹部は従業員の仕事が公平になるように配慮している
職務への動機付け	6. 私は仕事に一生懸命打ち込んでいるときに達成感を感じる
顧客との関係性	7. 私と顧客の間には信頼関係が成り立っている

3.2.3. 離職意向

これまでの研究でも個人と組織の適合の低さが離職意向に有意に影響していることはすでに確認できているが（Kristof, 1996; O'Reilly et al., 1991;

---

5 セールス職者に対する全44項目の予備調査によって抽出した4尺度33項目によって本調査を実施し，尺度ごとの主成分分析結果と項目内容を考慮して選定した19項目から構成される4件法の尺度（安達, 1998）。
6 質問紙には個人−組織適合に関する設問だけで84項目あり，回答者の負担をこれ以上増やせないという判断から職務満足の項目数を減らした。
7 リッカート法では厳密には7件法か5件法が採用されるが，心理学研究の原著（安達, 1998）に従い，本書でも4件法による測定を実施した。4件は，データとしては順序尺度と間隔尺度の中間領域（Grimm & Yarnold, 1994）とされる。

Verquer et al., 2003)，顧客接点をマネジメントするセールス職ではより職務ストレスが高くなり，離職意向との関係性も強くなることが考えられる。そこで本研究では，セールス職の離職意向（鄭・山崎，2003）を現職からの転職または離職の意向を合わせたものと定義して1因子が確認されている6項目の設問の中から，因子負荷量が0.84で同等1位となった3項目を採用した（表4-5）。4件法[8]（1＝全くそう思わない〜4＝非常にそう思う）によって評定を求めた。

表 4-5　離職意向尺度

1. この会社での仕事にうんざりしており，本気で他の仕事に関する情報収集をしている
2. 次が決まっていなくても退職してしまうかもしれない
3. 自分の条件に見合った仕事が見つかれば，すぐにでもこの仕事をやめてしまうだろう

3.2.4. 組織コミットメント

　組織コミットメントは情動的要素，継続的要素，規範的要素の3次元から構成されており（Allen & Meyer, 1990），O'Reilly et al. (1991) の研究では，個人と組織の適合は規範的コミットメントに有意な影響が確認できている。そこで，本研究では Allen & Meyer（1990）の尺度を用いて，規範的コミットメントと情動的コミットメントについて7件法（1＝全くそうではない〜7＝全くその通りである）によって評定を求めた。組織コミットメントの項目は規範的コミットメントと情動的コミットメントそれぞれ6項目あるが，合わせて12項目は他の質問数とのバランスが良くないため，項目反応理論による項目パラメタ値推定結果（高橋・渡辺・野口・Meyer, 1998）を参考に，それぞれ6項目中3項目を採用した（表4-6）。

　情動的コミットメントを追加した理由は，顧客満足の議論においてホスピタリティや顧客感動という情動的な側面が顧客ロイヤリティを高める要因であり，顧客接点であるセールス従業員の組織への情動的なコミットメントが，顧客感動を創造するうえで重要であろうと考えたためである。

8　リッカート法では厳密には7件法，もしくは5件法が採用されるが，産業衛生研究の原著（鄭・山崎，2003）に従い，本書でも4件法で測定を実施した。

表 4-6　組織コミットメント尺度

情動的コミットメント	1. 私は自分の残る職業人生をこの組織で過ごすことができれば幸せだ 2. この組織に所属している，という強い感覚がない（R） 3. この組織に対して愛着を感じない（R）
規範的コミットメント	4. たとえ自分が他社で通用する実力があったとしても，ここを退職するのは適切ではないと思う 5. もし今退職したら罪悪感を感じると思う 6. この組織から多くの恩恵を受けている

注：(R) は逆転項目。

3.2.5. 顧客志向組織市民行動

　顧客志向の組織市民行動とは，顧客のために自主的な行動を取ることである（Schneider, Ehrhart, Mayer, Saltz & Niles-Jolly, 2005）。Bettencourt & Brown（1997）の研究では，プロフェッショナルサービス行動の下位概念は「業務外顧客サービス」「業務内顧客サービス」「協力」，の3つによって構成されているが，本研究では各構成概念のうち因子負荷量が.92以上の各2項目を顧客志向組織市民行動の尺度（表4-7）として採用し，7件法（1=全くそうではない～7=非常にそうである）によって評定を求めた。

表 4-7　顧客志向組織市民行動尺度

業務外顧客サービス	1. たとえ自分の業務責任の範囲を超えていても自主的に顧客を支援する 2. 顧客の問題解決のためには，顧客の期待や要求水準を超えたことであっても手助けをする
業務内顧客サービス	3. 顧客に要求されたことは完全に遂行する 4. 業務上の任務とされている顧客への責任をしっかり果たす
協力	5. 自分の周囲のスタッフに対していつでも手を貸せる 6. 他のスタッフを助けるために自分の時間を提供できる

3.2.6. 顧客関係性維持行動

　顧客関係性を長期的に築くことの戦略的重要性は増してきており，価格交渉より顧客ロイヤリティを高める販売方針への展開が進んでいる。すでに様々な業界における長期顧客関係性の構築による売上成績の達成が報告されている（Schultz & Good, 2000）。そこで，顧客関係性維持行動尺度を被説明変数として採用した（表4-8）。3項目，7件法（1=全くそうではない～7=

表 4-8　顧客関係性維持行動尺度

1.　顧客との関係性を先々まで進展させる
2.　顧客とはめったに長期的な関係性を築かない（R）
3.　長期にわたって顧客の役に立とうとする

注：(R) は逆転項目。

非常にそうである）によって評定を求めた。

3.2.7.　デモグラフィック要因

　回答者の個人属性を尋ねる項目として，性別，年代，最終学歴，雇用形態（正社員，派遣社員，契約社員，その他），販売職経験年数，現在の組織における勤続年数，サービス業の経験有無，販売コミッションの有無，常顧客の割合（接客したすべての客のうち常顧客が占める割合），常顧客売上割合（すべての個人売上のうち常顧客が占める割合）について質問した。

3.3.　分析手順

　はじめに，個人が認知する個人の顧客志向性の水準（以下，個人の顧客志向性）と，個人が認知する組織の顧客志向性の水準（以下，組織の顧客志向性）を，それぞれの合計値によって合成変数化し，個人の顧客志向性，組織の顧客志向性の値とした。また，被説明変数となる職務満足，組織コミットメント，離職意向，顧客志向組織市民行動，顧客関係性のそれぞれの項目については，山﨑（2009a）による因子分析結果に従い，企業ごとに尺度の平均値と標準偏差を求め，天井，床効果が認められた企業を分析から取り除いた。

　次に，これまでの議論に従い個人の顧客志向性，並びに組織の顧客志向性の平均値を基準にそれぞれ高，低の 2 分割を行い，2×2 のマトリックスを作成しデータ分布を確認したところ，大きな偏りは生じていなかった。そこで，2×2 のマトリックス上の，個人の顧客志向性と組織の顧客志向性が共に高いセルを高水準適合，個人の顧客志向性と組織の顧客志向性が共に低いセルを低水準適合，個人の顧客志向性が組織の顧客志向性より高いセルを優位不適合，個人の顧客志向性が組織の顧客志向性より低いセルを劣位不適

合，として4群を生成した。

　最後に，優位不適合，劣位不適合，高水準適合，低水準適合の4群のデータ間の有意差を見るために，一元配置分散分析と下位分析を行い，仮説を検証した。

　なお，これらの分析に使用する統計ソフトは，SPSS Statstics 22J©2013 by IBM Corp. である。

4. 分析結果：4群への分類と特徴

4.1. 分析対象企業

　配布した質問用紙に対する回収率，有効回答数を表4-9に示す。

　これら企業ごとの平均値に天井，床効果がないかどうかを確認したところ，生活雑貨販売を行うR社は常顧客売上割合に床効果（1.71＜M－SD），

表4-9　有効回答数

企業	業種	財の特徴	営業・販売スタイル	配布数	回収数	回収率	有効回答数	回収部数の有効回答率
X社	自動車販売	有形財探索属性	個人営業	252	237	94.0%	195	82.3%
Y社	旅行代理店	無形財経験属性	カウンター販売	200	173	86.5%	152	87.9%
K社	輸入服販売	有形財探索属性	店舗販売	82	74	90.2%	63	85.1%
P社	輸入婦人服販売	有形財探索属性	店舗販売	52	17	32.7%	13	76.5%
M社	百貨店	有形財探索属性	店舗販売	30	21	70.0%	17	81.0%
R社	生活雑貨販売	有形財探索属性	店舗販売	30	15	50.0%	13	86.7%
F社	マンション販売	有形財探索属性	個人営業	11	10	90.9%	9	90.0%
U社	金融商品販売（証券）	無形財信用属性	個人営業カウンター販売	20	15	75.0%	13	86.7%
D社	金融商品販売（為替）	無形財信用属性	個人営業カウンター販売	6	6	100.0%	6	100.0%

マンション販売の F 社は組織の顧客志向に天井効果（5.72＞M＋SD），金融
商品販売（為替）の D 社は常顧客売上割合に天井効果（81.67＞M＋SD），仕
事満足に床効果（11.58＜M－SD）が見られた。これら 3 社は本書で想定す
る顧客との長期信頼関係を構築してリピーターを獲得するビジネスモデルの
対象者とは異なると思われたため，以降の分析からは除外することにした。

4.2.　個人と組織の顧客志向性による 4 群生成

　天井効果もしくは床効果が見られた 3 社を除外した残り 6 社の中で欠損
データを除外した有効データ一覧が表 4-10 である。サンプル数は 520 とな
り，個人の顧客志向の全設問の合計得点の平均値は 87.14（1 問あたり 5.13）
で中央値が 87，組織の顧客志向の全設問の合計得点の平均値は 76.44（1 問
あたり 4.50）で中央値が 76 であった。個人のほうが組織より平均 10.70 高
くなっている。

表 4-10　有効データ一覧

	個人の顧客志向性	組織の顧客志向性	個人と組織の不適合（個人－組織）
度数	520	520	520
平均値	87.14	76.44	10.70
中央値	87.00	76.00	7.00
最小値	21	18	-39
最大値	143	119	92
標準偏差	14.362	17.658	17.277

　そこで，個人と組織の顧客志向性の平均値[9]である 87.14 と 76.44 をそれぞ
れ中心にデータを 2 分割したところ，図 4-2 のように低水準適合が 175 件
（34%），劣位不適合が 88 件（17%），高水準適合が 169 件（33%），優位不
適合が 88 件（17%）という分布になった。
　なお，これら 4 群の顧客志向性の平均値，標準偏差は表 4-11 のとおりで
ある[10]。

9　整数である中央値を分割線にすると境界線上に位置するデータが発生するため，平均値を分割線に
　した。
10　低水準適合と高水準適合において，適合しているにもかかわらず個人と組織の顧客志向の平均値が
　合致せず，若干個人のほうが高くなっているのは，もともと個人の平均値が高いためである。

60

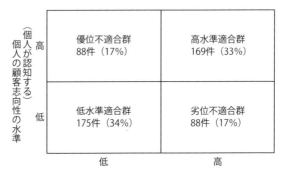

図4-2 適合と不適合4群の人数分布

表 4-11　4群データの平均値，標準偏差

		個人の 顧客志向性	組織の 顧客志向性
低水準適合群	平均値	74.66	64.02
	標準偏差	11.532	9.606
	度数	175	175
劣位不適合群	平均値	80.02	84.01
	標準偏差	7.282	4.658
	度数	88	88
高水準適合群	平均値	99.11	93.99
	標準偏差	7.591	10.712
	度数	169	169
優位不適合群	平均値	96.10	59.88
	標準偏差	8.705	13.700
	度数	88	88
合計	平均値	87.14	76.44
	標準偏差	14.362	17.658
	度数	520	520

　以上の手続きにより，本章における分析に関してはこの4群に配置された
データを比較分析することにする。なお，これら4群の特徴を把握するた
め，デモグラフィックデータである経験年数，常顧客割合，そして常顧客売
上割合を比較したのが図4-3である。経験年数に大きな差はないが，優位不
適合群における常顧客売上割合が41.76％と他より突出している。ここから

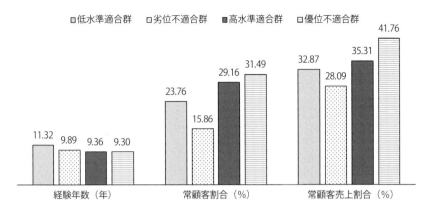

図 4-3　4 群のデモグラフィック比較

推測できるのは，優位不適合群は常顧客によって効率の良い安定した売上の源泉を確保しているということである。逆に劣位不適合群では常顧客の割合や売上割合が最も低く，顧客作りが課題になっていることがうかがえる。

4.3.　測定尺度の因子分析と信頼性

　分析に使用するデータが確定したところで，今後の比較分析における各変数の信頼性が保てるように改めて 4 群を合わせたデータによる因子分析と信頼性係数の確認を行った。

4.3.1.　顧客志向性価値観

　個人と組織の適合の定量調査では，これまでは組織文化プロファイル（organizational cultural profile〔OCP〕: O'Reilly et al., 1991）が用いられており，その分析方法では個人と組織の適合値として双方の得点を Spearman の順位相関係数にして変数化している。よって，最も適合した場合の数値が 1.0，最も適合していない場合の数値が −1.0 となる[11]。だが，この方法では個人と組織の双方の得点が高くても，低くても，適合さえしていれば相関係

11　山﨑（2009a）では，この手法を用いて組織文化と顧客志向性の個人と組織の適合値を算出し規定変数として用いている。分析結果は，組織文化が平均得点 0.27，標準偏差 0.35，顧客志向性が平均得点 0.41，標準偏差 0.34 であった。

数は高くなるという問題がある。また，不適合の場合は相関係数が-1に近づくが，個人得点と組織得点のどちらが高いのか判別できない。よって本研究では，顧客志向を測定する17項目を1因子として扱い，個人得点と組織得点のそれぞれの合計得点をそのまま変数として用いた。Cronbachのα係数は，個人が認知する個人の顧客志向が.961，個人が認知する組織の顧客志向が.947と十分に高い数値が得られた。

4.3.2. 職務満足

　職務満足尺度の7項目につき，主因子法による因子分析をバリマックス回転（以下，すべての分析で共通）で実施した（表4-12）。その結果，因子負荷量が0.3以上の4項目と0.4以上の3項目による2因子構造となり，固有値は第1因子が1.984，第2因子が0.662であった。第1因子は，「私には"やりがいのある仕事をしている"という実感がある」「私はこころから仕事に没頭している」「私は仕事に一生懸命打ち込んでいるときに達成感を感じる」となり，因子負荷量0.306の「私と顧客の間には信頼関係が成り立っている」以外は「仕事」を通しての満足感を示す項目であったため「仕事満足」と命名した。第2因子は，「私の会社の幹部は従業員の仕事が公平になるように配慮している」「社内の人間関係は良好である」「私の給与は私の年齢，地位にふさわしい」という「仕事の周辺環境」の満足感を示す項目であったため，「環境満足」と命名した。

　内的整合性の確認のために各因子のCronbachのα係数を求めたところ，「仕事満足」で因子負荷量の上位2項目に絞るとα=.778となった。山﨑（2009a）によれば，サービス行動への影響力があるのは「仕事満足」のみであり「環境満足」は影響力を示さなかったため[12]，本研究においては「仕事満足」因子は「私には"やりがいのある仕事をしている"という実感がある」「私はこころから仕事に没頭している」の2項目を下位尺度として構成することにした。そこで2項目の合計値を仕事満足の尺度得点とした。

---

[12] 仕事満足の業務外行動，協力行動，業務内行動，顧客関係性行動に対する回帰分析結果は，それぞれβ=.24, .20, .27, .39 (p<.01)であり，環境満足から上記4被説明変数への有意な影響は一切なかった。（山﨑, 2009a, p.80）

表 4-12　職務満足の因子分析結果

質問項目	因子 1	因子 2
1.　私には "やりがいのある仕事をしている" という実感がある	.741	.332
3.　私はこころから仕事に没頭している	.734	.218
6.　私は仕事に一生懸命打ち込んでいるときに達成感を感じる	.529	.056
7.　私と顧客の間には信頼関係が成り立っている	.306	-.012
5.　私の会社の幹部は従業員の仕事が公平になるように配慮している	.098	.758
4.　社内の人間関係は良好である	.260	.447
2.　私の給与は私の年齢，地位にふさわしい	.007	.417
負荷量の平方和	1.984	.662
寄与率	28.347	9.462
（上位 2 項目）α	.778	

4.3.3.　離職意向

　離職意向尺度の 3 項目につき，全項目に対する因子分析を行った結果，1因子の説明力が 62.777％，固有値が 2.249 となり，Cronbach の α 係数も .831と信頼できる因子となった（表 4-13）。そこで全項目の合計値を離職意向の尺度得点とした。

表 4-13　離職意向の因子分析結果

質問項目	因子 1
3.　自分の条件に見合った仕事が見つかれば，すぐにでもこの仕事をやめてしまうだろう	.830
1.　この会社での仕事にうんざりしており，本気で他の仕事に関する情報収集をしている	.823
2.　次が決まっていなくても，退職してしまうかもしれない	.718
負荷量の平方和	2.249
寄与率	62.777
α	.831

4.3.4.　組織コミットメント

　組織コミットメントの尺度として規範的コミットメントと情動的コミットメントの両尺度を合わせた 7 項目のうち，逆転項目である 2 項目の得点を修正[13] して因子分析を行った結果，因子が分解されることなく 1 因子に収束し

13 「P3c この会社に対して愛着を感じない」「P3b この会社の一員である，という強い感覚がない」の 2項目につき，逆転項目の処理をした（リッカート 7 件法による最高値 7 + 1 − 回答値）。

表4-14　組織コミットメントの因子分析結果

質問項目	因子1
1.　私は自分の残る職業人生をこの会社で過ごすことができれば幸せだ	.758
3.　この会社に対して愛着を感じない（逆転項目）	.714
4.　たとえ自分が他社で通用する実力があったとしても，ここを退職するのは適切ではないと思う	.650
6.　この会社から多くの恩恵を受けている	.613
2.　この会社の一員である，という強い感覚がない（逆転項目）	.565
5.　もし今退職したら罪悪感を感じると思う	.482
負荷量の平方和	2.434
寄与率	40.560
α	.795

た（表4-14）。個々の因子の負荷量は十分に高いとはいえないが，全因子を合わせた固有値は2.434，説明力は40.560％であり，Cronbach の α 係数は.795が得られたため，1因子として全項目の合計値を算出し，組織コミットメント尺度得点とした。

4.3.5.　顧客志向性組織市民行動

　顧客志向組織市民行動の尺度の6項目につき，全項目に対する因子分析を行った結果，2因子が抽出された（表4-15）。山﨑（2009a）においても2因子が抽出されたが解釈が困難であったため，先行研究[14]に従い因子数を3に指定して再度主因子法・プロマックス回転による因子分析を行うことで先行研究を支持する3因子が抽出されたが，第3因子である「業務上の任務とされている顧客への責任をしっかり果たす」「顧客に要求されたことは完全に遂行する」の2項目の固有値は.927と1.0以下であり，Cronbach の α 係数も.496であった。本書でもこの2項目の因子負荷量はそれぞれ第1因子で.514，第2因子で.216となったため除くことにした。第1因子である「自分の周囲のスタッフに対していつでも手を貸せる」「他のスタッフを助けるために自分の時間を提供できる」の2項目を「チーム協力行動」，第2因子である「顧客の問題解決のためには，顧客の期待や要求水準を超えたことで

14「業務外顧客サービス」「業務内顧客サービス」「協力」の3因子でそれぞれの因子負荷量が.92以上（Bettencourt & Brown, 1997）。

表 4-15　顧客志向組織市民行動の因子分析結果

質問項目	因子 1	因子 2
5.　自分の周囲のスタッフに対していつでも手を貸せる	.912	.018
6.　他のスタッフを助けるために自分の時間を提供できる	.786	.145
4.　業務上の任務とされている顧客への責任をしっかり果たす	.514	.164
2.　顧客の問題解決のためには，顧客の期待や要求水準を超えたことであっても手助けをする	.106	.880
1.　たとえ自分の業務責任の範囲を超えていても自主的に顧客を支援する	.099	.735
3.　顧客に要求されたことは完全に遂行する	.208	.216
負荷量の平方和	2.058	1.130
寄与率	34.300	18.840
（上位 2 項目）α	.850	.794

あっても手助けをする」「たとえ自分の業務責任の範囲を超えていても自主的に顧客を支援する」の 2 項目を「期待超越行動」と命名した。Cronbach の α 係数は「チーム協力行動」が .850，「期待超越行動」が .794 となり，十分な得点が得られた。そこで各項目の合計値を算出し，「チーム協力行動」「期待超越行動」の尺度得点とした。

4.3.6.　顧客関係性維持行動

　顧客関係性維持行動の尺度である 3 項目のうち，逆転項目である 1 項目の得点を修正[15]して因子分析を行った結果，1 因子に収束した（表 4-16）。固有値は 1.548，説明力は 51.612％ Cronbach の α 係数は .732 となったが，逆転項目を除いた 2 項目「顧客との関係性を先々まで進展させる」「長期にわたって顧客の役に立とうとする」の Cronbach の α 係数が .779 となり 3 項目を上回ったため，この 2 項目を下位尺度として構成することにした。そこで 2 項目の合計値を顧客関係性維持行動の尺度得点とした。

15「顧客とはめったに長期的な関係を築かない」の逆転項目の処理をした（リッカート 7 件法による最高値 7 + 1 - 回答値）。

表 4-16　顧客関係性維持行動の因子分析結果

質問項目	因子 1
1.　顧客との関係性を先々まで進展させる	.800
3.　長期にわたって顧客の役に立とうとする	.797
2.　顧客とはめったに長期的な関係を築かない（逆転項目）	.522
負荷量の平方和	1.548
寄与率	51.612
（3 項目）α	.732
（上位 2 項目）α	.779

4.4.　変数間の相関関係

　変数の下位尺度が決定したので，次にコントロール変数，顧客志向性変数，そして被説明変数の相関を確認した（表 4-17）。デモグラフィック変数で用いたのは，販売の経験年数と常顧客売上割合である。常顧客売上割合の数値が高いほど新規顧客よりもリピーター中心の販売活動を行っていることを示す。経験年数は個人や組織の顧客志向性の認知の形成に影響していると思われたが，組織の顧客志向性との相関はなかった。常顧客売上割合での相関は，個人の顧客志向性（r＝.188　p＜.01），顧客関係性維持行動（r＝.259 p＜.01）に若干見られる程度であった。個人の顧客志向性と組織の顧客志向性の相関係数は .433（p＜.01）であった。組織に勤務する個人の顧客志向性が，個人が認知する組織の顧客志向性と近似することは自然な成り行きであると思われる。だが，これまでの議論のとおり極論として完全なる組織社会化，あるいは完全なる個人と組織の適合が発生しているとすれば数値上の相関係数は 1.0 になるので，このことからも個人と組織の不適合が発生していることが推測できる。

　相関係数の数値で，個人の顧客志向性と組織の顧客志向性との差が大きかった変数は，離職意向（個人 r＝－.199　p＜.01，組織 r＝－.306　p＜.01），組織コミットメント（個人 r＝.248　p＜.01，組織 r＝.447　p＜.01），チーム協力行動（個人 r＝.372　p＜.01，組織 r＝.071），顧客関係性維持行動（個人 r＝.493　p＜.01，組織 r＝.122　p＜.01）であった。個人の顧客志向性は，組織の顧客志向性と比べて組織コミットメントとの相関，離職意向との逆相関があまり強くない一方で，チーム協力行動，期待超越行動，顧客関係性維持

表 4-17　顧客志向性価値観とコントロール変数，被説明変数間の相関関係

	常顧客売上割合	個人顧客志向性	組織顧客志向性	仕事満足	離職意向	組織コミットメント	チーム協力行動	期待超越行動	顧客関係性維持行動
経験年数	.155**	-.058	-.081	-.045	-.089*	-.005	-.044	.020	.000
常顧客売上割合		.188**	-.048	.010	-.047	.034	.040	.110*	.259**
個人の顧客志向性			.433**	.359**	-.199**	.248**	.372**	.215**	.493**
組織の顧客志向性				.373**	-.306**	.447**	.071	.074	.122**
仕事満足					-.472**	.518**	.235**	.212**	.338**
離職意向						-.607**	-.096*	-.063	-.175**
組織コミットメント							.069	.123**	.215**
チーム協力行動								.186**	.484**
期待超越行動									.362**
顧客関係性維持行動									

**p<.01, *p<.05

行動という対顧客行動には強い相関を示したことから，個人の顧客志向性は組織内態度よりも対顧客行動との関係性が強いことが判明した。他方，組織の顧客志向性は，仕事満足，組織コミットメントとの強い相関，離職意向との逆相関が見られた。組織コミットメントの仕事態度に対する影響力の強さはこれまでの研究蓄積ですでに判明しているところであり，仕事満足（r＝.518　p<.01），離職意向（r＝-.607　p<.01）との強い相関がある一方で，対顧客行動に対しては期待超越行動（r＝.123　p<.01），顧客関係性維持行動（r＝.215　p<.01）に若干の相関が認められるのみに留まった。

4.5.　4 群の組織内態度と対顧客行動の比較

　仮説である，適合と不適合の 4 群の組織内態度（仕事満足，離職意向，組織コミットメント）と対顧客行動（チーム協力行動，期待超越行動，顧客関係性維持行動）の差を比較するために一元配置分散分析を行った結果，すべての変数において少なくとも 1 つの群の平均値が他の平均値と等しくないと判断することができた[16]。

16　各変数の F 値と有意確率は次のとおり。「個人の顧客志向性」F $(3,513)$ ＝246.19（p<.01），「組織の顧客志向性」F $(3,516)$ ＝347.73（p<.01），「仕事満足」F $(3,512)$ ＝24.95（p<.01），「離職意向」F $(3,515)$ ＝12.95（p<.01），「組織コミットメント」F $(3,510)$ ＝30.21（p<.01），「チーム協力行動」F $(3,516)$ ＝23.54（p<.01），「期待超越行動」F $(3,516)$ ＝4.27（p<.05），「顧客関係性維持行動」F $(3,516)$ ＝33.11（p<.01）。

表4-18　個人と組織の適合パターン各群の尺度得点の度数，平均値，標準偏差と一元配置

	低水準適合			劣位不適合			高水準適合			優位不適合		
	度数	平均値	標準偏差	度数	平均値	標準偏差	度数	平均値	標準偏差	度数	平均値	標準偏差
個人の顧客志向性	175	4.39	0.68	88	4.71	0.43	169	5.83	0.45	88	5.65	0.51
組織の顧客志向性	175	3.77	0.57	88	4.94	0.27	169	5.53	0.63	88	3.52	0.81
仕事満足	174	2.39	0.77	87	2.69	0.60	168	3.05	0.63	87	2.55	0.86
離職意向	175	2.25	0.91	88	1.88	0.69	169	1.77	0.75	87	2.28	1.02
組織コミットメント	175	3.78	1.06	87	4.25	0.76	166	4.79	1.09	86	3.69	1.43
チーム協力行動	175	5.23	0.95	88	5.31	0.81	169	5.87	0.75	88	5.93	0.90
期待超越行動	175	4.70	1.09	88	4.70	0.88	169	5.10	1.16	88	4.86	1.33
顧客関係性維持行動	175	4.99	1.01	88	4.97	0.76	169	5.75	0.71	88	5.72	0.94

$**p<.01, *p<.05$

　そこで，すべての変数の多重比較（Scheffe 法[17]）を行った結果（表4-18），高水準適合群を低水準適合群と比較すると「離職意向」は有意に低く，それ以外のすべての変数について有意に高いことが判明した。このことから，個人と組織の価値観が適合していれば離職率を抑えられるという従来の先行研究の限界を指摘することができ，顧客志向性価値観による適合の測定においては，高水準適合群と低水準適合群は明らかに態度，行動において異なることが判明した。

　以上の分析結果により，「仮説1：個人と組織の顧客志向性価値観が適合していたとしても，高水準適合のほうが低水準適合よりポジティブな組織内態度を取るだろう」は支持された。

　次に優位不適合群と劣位不適合群の比較で有意性が確認できたのは，「チーム協力行動」「顧客関係性維持行動」「離職意向」（p<.01）では優位不適合群のほうが高く，「組織コミットメント」は劣位不適合群のほうが高かった（p<.05）。よって，「仮説2：個人と組織の顧客志向性価値観が不適合だとし

---

17 多重比較で用いた Scheffe 法は，多くの対比により検定力が弱まるが，比較する集団の母集団の正規性や等質性の仮定が成り立たなくても検定ができること，並びに Tukey 法と異なり複合比較全体についても検討ができる（三輪・林，2014, p.64）ことから，本研究では Scheffe 法を採択した。

分散分析，多重比較の結果

F値 （グループ 間比較）	多重比較（Scheffe 法）					
	低水準適合－ 高水準適合 比較	劣位不適合－ 優位不適合 比較	低水準適合－ 劣位不適合 比較	低水準適合－ 優位不適合 比較	高水準適合－ 劣位不適合 比較	高水準適合－ 優位不適合 比較
246.19**	低＜高**	劣＜優**	低＜劣**	低＜優**	高＞劣**	–
347.73**	低＜高**	劣＞優**	低＜劣**	低＞優*	高＞劣**	高＞優**
24.95**	低＜高**	–	低＜劣*	–	高＞劣**	高＞優**
12.95**	低＞高**	劣＜優*	低＞劣*	–	–	高＜優**
30.21**	低＜高**	劣＞優*	低＜劣*	–	高＞劣**	高＞優**
23.54**	低＜高**	劣＜優**	–	低＜優**	高＞劣**	–
4.27*	低＜高*	–	–	–	–	–
33.11**	低＜高**	劣＜優**	–	低＜優**	高＞劣**	–

ても，優位不適合のほうが劣位不適合よりポジティブな対顧客行動を取るだろう」は一部[18]支持された。

　ここで，高水準適合群と優位不適合群を比較すると，高水準適合群のほうが「仕事満足」「組織コミットメント」が高く（p<.01），「離職意向」では低い（p<.01）という結果となり，従来の個人と組織の適合理論ですでに明らかになっているとおり，適合群（ただし高水準適合）のほうが不適合群より望ましい組織内態度につながることが本書でも再確認することができた。

　その一方で，対顧客行動である「チーム協力行動」と「顧客関係性維持行動」については，不適合群（ただし優位不適合）であっても高水準適合群との有意な差は見出せず，双方とも他の低水準適合群，劣位不適合群より高い得点を維持している。つまり，対顧客行動に関してのみ優位不適合群は高水準適合群と同等であったといえる。これにより，個人－組織適合は組織内態度には影響力があっても，対顧客行動には影響力がなく，適合ではなく個人の顧客志向性が対顧客行動を規定しているということが推察できる。

　次に，低水準適合群と劣位不適合群を比較すると，劣位不適合群のほうが

18 対顧客行動である「期待超越行動」だけは優位不適合と劣位不適合の統計的有意差が得られなかった。平均値は，それぞれ 4.86 と 4.70。

70

「仕事満足」「組織コミットメント」では高く（p＜.05），「離職意向」では低い（p＜.05）という結果となり，既存研究が示した不適合（ただし劣位不適合）は適合（ただし低水準適合）より望ましくない態度を取る，とはいえないことが判明した。対顧客行動である「チーム協力行動」と「顧客関係性維持行動」については，低水準適合群と劣位不適合群の有意な差は見出せず，双方とも高水準適合群と優位不適合群より低い得点となっている。

　以上の比較検討より，「仮説3：高水準適合，低水準適合，優位不適合，劣位不適合の4群の組織内態度や対顧客行動には，それぞれ有意差があるだろう」は一部支持された。

　これらの個人と組織の適合による各群の得点平均値をグラフ化したものが図4-4である。組織内態度の望ましさの順番では，高水準適合群，劣位不適合群，そして優位不適合群と低水準適合群が同じ水準，となる。他方，対顧客行動の望ましさの順番では，高水準適合群と優位不適合群，次に低水準適合群と劣位不適合群となる。

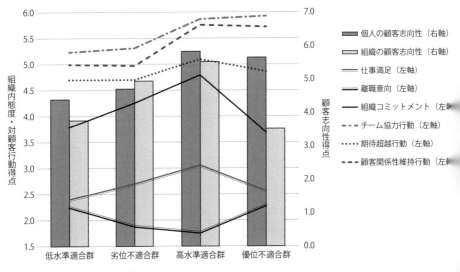

図 4-4　適合と不適合の4群の尺度得点の平均値
注：左軸である組織内態度・対顧客行動の尺度につき，4件法（仕事満足，離職意向）と7件法（組織コミットメント，チーム協力行動，期待超越行動，顧客関係性維持行動）が混在しているため，グラフの見やすさを優先して軸の最小値を〜とし，目盛線は左軸に合わせている。

5.　小括

　本章では，個人と組織の適合と不適合を，高水準適合，低水準適合，優位不適合，劣位不適合の 4 群に分類し，被説明変数に組織内態度と対顧客行動の 2 種類を合わせることにより，それぞれの群の違いを明らかにした。これにより，個人と環境（組織）の水準が低，中，高のどれであっても双方が同じ水準であれば適合となるので，適合が被説明変数に与える影響は懐疑的（Edwards, 2008）という指摘を実証することになった。また，Life（2014）が顧客接点人材の顧客志向性と，勤務先組織の顧客志向性をそれぞれ測定したところ，両者が適合したほうが不適合より組織コミットメントが高く，さらに個人と組織の双方の顧客志向性が高い状態（高水準適合）のほうが，双方が低いとき（低水準適合）よりも組織コミットメントが高くなるという結論と同じ結果を導いた。だが，個人の顧客志向性が組織の顧客志向性を超えたとき（優位不適合）のほうがその逆（劣位不適合）よりも組織コミットメントが若干高いという Life（2014）の結論に関しては，本研究では逆の結果となった。その理由として考えられるのは，研究対象者[19] や使用した尺度[20]が要因になっていると考える。

　とはいえ，適合と不適合を 2×2 のマトリックスで表現し，一元配置分散分析によってそれぞれの群の組織内態度や対顧客行動の特性を確認できたことにより，本章で議論を進めるための適合と不適合のフレームワークの基礎部分を固めることができた。

　なお，このフレームワークは第 5 章の適合と不適合の動態を示す土台となるため，4 群の特徴が概観できるよう一覧表にしておく[21]（図 4-5）。

---

19 Life（2014）の研究対象者はリテール銀行のカスタマーサービス担当者であるため販売実績を組織から要求されない点が，本研究対象である販売職との違いである。

20 本研究では MKTOR（Narver & Slater, 1990）の尺度を用いたが，Life（2014）は Brown et al.（2002）や Evans et al.（2007）の尺度を用いている。

21 表内に期待超越行動を含めなかった理由は，4 群間における優位な差が顕著ではなかったためである。

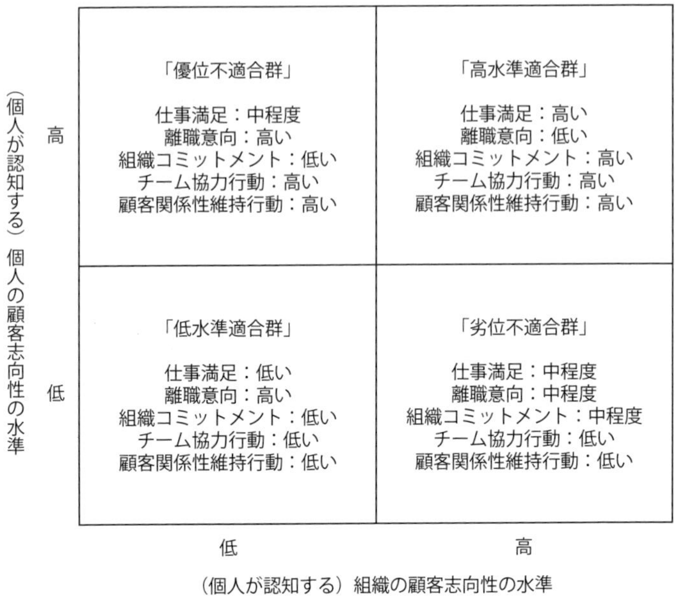

図 4-5　適合と不適合の 4 群の特徴

Chapter **5**

適合・不適合の認知：
顧客志向性価値観の形成過程からの分析

1. 研究目的と研究手法

1.1. 研究目的

　第4章で確認したのは，個人と組織の顧客志向性価値観の適合と不適合の関係性は，既存研究が示すような連続体の両極，つまり適合していなければ不適合という単純なものではなく，高水準適合，低水準適合，優位不適合，劣位不適合という4群があり，それぞれに組織内外での態度や行動が異なる，ということであった。特に優位不適合群では，対顧客行動である顧客関係性維持行動やチーム協力行動において高水準適合群と同じ水準であるにもかかわらず，組織内態度である組織コミットメントが低く，離職意向が高い，という特徴を示した。こうした4群の態度や行動の特徴を実証することができたため，以降の議論は4群によるマトリックスを土台に展開する。

　適合は個人の認知によって可変的であるというダイナミック適合の論点で捉えたときに疑問となるのが，個人の適合や不適合の認知の動態である。そこで本章では，リサーチ・クエスチョン（1）「個人は，組織に対する適合や不適合をどのように認知するのか」を目的とした実証研究を行う。

　これまでの先行研究に沿って考えれば，新規参入時は個人の顧客志向性の水準が低いので組織とは劣位不適合な状態であるが，組織社会化や学習によって顧客志向の水準が高まる。その後接客経験や熟達化によって個人と組

織は高い水準で適合する，つまり高水準適合群へと移行する，というストーリーができそうである。その後，長期雇用段階での熟達化が個人の顧客志向性をより高めて外部環境に適応していくことが，優位不適合の発生に影響を与えるであろう，ということを第2章で議論した。また，第4章の実証研究では優位不適合群が17%存在していることが確認できた。

　だが，優位不適合群の発生には疑問もある。どのようにして個人の顧客志向性は組織の顧客志向性を超越するのか。なぜ職務満足や組織コミットメントも高い高水準適合に留まることなく，不適合に移行するのか。「適合が最も望ましい」という暗黙の理解が適合理論を発展させてきたにもかかわらず，安定した適合状態を覆すような不適合はどのような経緯で発生するのか，を解くことは不適合を理解するうえで必要不可欠であろう。また，個人は何をもって適合，不適合だと認知するのか，高水準適合，低水準適合，優位不適合，劣位不適合の認知の特徴について，定性的研究手法によって捉えることが本章の目的となる。

　Vleugels et al.（2018）は，適合の認知は瞬間的であり，それは個人の仕事経験の中に適合の認知が落とし込まれているからだろうと説明している。総合的な仕事経験を通して帰納的に個人が適合の認知をしている，とするならば，特定の変数を用いた定量的な仮説検証では，適合や不適合の認知を捉えることは難しい。そこで，個人の認知を捉えるために2つの段階を設定した。

　まず第1段階として必要なのが，個人の顧客志向性価値観の形成過程の確認である。本書では，個人の組織に対する適合や不適合の認知は，個人の価値観形成の影響を強く受ける，という立場を取る。個人の価値観が形成されることで，比較対象となる組織の顧客志向性との適合の認知が変化することが考えられるからである。この価値観の形成過程を解明することで，時間軸が生成される。

　第2段階が，価値観形成の時間軸に沿って発生する高水準適合，低水準適合，優位不適合，劣位不適合における認知の特徴を把握することである。適合や不適合を認知する理由や内容はどのようなものであるのか，既存研究ではあまり踏み込んでこなかった個人の認知の状態を整理する。

　以上の作業段階を本章の下位リサーチ・クエスチョンとすると，本章のリサーチ・クエスチョン全体は以下のとおりである。

RQ(1)　個人は，組織に対する適合や不適合をどのように認知するのか
　RQ(1)-1　顧客志向性価値観はどのように形成されるのか
　RQ(1)-2　高水準適合，低水準適合，優位不適合，劣位不適合の特徴は
　　　　　　どのようなもので，どのように移行するのか

1.2.　研究手法

　本章では，不適合の発生プロセスを探索するにあたり，ダイナミック適合の観点からアプローチし，認知的適合パラダイムで解明するため，顧客接点人材に対するインタビューという定性的研究手法を採用している。

　個人と組織の適合研究はこれまで定量分析を主体とした研究が主であったため，ダイナミック適合を定性的研究によって議論する価値は十分にあると考える。また，個人と組織の適合を論じる方法論はこれまでも議論がなされてきたが，本研究では客観的適合，主観的適合，認知的適合[1]（Hoffman & Woehr, 2006; Kristof, 1996）のうち，個人の組織に対する経験的な事実認識を把握することができる認知的適合を採用し，個人に対してインタビューをした。

　インタビュー手法は，心理学調査法では調査的面接法とも呼ばれ，研究仮説の検証あるいは仮説の生成を目的とし，調査者が与える質問への応答を通して，被調査者の意見や思考に関する質的データを得ようとする研究手法である（保坂・中澤・大野木，2000）。保坂他（2000）が指摘するように，調査者が被調査者と言語を中心とした相互作用をすることに特徴があり，観察法などでは知り得ない，被調査者の心内過程を直接明らかにできるという利点がある。本章が採用した半構造化インタビュー[2]は，質問項目や枠組みに

1　主観的適合は，組織特徴に対する個人の認知と同時に自分自身の特徴も評価するものである。客観的適合は，個人に自分の特徴を回答させた後に，他の組織メンバーに組織の特徴を回答させるものである。認知的適合は，どの程度個人の特徴が彼らの所属する組織と適合しているのかを本人に直接問うものである。
2　インタビューの種類は構造化の過程によって３つに分類され，回答の自由度を厳格に統制する構造化インタビュー，予め質問紙を用意せずに調査者の問題関心によって即興で問いを発する非構造化インタビュー，そしてその中間に位置する半構造化インタビューがある。

ある程度の構造化をほどこしつつ，実際のインタビュー場面では興味深いト
ピックや語りについては適宜質問を加えたり，話題の転換に応じて問いの順
序を変えたりなど，被調査者の反応や調査者の関心に応じて十分な柔軟性を
持たせるインタビュー法である（徳田，2007）。予め作成したインタビュー・
プロトコルは表5-1のとおりである。

表5-1　インタビュー・プロトコル

テーマ	質問事項
属性など	お客様に対して何を提供するお仕事ですか？
	そのお仕事になって何年の経験がありますか？（年齢，以前の職業など）
顧客接点人材は，どのような顧客志向性価値観を持っているのか	これまでお客様と接した中で，一番嬉しかったこと，達成感を感じた出来事はありますか？
	逆に，一番嫌な思いをした出来事があれば，差し障りなければお教えください。
	これらのご経験を通じて，お客様とはどのような関係を築くのが望ましいとお考えになりますか？
顧客志向性価値観は，どのように形成されるのか	そうした考え方が形作られる過程で，上司からの影響はありますか？
	会社の人事制度（評価や教育）からの影響はありますか？
	お客様から学んだ，ということはありますか？
	それ以外には，何から影響を受けていますか？
	●●さんの，お客様志向の考え方に影響を与えたのは，接客を通して，上司，人事制度，その他のどれが大きいのでしょうか？
	ご自身のお客様に対する考え方が出来上がってきたのは，経験何年目ごろですか？
	▲▲社に入ってから習得したことと，以前からご自身の考えとして持っていたことの違いはありますか？
所属企業の顧客志向との適合や不適合を認知する出来事，要因は何か	▲▲社は，「・・・」の顧客志向性理念をお持ちですが，●●さんのお考えと合っていますか？
	会社の顧客志向とご自身の顧客志向は何パーセントほど合っていると思いますか？
	それはどのような場面で感じるのでしょうか？
不適合をどのように受け止めているか	会社との適合が100パーセントに満たない，残りの数十パーセントにはどのような意味があるのでしょう？
	会社との顧客志向が適合しない理由は何でしょう？
	その他，会社と自分の顧客志向性価値観の適合に関することでお気付きのことがあれば教えてください。

　このようにして得られたインタビュー・データを，修正版グラウンデッ
ド・セオリー・アプローチ（木下，2007: 以下 M-GTA）によって分析を行っ
た。M-GTA は，グラウンデッド・セオリー・アプローチ（grounded theory
approach: 以下 GTA）[3] の理論や考え方に依拠しながら今日的な分析技術を
考案して提案されたものである。

　M-GTA ではデータの分析にあたり独自のコーディング方式を採用する
が，コードという用語は用いず，データの意味解釈をした結果はすべて概念
と呼び，これを分析の最小単位とする（木下，2003，p.150）。そして，1 つ
の概念を生成するときに同時にそれと関係しそうな概念の可能性も考えると
いう，多重的同時並行思考をすることで相互の関係性を絶えず検討し，概念
間の関係作りを促進する。こうして出来上がる，複数の概念間の関係性で構
成されるものをカテゴリーと呼ぶ。よって分析プロセスは，生データから概
念を生成し，概念からカテゴリーを生成し，最終的に研究結果となるプロセ
スのレベルに到達する。この概念生成にあたっては，分析ワークシートと呼
ぶ書式を用いる。概念の数だけ分析ワークシートは出来上がり，各シートに
は概念名，その定義，具体例となるヴァリエーション，理論メモの 4 つの欄
で構成される（木下，2003）。生データから 1 つの分析ワークシートを立ち
上げると，その概念が成立するかどうか完成度を高めるために，他の文章に
も類似例がないかを探索し，該当箇所をワークシートのヴァリエーション欄
に転記する。1 人目が終わると，2 人目も同様に分析を行い，1 人目で作成
した概念と類似の具体例があればヴァリエーション欄に追加したり，新たな
概念を生成したりする（木下，2007，pp.200-204）。本書でも M-GTA で用

3　GTA は，Glaser & Strauss（1967）を産みの親として発展した手法であり，統計的な手法や数量化
によらずに行われる質的研究に分類される方法論である。Strauss & Corbin（1998）はオリジナル
の GTA を踏襲しながらも，さらに実践を通して改良した方法論を発表した。その中で，GTA は体
系的に収集され，研究プロセスを通じて分析されたデータに基づいて構築された理論であり，この
方法論はデータに基づいているという点で，経験や単なる理論上の概念から作り出される推論より
も「現実感」がある（Strauss & Corbin, 1998），と説明している。GTA ではデータを読み解く際に
既存概念をあてはめてしまう危険性を回避することを重視し，データを 1 内容ずつ細かく切り刻む
という切片化から始まり，カテゴリーで括りながら上位概念へと積み上げてゆく手法を取る。だが，
M-GTA（木下，2003）では，研究する人間，の視点を導入し，データを切片化せずに文脈の深い
意味解釈作業を試みる。M-GTA ではデータを分析者に対して外在化させて分析プロセスを説明可
能な形にはしているが，その一方でデータの本質的特性としての不完全性や調査者の関心の反映を
認めている点が，GTA とは異なる。M-GTA による分析プロセスや用語も GTA とは異なる。

いる用語定義に従い，分析ワークシートによって生成したデータのまとまり
を「概念」と呼び，「定義」と共に記述することにする。

2. 調査概要

　本章では，個人と組織の顧客志向性価値観の適合の認知の変化，特に優位
不適合の状態に至るプロセスを解明する。そこで，調査対象には個人と組織
の双方共に顧客志向性の水準が高いことが望まれる。よって，インタビュー
対象企業の選定にあたっては，経営理念や経営戦略の中に顧客志向が包含さ
れており，かつ人事施策に顧客志向を高める人材開発や人事評価が制度とし
て実施されている企業であることを条件として2社を対象とした。次にイン
タビュー協力者の選定は，所属する企業内で顧客満足度が高いと（社内外
で）評価される顧客接点人材に限定して，2社合わせて12名とした。
　1社は婦人服・紳士服・子供服・服飾品の企画，製造，販売を行うS社で，
複数のブランドとその小売販売の直営店舗があり，全国で約1000店舗を運
営している。当該企業では，店頭における顧客価値を高める施策として接客
のロールプレイング大会を実施しており，顧客に対する共感性や顧客感動の
提供を主とした審査基準によって全国で予選を重ねてファイナリストを選出
し，東京で決勝戦を行っている。本研究では2011年実施のロールプレイン
グ大会で選出されたファイナリストの接客販売職7名全員をインタビュー対
象者とした。
　もう1社は自動車の仕入れ，販売，アフターサービスを手掛けるX社で，
S社同様に全国にネットワークを持ち，販売後のアフターフォローによる顧
客満足度の向上に戦略的重点を置いている企業である。当該企業では，自動
車整備や車検などのメンテナンス・サービスを受けた顧客に対して顧客満足
度調査を実施しており，この調査で全国上位にランクされたサービス・アド
バイザー職の5名にインタビューを申し入れた。
　被調査者には上司を通じて大まかな質問概要を予め配布しておいたうえ
で，実際のインタビューを実施した。インタビュー協力者に配布した質問票

の表現は研究者用のインタビュー・プロトコルより一般的な内容にしている。

　対象者の属性は表 5-2 に示しているとおり，経験年数は最短で 4 年，最長で異動前部門との経歴を合わせると 24 年（現職と異なる職務を含む）と広範囲にわたっている。業種や職種の特性により，S 社は全員女性，X 社は全員男性という分布になった。インタビュー日時は 2012 年 8 月から 10 月にか

表 5-2　インタビュー協力者概要

イニシャル名	性別	所属企業名	職種	インタビュー日	所属企業での現職の職務経験（現職通算）	採用形態,異動・転職前の職歴
A 氏	女性	S 社	店頭販売,副店長	2012年9月10日	4 年目	新卒採用
B 氏	女性	S 社	店頭販売,店長	2012年9月10日	8 年目	新卒採用
C 氏	女性	S 社	店頭販売,店長	2012年9月14日	6 年目（10 年）	中途採用販売職アルバイト4 年
D 氏	女性	S 社	店頭販売,店長	2012年9月29日	7 年目	派遣採用
E 氏	女性	S 社	店頭販売,副店長	2012年10月4日	7 年目（9 年）	新卒採用学生時代販売職アルバイト 2 年
F 氏	女性	S 社	店頭販売,店長	2012年10月11日	9 年目（11 年）	中途採用販売職アルバイト2 年
G 氏	女性	S 社	店頭販売,店長	2012年10月17日	12 年目（20 年）	中途採用前職非販売職, 販売職合わせて 8 年
H 氏	男性	X 社	サービス・アドバイザー	2012年8月2日	9 年目	新卒採用メカニック 5 年
I 氏	男性	X 社	サービス・アドバイザー	2012年8月3日	14 年目	新卒採用
J 氏	男性	X 社	サービス・アドバイザー	2012年8月9日	1 年目	新卒採用メカニック 11 年,工場長 13 年
K 氏	男性	X 社	サービス・アドバイザー	2012年8月29日	4 年目	新卒採用本社部門 20 年
L 氏	男性	X 社	サービス・アドバイザー	2012年8月30日	12 年目	新卒採用メカニック 2 年半

けて，1対1でゆっくりと話せる個室を確保し，インタビュー時間は約1時間から1時間半で実施した。予め録音することに対して了承を得て，インタビュー後に逐語録テキストへ変換し，生データとして分析に使用した。なお，本書では分析結果としてインタビュー内容を一部掲載しているが，読みやすさの観点から，流行語，倒置後，語尾，接続詞などの最小限の修正，主語抜けやジェスチャーには（　）による補足，専門的な業界用語の一般用語化，冗長部分の削除を筆者にて行っている。なお，下線部は概念生成の鍵となる箇所を表す。

3. インタビュー分析結果：価値観形成と認知のダイナミクス

3.1. 顧客志向性価値観の形成段階

　まず本項では，RQ(1)-1である顧客志向性価値観はどのように形成されるのか，を探究して時間軸を設定する。個人の価値観の形成は，次項で議論をする組織に対する適合の認知に大きく影響する要因となるためである。

　顧客志向性価値観の形成段階をM-GTAの手法に基づき分析した結果として生成された時間軸のカテゴリーに沿って，見出された概念と代表的なデータを紹介してゆく。形成段階は，初期，形成期前期，形成期中期，形成期後期，熟達期，の5段階になった。なお，図5-1に，時間軸のカテゴリーと概念名を記載した顧客志向性価値観の形成段階を先に示すので，適宜参照

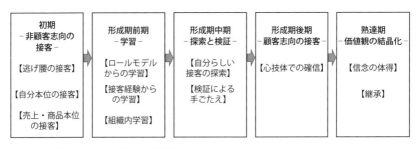

図 5-1　顧客志向性価値観の形成段階

されたい。データと共に解説をする本文中において，概念名は【　】内に表示をしている。

3.1.1.　初期 – 非顧客志向の接客 –

　これまで店頭での接客経験がない新規参入者にとって，顧客との対面接客は緊張感が高まるものである。事務業務での OJT では，仕事の進捗を先輩が細かく確認してくれたり，疑問があるときに適宜質問をしたりできる。だが，顧客接点の店頭業務では混雑時には先輩は接客に追われるため隣に先輩が付いて指導をする余裕がない。また，顧客は店頭にいる従業員に対してはベテランも新人も関係なく一定のサービス品質を期待するため，新規参入者であっても対面している顧客からの質問や要望に対して即時対応をしなくてはならない。質問を受ける都度「少々お待ちください」と客を待たせて先輩に確認をしにいくようでは，大きなクレームになりかねない。また，顧客のコミュニケーションのスタイルは多様であり，どのような相手でも柔軟に対応することは新規参入者には困難である。こうした緊張感から，X 社 H 氏のように当初は積極的に顧客とコミュニケーションを取ることができず，不安，怖いといった姿勢となってしまう。

　　当時は，そのー，まあ，嫌々って言ったらあれですけど，で，やっぱり話すのも何をこう，切り出したらいいかっていうのも分からなかったり，やっぱりちょっとこう，お怒りでいらっしゃる方もいたりっていうところで，やっぱりちょっと逃げ腰になっちゃうわけですよ，どうしても。
　　で，何か聞かれても答えられなかったらどうしようかなとか，そういう不安でしょうがないっていうのがあって。で，何かお客様の話とかも，まあ，多分，聞けてなかったと思うんですよね，当時，多分。もう，やっぱり不安で不安で，多分，あんまり聞いてるようで，あんまり聞いてなかったり，何かそれに対しての対応がやっぱり不十分だったりしてたなっていうのはありますけど。とにかく「ああ，何か嫌だな」と思いながら，やっぱりやってるのが顔に出ていたのかもしれません。
　　　　　　　　　　　　　　　　　　　　　　　　　　　　（X 社 H 氏）

　このように，対面接客の場面において顧客に対して即答できそうにない不安や恐怖心から，顧客との会話が続かずに逃げ出したい気持ちを表した概念が【逃げ腰の接客】である。

　その後，接客経験の蓄積により恐怖心は克服できるようになるものの，一人ひとりの顧客の要望や感情を理解する余裕はなく，不特定多数の客に対して同じ対応をしてしまう。また，自分の都合に合わせておざなりな対応や，少し手のかかりそうな顧客に対しては面倒に巻き込まれないように保身をしている状態となる。

> 　なんか一生懸命接客しても，やっぱりその，多分そんなに会話とかが盛り上がらないんでしょうね。まあ，実力もないですし。できる限りのことはしてるんだと思うんですけど，多分そこまでお客様に伝わってなかったりとかで，多分，（お客様の）印象に残っていないんだと思うんですけど。〔中略〕その当時は，なんかそのあまりお客様の気持ちとかって，そこまで考えてないので，もう自分本位ですよね。
>
> （S社G氏）

　S社G氏のように，顧客の興味や感情，状況に合わせた顧客本位での接客ができず，自分の都合や保身で対応することを【自分本位の接客】であると概念化した。顧客志向は顧客本位と同義になるが，ここで発見された【自分本位の接客】はその対立概念である。

　また，販売志向も顧客志向の対立概念となるが（Saxe & Weitz, 1982），この志向性も顧客志向性価値観形成の初期にS社C氏から見受けられた。

> 　やっぱり（最初の頃は）売るためにっていうのがすごい頭にあって，じゃ，売るために。これを売らなきゃいけないから，それだけを頑張ってお勧めをするとか，そういうことしか。お客様の気持ちを考えずに，取りあえずこれをお勧めしておこうとか。
>
> （S社C氏）

　こうした売上予算の達成のことだけを考えて顧客不在の一方的な商品の売り込みをすることを，【売上・商品本位の接客】と本書では定義する。

　顧客志向価値観の初期に見出された3つの概念【逃げ腰の接客】【自分本位の接客】【売上・商品本位の接客】はどれも顧客本位ではないため，初期の特徴を，非顧客志向の接客，とする。だが，顧客接点人材はやがて顧客志向のほうが顧客関係性開発や顧客満足とロイヤリティに有意に影響する（Goff, Boles, Bellenger & Stojack, 1997; Pettijohn, Pettijohn & Taylor, 2002）ことを経験から学ぶことになる。

3.1.2.　形成期前期 – 学習 –

　非顧客志向であった初期の接客から，顧客志向性価値観を形成するうえで重要な役割を果たしているのが学習である。顧客接点人材の業務特徴には，対面接客における臨機応変で即時的な対応が求められることに加え，仕事ぶりが他者からも見えるオープンなこともあげられる。そこで，顧客との会話は店内で聞き取ることができ，顧客の非言語的な反応も見ることができるので，先輩の接客を見て学ぶ機会に恵まれていることから，モデリングによる学習（Bandura, 1971）が進みやすい。

　　　何か先輩の背中を見ていて，やっぱりお客様がその販売員の名前を呼んで会いに来るっていうことに，私は入社してすごいびっくりしたというか。そんな経験，私自身はまだなかったので，誰かに会いにいくっていうことが。特定の販売員に，あの人に会いにいこうとか，あまり今まで思ったことはそんなになかったので，そういうお店って本当にあるんだなって。「何々さん，いらっしゃる？」とか，先輩が退職されるときも，すごい皆さん，花束とかいろいろ（お持ちになられた）。

　　　　　　　　　　　　　　　　　　　　　　　　　　　　　　（S社B氏）

　顧客から個人的に慕われる先輩販売員を見て，強い憧れをS社B氏は表現している。社会的学習理論の観察学習（Bandura, 1977）では，他者の行動の内容と結果を観察して模倣することによって，適応的な行動パターンを学習するとしているが，B氏はまさしく顧客からの支持を得ている先輩をロールモデルとして意識していることを示している。また，どのようにしたら顧客からの支持を得られるのかとS社F氏は店長を注意深く観察している。

　　顧客さんって何，どうやって作るんだろうって。そのときがもう（私は）20代前半，中，そのくらいだったんですけど，50歳の店長の方から，まあ，そういう，なんでこの人にはいっぱいお客さんが来るのにって思って。私は（顧客さんがいないので），じゃあ，本当にその日のお客様が，フリーを捕まえないと，本当に私って何もすることできないんだっていう環境に放り出されたときに，うん，あの，<u>盗み見しながら，店長を</u>。

（S社F氏）

　こうした，先輩をロールモデルにして自らを動機付ける行動がデータから見出されたため，本書では移行期前期における重要な概念の1つとして【ロールモデルからの学習】と命名し，顧客から高い信頼を得る先輩の接客姿勢をモデルにした学習と定義した。

　Bandura（1977）の観察学習の過程では，第1段階の注意過程でモデルに注目する。第2段階の保持過程では観察した内容を象徴化して記憶のなかに保持し，第3段階の運動再生過程では観察によって学習した行動の再生と記憶のなかの象徴との間にある不一致に気付き，修正をかけるとしている。そして第4段階の動機付け過程では，価値ある結果が期待できる場合は行動が遂行される。本書で命名した【ロールモデルからの学習】は，観察学習の全過程を意味するものではなく，注意過程や保持過程が価値観形成のきっかけになるという意味で用いる。

　次の【接客経験からの学習】では，接客経験のなかで怒られたり，お礼を言われたり，信頼されたりという顧客からのフィードバックを通して内省し，次の経験へとサイクルを回し始めている様子がうかがえる。

　　ああ，ちょっとこの仕事，何かいいかもって思えたのが，実際，3年目だったんですよ。そうなる，まあ，そう思う前ぐらいにちょっと，<u>「もうちょっときっちり，自分だったらやろう」</u>とか，<u>こうしようかなっていうのはちょっと考え始めて</u>。で，そういうのが実際，結果として，<u>ちょっとやってったら</u>，こう，（お客様に）お礼いわれたりとかっていうのが始まって，ああ，接客業，絶対やりたくないと思ったのが，ああ，ちょっと面白いなと。最初，すごい怒られてやってたけども，最終的には「いろいろ言って悪かったね」って。「ありがとう。助かったよ」みたいな，っていうのがやっぱりなるようになっ

て，すごく「ああ，何かいい，いいな，これも」っていうとこからですかね，ちょっと変わって。

（X社H氏）

　X社H氏はただ【逃げ腰の接客】のままでいたわけではなく，内省を踏まえて新しい方法を試した結果，顧客からお礼をいわれたことでその方法に自信を持ち始めている。これを経験学習（Kolb, 1984）に当てはめてみると，対応の不備を顧客から叱られるという具体的な経験をしたことになる。これに対して「こうしようかな，っていうのはちょっと考え始めて」内省的観察を行い，「もうちょっときっちり」という抽象的概念化を得て，1つひとつの仕事に対して「ちょっとやってったら」と能動的実験をすると，今度は顧客からお礼をいわれるという新たな具体的経験のサイクルに入る。このように経験学習のサイクルによって，何等かのフィードバックを得て顧客志向とはどういうものかを学んでゆく，という流れがある。そこで，本書では【接客経験からの学習】の概念の定義を，接客時の成功や失敗体験を通して顧客の事情や感情を知り，接客を改善することで得られる顧客からのフィードバックによる学習，とした。

　形成期初期の最後の概念は，【組織内学習】という，組織による接客の技術や姿勢を高めるOJTやフィードバックによる学習でのことであり，組織が個人に対して直接的に組織社会化戦術を行っているので，組織社会化の一種だといえるであろう。

　　　私は本当に影響を受けやすいので，そのときにやっぱり自分の転機があって，かなり大きいお店に異動をすることになり，そこで出会った店長っていうのが，やっぱりそこ（顧客満足）にすごく特化してる方だったんです。なので，私がやっぱりロープレ（ロールプレイ・コンテスト）でもし評価をしていただいたんだとしたら，本当にその方の育て（方のおかげ）だと，私，結構思ってるんですけど。
　　　そこで（店長から）もう本当「いい加減にして」みたいな感じで，毎日，怒られてた。もう数字のこともそうだけど，「それが取れてるからいいってもんじゃないでしょ」みたいな感じの1年。一緒に働いたの4年，5年ぐらい，一緒に働いてるんですけど。そのなかで最初の1～2年は毎日怒られ，そこか

ら形になってという感じでした（笑）。はい。（顧客満足と売上の考え方が変わったのは）そこかなと。もうこれに関して，もうすべて，そこ（顧客満足）から私は始まる気がしています。

（S社E氏）

　S社E氏の場合は，配属先の店長から，販売員というものは売上さえ取れていればいいのではなく，顧客満足を追求する姿勢が重要であることを徹底的に指導されている。その初期経験が原体験となって，E氏はのちに社内の接客ロールプレイ・コンテストで入賞するまでに至り，当時の顧客志向に特化した店長の育て方のおかげだ，と振り返っている。

　このように，顧客志向性価値観の形成過程において初期段階から次の段階へと移行するためには，【ロールモデルからの学習】【接客経験からの学習】【組織内学習】という学習が影響していることが明らかになった。組織社会化は学習プロセスだと考えるアプローチもあり（Haueter, Macan & Winter, 2003; Ostroff & Kozlowski, 1992），価値観の形成期初期においては組織社会化の影響が強いといえよう。

3.1.3. 形成期中期－探索と検証－

　初期段階の次となる形成期中期の特徴は，組織社会化から個性化への進化といえよう。憧れの先輩と自分は別の存在なので真似をしても自分らしい接客とはいえない。また組織全体が画一的な接客では無個性であり，顧客満足には至らない。では，自分はどのような接客を目指すのが良いのか，理想の接客とは何かを模索する段階がこの形成期中期であり，【自分らしい接客の探索】と概念化した。

　　顧客様の方がV（ブランド名）を長く知っていて，私が教えてもらうっていうような形も何度もあったので，何かこう，こんなに（私を）受け入れてくださるんだっていうのと，またそのままでいいんだって思う瞬間が増えていくと，どんどん自分らしさを出していけるっていうのも。こんな，普段の自分，ちょっとフランクな話し方をしても受け入れてくださるんだとか。対お客様との何か空気感ですかね。それがこう，成功例が重なってというか。

（S社A氏）

　S社A氏は，顧客が自分を受け入れてくれることから自分らしい接客に気付いていく。「自分らしい接客」へのこだわりはどのデータにも共通して見受けられる。その背景には，顧客一人ひとりの個性や感情に配慮するという顧客志向性価値観そのものが，サービス提供者である自分自身の個性の尊重にもつながっていることがある。サービスの特徴には，無形性，同時性，消滅性，そしてサービス提供者と顧客との相互作用から生み出される不均質性がある。そこで，毎回の接客がぶっつけ本番の舞台のようなものである。Fisk et al. (2004) はそれをサービスの劇場アプローチと呼んで顧客接点の場を表舞台に，サービス提供者を役者に見立てた。それぞれの役者は，台詞を覚えるだけではなく，自分にしかできない演技を極めてゆくことが，顧客感動につながるのである。

　こうした自分らしさの探索は，自分の価値観の探求へとつながる。だが，価値観とは無意識のうちに形成されていることが多く，自分とは異なる価値観との出会いであったり，人に説明するために口に出したりすることによって，自身の価値観に気付くことがある。そこで，自分が接客に対してどのような考え方を持っているのかを，他者と意見交換することには意味がある。その相手が同僚であれば，なおさら日常的にお互いの類似や相違が明確になり，自分が追い求める顧客志向性価値観について考える機会を得ることができる。この経験をすることができたのが，X社I氏である。

　　その（仲間は），やっぱりお客様に対する考え方だとか，CSに対する考え方だとか，まあ，当然，仕事の技術的なこと，メカニカル的なことも含めて，すごくライバルだったので。で，家も近かったので，一緒に会社来て，帰ってっていう。家族より多分，一緒にいる時間が長かったぐらいの人がいたので。去年，辞めちゃったんですけれど。そのライバルというか，仲間というかの影響は大きかったのかなと。
　　ストレスたまって，一緒に酒飲み行ったりだとか，あと，帰りに同じ電車で，隣の隣の駅に住んでるので，電車，帰りながら，「いや，実はこういう失敗があったよ」とか「こういうお客様がいたよ」とかっていうのを，日々，話しながら，うーん，生活してたので。
　　そういうのが，まあ，自然に，会議とかじゃなくて，日常の中にこう入っていたので，そういうのが自然といい結果になったのかもしれないですね。

（X社I氏）

　ときには，I氏のような良い出会いばかりではなく反面教師のような対比
する対象があることで自身の価値観が浮き彫りになることもある。「そのや
り方，考え方は自分とは違う」という現象を目の当たりにすることで，「自
分はこうだ」と言えるようになるのである。K氏の場合は，先輩を反面教師
にすることで，自分は顧客からも評価を得られるような仕事をしよう，とい
う考え方を形成している。

　　だから，ま，反面教師じゃないですけど，やっぱりやるならきっちり対応
　してかないと会社としても損失でしょうし，そんなことでその本人も何か，
　お客様からの評価が悪ければ，良くないだろうなっていうのがあって。まあ，
　きっちり，僕はきっちりやろうっていうふうに思うようになったのは，（先輩
　が顧客から怒られている姿を見て）からですかね。

（X社K氏）

　こうした【自分らしい接客の探索】の定義は，これまでの自分の顧客対応
を振り返り，同僚との価値観共有や反面教師を通して，自分が理想とする接
客の在り方の探索をすること，とした。
　探索は実践の試行錯誤である。そして実践は結果を伴う。これまでの接客
はロールモデルからの学習や組織社会化によって得た知識やスキルを試行す
る場であったが，自らの顧客志向性価値観の萌芽を接客に反映させて結果を
得ることは，仮説を検証する行動でもある。この検証行動を行うのも形成期
中期の特徴である。具体的には，顧客からの指名が増える，勧めたものを購
入してもらえる，遠くても通ってくれる，といった顧客からの反応が最も分
かりやすいものである。
　ただし，これらは形成期前期の【接客経験からの学習】のように，がむ
しゃらに頑張ったら顧客に喜ばれた，という偶発的な反応ではない。顧客志
向性価値観に従い，どのように接客すれば顧客満足につながるか，という仮
説を立て，検証結果に納得し，自信をつけ始めている。S社C氏は，自分の
対応によって顧客がどのような反応をするか，経験5年目くらいで把握でき
るようになっている。

　（仕事を始めて）5年ぐらいたっていて，ようやくお仕事にも慣れてきて，お客様，自分のファンがつくっていうことになってぐらいからですかね。

　（仕事が本当に分かるようになったのは）4～5年目くらいですかね，私の場合だと。大体4～5年くらいでようやく，ちょっとお客様との関係性っていうところで，<u>こういうことをすれば喜んでくれるとか，こういう反応があるから，こういう行動ができるっていうのが，ちょっと目に見えてきたというか。</u>

（S社C氏）

　こうした仮説検証から得られる結果への納得感のことを，本書では【検証による手ごたえ】という概念名にした。顧客満足があれば，信頼関係ができるので顧客から自分を指名してもらえたり，リピーターが増えたりするようになる。S社において指名は個人の売上成果になるし，リピーターは安定した売上の源泉になる。X社のサービス・アドバイザーの場合は，顧客からの信頼があれば作業効率が上がるので仕事がしやすくなる，というメリットがある。X社L氏は顧客から「任せるよ」といわれることで達成感を感じて，この行動がより強化されていく様子を伝えている。

　　やっぱり名前を覚えてもらえる。お客さんからのリピーターが来るっていうのが一番大きいですね。ああ。そうすると，3～4年たつと，前のお客様が，ちょうど車検とかで2度目で。そう。やっぱり3～4年たつと，そういうリピーターが来る時期ですよね。やっぱりそのときから，やっぱり<u>「任せるわ」っていう言葉とかね</u>。「僕（L氏）の言う通りにもうしといたらいいよ」っていう言葉もかけていただけるようになってきたので。そうすると，こっちも，ああ，信頼されてるなと。そこからやっぱりやりがいは非常に感じますよね。それを欲しいがために，また次，次っていうことをして。

（X社L氏）

　そこで，【検証による手ごたえ】とは自身の顧客志向性価値観を基準に接客をすることで，顧客から感謝・信頼され，個人的関係が構築された結果，指名，リピートにつながり，自分の方針が正しかったという実感を得ること，と定義した。このように，形成期中期の特徴は，顧客志向性価値観に基づく自分らしい接客の探索と検証だといえる。

3.1.4. 形成期後期－顧客志向の接客－

【検証による手ごたえ】を得た顧客接点人材は，自らの接客に確信を持つようになる。「私らしい接客とはこういうものだと，はっきり認識するようになりました」といえるタイミングを迎えたことを示している。興味深いのは，漠然としたイメージであった自らの理想の接客を，はっきりと確信する機会が研修やイベントといった日常業務から離れた場であったことである。接客のロールプレイ・コンテストの入賞者であるＳ社Ｅ氏は，顧客が無言のときに何を考えているか，どのような接客を期待しているのかを以前から探索していたが，ロールプレイでの練習を通して確信を得るに至っている。

　（これまでの自分の接客は）話すばっかり，自分から，自分がすごく話してしまうことが多くて。今，お客様がどう思ってるのかっていうのは，気にして，やっぱりかゆいところに手が届くじゃないですけど，気にしてやってたつもりなんですけど（できていなかった）。（例えば，お客様の）無言の，何だろう。でも，前から思ってたんですけど，（ロールプレイ・コンテストで）確信に変わったのはあります。無言のときに，お客様が今，考えていることは何だろうっていうところから，この人の細かいタイプに分けたときに，考えるであろうバリエーションの確信みたいなのができたかもしれません。

（Ｓ社Ｅ氏）

　サービス・アドバイザーのＸ社Ｌ氏は，これまでの経験から得たものを「ふわふわしてた」と表現しているが，それがなぜ重要で，どのように接客スキルに反映させるのか，という連続性を研修によって再確認している。

　（これまでの接客は）体験かもしれませんね。ただ，それに，ほんまにそうかっていうのを，こう，ふわふわしてたんかもしれませんね。その研修受けるまでは。ただ，実務上で，こう大切にすることで良いことがあるっていうのを感じ，体で感じながら，仕事はしてたんと思いますよ。（ふわふわしてたっていうのは）明確にそれが重要かどうか。ほんまに大事で，それが後々のこう，役に立っていくもんっていうのを明確に分かってなかったんかもしれませんね。

（Ｘ社Ｌ氏）

　入社時に組織から提供される研修では，何を，どのように，という具体的，実務的な知識やスキルを学習することができる。だが，どのように，だけでも習得するには一定の時間がかかる。形成期中期では，なぜ，を模索し始めているからこそ「ふわふわ」したものが出来上がっているといえる。ここで，形成期後期の研修では「ふわふわ」が明確になるので，顧客志向性価値観に確信が持てるようになるのである。接客スキルという技を習得し，接客行動という身体表現ができるようになり，そして顧客志向の価値観を確信することで，「心技体」がつながり，安定した接客ができるようになるのが，形成期後期の特徴である。そこで，この時期の概念を【心技体での確信】として，接客姿勢と接客技術と接客行動のすべてが一貫性を持ち，自身が考える顧客志向性価値観に確信を得ること，と定義した。

3.1.5.　熟達期－価値観の結晶化－

　熟達期の特徴とは，考えなくても直観的に意思決定ができることである（松尾，2006）。形成期中期では自分らしい接客の探索と検証を行っていたが，形成期後期では心技体に一貫性があるので，安定した顧客志向性の高い接客をすることができるようになっている。さらに，熟達期に至ると顧客志向性価値観が内面化され，直観的に自身の信念に従った仕事をするようになり，無意識でも自分の仕事がやりやすくなる循環を作り出せるようになる。X社L氏はそのことを「日々，考えて過ごしているわけでもない」ので体得である，と話している。

　　ここやっぱり数年，この5年ぐらい，大きいトラブルってやっぱり少なくなってきたんですね。社会の情勢がそうなんかもしれませんし，もめるとややこしくなるっていうね。そういうことかもしれませんし。ただ，お客さんともめて，やぁなってしまうのが少なくなってきたので。ただ，そうすると，自分の仕事もすごいスムーズに回るんですね。そうです。自分もやっぱり満足した状態であると，それなりにやっぱりいいサービスができてくるんです。そう思うと，やっぱりすごいいい影響やなと思うので，どんどん相乗効果で高まっていくわけですからね。もう<u>体得</u>でしょうね。それを<u>日々，考えて過ごしてるわけでもない</u>ですし。やっぱりほんまに体得ですね。

（X社L氏）

　この状態は，顧客志向性価値観の形成初期で見られた【逃げ腰の接客】【自分本位の接客】【売上・商品本位の接客】を完全に克服しているといえる。これこそが，「内省的実践家の持論（theory-in-practice used by a reflective practioner）」（金井，2005）を獲得することができている熟達期の特徴なのである。そこで，熟達期の特徴的な概念として【信念の体得】を生成し，自分が創り上げてきた顧客志向の揺ぎなき哲学を直観的に実践できること，と定義した。

　さらに，熟達期では自身の哲学を次世代に受け渡してゆくことに新たな情熱を持つようになる。次世代への継承の目的は，自己満足や部下の成長を願うということ以上に，ここでも顧客志向性価値観が原動力となっていると考えられる。S社B氏は部下に日頃から「信頼されることの重要性」を指導していた。顧客からの信頼は，その部下個人に向けられるものだけではなく，店舗全体，そしてブランドや会社へとつながる。顧客にとって店内で接客する人が店長でも新人でも変わらず，誰か一人でも顧客をがっかりさせるようなことがあれば，ブランドへの信頼が失墜する。よって，顧客志向性の高い店長は，管轄内のすべての従業員の顧客志向性を高めることが自身の役割だと認識しているのである。

　　それが多分，自分が部下に指導するときも，そうやって多分，いってるんですよね。「信頼してもらえなくなっちゃうよ，そんなことしてると。お客様に」みたいな。例えばこう，注意するときとかも，ちゃんとこう，電話して，アプローチしてとかそういうときも，「こういうことすれば，お客さま，信頼してもらえるよ」って，すごい私，「信頼」っていう言葉，使ってるんですよね。〔中略〕「そうか。信頼してもらえなくなったら，お客さん，離れてっちゃいますもんね」って何かぽつって言ったんですよね，下の子が。そうそうって思って。私，信頼って結構言ってるなっていうの，すごい。自分が多分，部下とか後輩に指導しながら，気付くところって結構あったりして，口癖じゃないですけど，これって結構言ってるかなって。

　　　　　　　　　　　　　　　　　　　　　　　　　　　　　（S社B氏）

　このように熟達期の2つ目の概念として【継承】をあげ，自身の体得した顧客志向の哲学を後進に伝えることでより多くの顧客の満足を追求しようと

すること，と定義した。

　【信念の体得】と【継承】は熟達期における特徴であり，顧客志向性価値観が個人のなかで結晶化した状態だと捉えることができるだろう。

　これまでデータをもとに議論をしてきた顧客志向性価値観の形成段階におけるカテゴリーと概念，そして定義を整理したものが表5-3である。

表 5-3　顧客志向性価値観の形成段階のカテゴリー，概念，定義

形成段階のカテゴリー	概念	定義
初期 －非顧客志向の接客－	逃げ腰の接客	対面接客で即答できそうにない不安や恐怖心から，顧客との会話が続かずに逃げ出したい気持ち。
	自分本位の接客	顧客の興味や感情，状況に合わせて顧客本位での接客ができず，自分の都合や保身で対応すること。
	売上・商品本位の接客	売上予算の達成のことだけを考え，顧客不在の一方的な商品の売り込みをすること。
形成期前期 －学習－	ロールモデルからの学習	顧客から高い信頼を得る先輩の接客姿勢をモデルにした学習。
	接客経験からの学習	接客時の成功や失敗体験を通して顧客の事情や感情を知り，接客を改善することで得られる顧客からのフィードバックによる学習。
	組織内学習	組織による接客の技術や姿勢を高めるOJTやフィードバックによる学習。
形成期中期 －探索と検証－	自分らしい接客の探索	これまでの自分の顧客対応を振り返り，同僚との価値観共有や反面教師を通して，自分が理想とする接客の在り方の探索をすること。
	検証による手ごたえ	自身の顧客志向性価値観を基準に接客をすることで，顧客から感謝・信頼され，個人的関係が構築された結果，指名，リピートにつながり，自分の方針が正しかったという実感を得ること。
形成期後期 －顧客志向の接客－	心技体での確信	接客姿勢と接客技術と接客行動のすべてが一貫性を持ち，自身が考える顧客志向性価値観に確信を得ること。
熟達期 －価値観の結晶化－	信念の体得	自分が創り上げてきた顧客志向の揺るぎなき哲学を直観的に実践できること。
	継承	自身の体得した顧客志向の哲学を後進に伝えることで，より多くの顧客の満足を追求しようとすること。

94

　本項では，顧客志向性価値観の形成段階を，初期，形成期前期，形成期中期，形成期後期，そして熟達期の5段階に分類した。

　ここで，形成段階の時間軸の妥当性について検証する。先行研究では，顧客志向性価値観の形成前半は組織社会化による影響が大きく，後半は経験学習や熟達化が影響している点を指摘してきた。本書のインタビューによる実証研究でも形成期前期の学習のプロセスは組織社会化を表しているといえる。形成期中期の探索と検証は主体的な仮説検証の経験学習であるし，熟達期における価値観の結晶化は熟達者が示す特徴ともいえる。なお，熟達化では初心者，上級ビギナー，一人前，上級者，熟達者という5段階モデル（松尾，2006；Dreyfus，1983）を定義しているが，本書でも5段階となった。熟達化には10年ルール（10-year rule）（Ericsson, 1996; Simon & Chase, 1988）というものがあり，今回のインタビュー協力者の全員が10年以上の経験者ではないので熟達の領域まで理論的な飽和に達していない可能性もある。だが，松尾（2010）は，10年ルールはすべての職について当てはまるわけではなく仕事の特性を考慮しなければならない（p.39），としている。S社のようなアパレル業界は平均勤続年数11.8年，平均年齢38.3歳[4]という，他の業界より継続勤務の年数が少ないなかで，社内のコンテストで入賞するほどの実力がある点に鑑みれば，今回のインタビュー対象者は熟達に近い段階以上にあると考えるのが妥当であろう。

　次に，価値観の形成段階と外部環境との関係に触れておく。形成期中期以降の学習は顧客との接触を通して【検証による手ごたえ】や【心技体での確信】を得ていることが分かる。つまり，組織社会化以降では外部環境からの学習が機能することで，外部環境への適応が促進されているといえる。個人は外部環境を考慮しながら意思決定や行動を取るために外部環境に適応するLorsch & Morse（1974）のであり，その適応は外部環境からの学習によって促されているということが本項の確認事項となる。

　以上の議論により，RQ(1)-1の顧客接点人材の顧客志向性価値観の形成段階について解明ができ，5段階の時間軸の概念を抽出することができた。

4　業界動向サーチ調べ（平成23年度）

仕事経験から抽出される適合の認知を把握するためには，数か月や数年間にわたる時間軸が必要性であることを Vleugels et al.（2018）は指摘しており，本書においてもこの顧客志向性価値観の形成段階という時間軸のフレームワークを用いて，個人の適合と不適合の認知の議論を次項で展開する。

3.2. 適合と不適合の認知

　RQ(1)-2 を議論するこの項では，高水準適合，低水準適合，優位不適合，劣位不適合の特徴はどのようなもので，どのように移行するのか，を明らかにする。

　その際に用いるフレームワークが，第4章で示した4群マトリックスである。本項でインタビューによって収集したデータを M-GTA の手法に基づき分析した結果，これら4群のカテゴリーと，群から群への移行を示すデータに分類することができた。そこで，分類したデータから生成した概念とその定義について，データと解説を加えながら論じることにする。

　このときに，前項で明らかになった顧客志向性価値観の形成段階を同時に当てはめて検討することで，どの形成段階でどのような適合や不適合が発生しているかを明らかにすることを試みる。そこで以下では価値観形成段階に沿うように低水準適合，劣位不適合，劣位不適合から高水準適合へ，高水準適合，高水準適合から優位不適合へ，優位不適合の順番で示す。なお，文中で概念について言及する際には前項と同じく【　】により表示をする。

3.2.1. 低水準適合

　低水準適合の定義は，個人も組織も双方に顧客志向性が低い状態を指す。本書のインタビュー協力者は顧客志向性の高さを顧客や組織から認められている人物であり，組織も顧客志向の経営戦略に従った社内施策を取っていることから，客観的には組織の顧客志向性が低いとはいえない。よって本章の研究では低水準適合に属する対象者が不在となるが，第4章の定量研究で明らかになったように，低水準適合群には全体の34%が分布していることを鑑みると，次のような対象者がこの群に含まれると推測できる。

　第1の対象者として，顧客志向を重視しない組織環境の下で，接客に無関

心な個人が考えられる。顧客志向の戦略は市場成長と競争の激しい経営環境の下で選択される（Deshpandé et al., 2012）ため，必ずしもすべての業界，組織が顧客志向を優先させるわけではない。

　第2の対象者は，今回のインタビューでX社H氏が社内の低水準適合に属する人物の具体例として「意識がない」ことをあげている。

　　　私が思うには，まあ，会社が「こういう方針でやりますよ」っていう話が出ても，多分，そんなに聞いてないのかなと思うんです。何か，自分のためになるっていうか，まあ，会社のためにとか，あんまりそこまでの意識がなく，取りあえず，まあ，仕事だから来て，取りあえず仕事の，ま，最低限やって，もう時間来たから帰ろうか。多分，ただそれの繰り返しでしか，多分，考えられてないというか，思えないんじゃないかなと思うんですよね。

（X社H氏）

　同様の事例であげられている他のデータでも，「可もなく不可もなく」「ただ存在しているだけ」「曖昧」といった表現が出てくる。どうやら動機付けが低く，会社の方向性にも無関心で，自己成長の気力もない，という様子がうかがえる。この場合，組織の顧客志向性は客観的に高くとも，本人に関心がないため組織の顧客志向性の水準を主観的に低く評価する可能性がある。第4章で確認した低水準適合群の特徴は，仕事満足，組織コミットメント，チーム協力行動，顧客関係性維持行動のすべてが低く，離職意向が高い，というものであったが，この第2の対象者の様子と重なるものがある。

　第3の対象者は，顧客志向という考えに対する興味や関心がもともと低い，ということが考えられる。例えば，職業興味（Holland, 1973, 1985, 1997）の領域のひとつである人やサービスへの関心が薄いのではないか，という可能性がある。実際に，X社のような自動車を扱う会社の修理工場での仕事を希望する人には，人よりも具体物を扱うことへの関心の強さが観察できる。よって，顧客志向性価値観という軸で自分や組織を評価することが困難，という可能性が考えられる。

　第4の対象者は，自らの顧客志向性価値観が形成されていないので，組織に対する評価も十分に行えない状態である。前項で確認したように，初期の

【逃げ腰の接客】【自分本位の接客】【売上・商品本位の接客】では，自分の顧客志向性の水準が把握できないのみならず，組織の水準まで理解する余裕はないかもしれない。よって，顧客志向性価値観の形成プロセスの初期は低水準適合に位置付けられるといえよう。

　こうした4つのタイプの対象者が存在している低水準適合における認知の特徴を【無自覚・無関心】と概念化した。その定義は，個人の顧客志向の無自覚や組織方針や組織価値観に対する無関心さから，自身と組織の双方の顧客志向の水準を低く認知している，もしくは認知ができていない状態，とした。

3.2.2.　劣位不適合

　劣位不適合では，個人は組織の顧客志向性の水準と比較して自身が低いことを認識していることになる。組織から指導される顧客満足のために，あれも，これも，と考えてはみるものの，イメージ通りの接客ができない実力の足りなさを実感したり，優先順位を間違えて顧客を後回しにしたことを後悔したり，という状態であるので【実力不足】と概念化した。その定義は，顧客志向の意識はあるが，組織からの期待に応えられる経験や実力が不足していることを認知している状態，とした。

　X社K氏は，過去を振り返り，前任者から引き継いだ顧客を満足させる言い回しが思い浮かばず，経験が不足している自分への歯がゆさを思い出している。

> 　「サービス悪いね」というような形でいわれることはありますので，「申し訳ございません」という。ま，その辺がこう，何ていうんですかね。満足度を上げないといけないんですけど，まあ，そういったお金に関することも，何て言うんですかね。こう，減らせないですよね，当然。
>
> 　まあ，言い回しだったりとか，お得感を出す。その，何か組み合わせだとか，まあ，あるのかとは思うんで，まあ，それも，ま，経験が必要なのかなというふうには思いますけどね。

（X社K氏）

　こうした「経験が必要なのかな」と認知しているのは，価値観形成段階としては【経験からの学習】が含まれる形成期前期に相当しているといえよう。

3.2.3. 劣位不適合から高水準適合への移行

　個人が自分らしい接客を探索しながら手ごたえを得る顧客志向性価値観の形成期中期になるころに，個人の組織との適合の認知に変化があるとしたら，それはどのようなきっかけで起きるのだろうか。

　　そうですね。私もそんな価値観を持って入っているわけではないので，何とも言えないんですけど，(入社したときは)曖昧ですね。はい。(5年たって)やっと気付けたみたいな。はい。(気付いたときに)S社で良かったと思います。「これ，違うぜ」っていう会社だったとしたら，その時点で辞めていたと思うので，10年も続けられなかったと思います。(自分の価値観に気付いたときに，会社と合ってるかどうかを)自覚するのが大きいですね。

　　　　　　　　　　　　　　　　　　　　　　　　　　　　　　　(S社B氏)

　S社B氏が表現しているのは，ゆっくりと会社との適合を感じるのではなく，自身の顧客志向性というものに気付いた瞬間に会社との適合を実感する，というものであった。本書が仮定していた自己の価値観形成のタイミングで会社との適合を認識するであろう，ということをデータで確認することができた。また，個人は仕事経験を通じて帰納的に適合を認知するので瞬間的である(Vleugels et al., 2018)ことがB氏の語りから分かる。そこで，自分の顧客志向性価値観の確立に伴い，組織の志向性に内的に気付くことを【覚醒】と概念化した。

　内発的に気付く【覚醒】と異なり，立場の変化が組織と自分との適合の変化を意識するきっかけになる，という事例もある。

　　でも会社っていうより，店単位なんですよね。店長になってから少し実感が湧いたんですけど，店長じゃなかったら，(会社が)遠いかなって思います。お店のスタッフ以外に会う機会ってのがそんなに多くないですし，どうして

もお店の中の人たちを中心に動いてしまうかなって思います。ロープレのときに既にもう（会社の存在が）近くなりつつあったんですけども，いろんな方たちに，会社のなかにいらっしゃるいろんな方たちにお会いする機会があったので，あとお話を聞く機会も増えましたし，紙に書いてあるのが，お店にこう，会社の方針とかが届いたと……。もちろんそうなんですけど，実際に聞くと，やっぱりすごい近くなります。（会って聞くのが一番影響が）大きいなってすごい思いました。

（S 社 D 氏）

　S 社 D 氏は店長への昇進によって本社とのコミュニケーションの機会が増えて組織の方針を初めて意識するようになった，という外発的な要因によるものである。このように，社内での立場が変わり組織との接触機会が増えるなどの外的な要因によって組織の顧客志向性に気付くことを【視座上昇】とした。

　以上のように，個人が組織との適合の認知を変化させるきっかけとして，内的に自分の価値観と対照して組織の志向性に目が向くという【覚醒】と，外的な要因で組織を意識するようになるという【視座上昇】の 2 つの概念が生成された。実際は，覚醒したことで組織からの信頼を得て昇進して視座が上昇することもあれば，視座が上昇したことで適合の認知が覚醒する，という双方が影響し合っていることがあるだろう。だが，いずれにしても個人と組織の適合の認知は可変的であり，内的，外的要因によって動態化することがこれらの事例から明らかになったといえる。

3.2.4. 高水準適合

　高水準適合とは，個人と組織の顧客志向が共に高い水準の領域であり，第 4 章の分析結果によれば個人の組織内態度と対顧客行動が共に高いことが特徴である。これまでの個人 - 組織適合理論においても，個人は組織に適応しているので安定性が高く離職意向も低いため，最も望ましい状態であるとされてきた領域である。だが，従来の個人 - 組織適合理論の研究手法は圧倒的に定量調査が多く，個人は組織と何が適合していると認知しているのか，という内容に踏み込んだ定性研究は限られていた。本章では適合を顧客志向性

価値観に限定することで，個人が組織と高い水準で適合していると認知している状態の概念を4つ抽出できたので，順次説明を行う。

1つ目が，顧客志向を掲げる経営理念や戦略，施策に対して個人が納得や共感をしている状態として【経営理念・施策への共鳴】をあげる。事例に示すS社D氏は，これまで直接お買い物をされる顧客だけではなく社内の関係者すべてを大事にするという内部顧客の重視を個人として確立していたが，研修でステイクホルダーを含めたすべてが顧客の定義であると学び，会社の考え方に驚いたということを語っている。

> 合ってる，合ってない。顧客価値プロデュースっていう点では，合ってるなっていうのは思いますね。どうしてか。そうですね。自分の周りの人たちと……。これです。顧客志向っていうのに重点を置いていて，お客様だけじゃなくて，社内とか取引先すべての人を顧客って考えてるところとかはすごい共感できます。お客様だけだと，やっぱりできないなって。やっぱりいっぱい人に関わる機会が多いので，そこまで顧客様って考えるのはびっくりしました，最初。〔中略〕前から，周りの方たちはもちろん大切って思ったけど，そこを顧客って考えるってところがびっくりしました。
>
> （S社D氏）

D氏のほかの声にも，会社の方向性は間違っていないとか，自分の考えに合った言葉を会社が簡潔にまとめているので部下に説明しやすい，などの価値観の適合を指摘するものが多かった。また，理念だけではなく実行している会社である，という納得感も適合の認知を高める要因になっていた。

彼らは価値観形成の初期や前期でも会社の方針を耳にしていたはずだが，そのときには響かなかったものの，価値観形成期の後期で自身の価値観が内面化できたことで，組織の経営理念や施策に深い理解が示せるようになっていることが特徴である。

2つ目は，自身のやり方と組織の方針が適合しているため，自由裁量で仕事ができ，成果を出しやすい環境に満足している状態を示す概念である【自己裁量】である。H氏は以前から顧客志向の仕事をしており，会社との衝突もなく仕事が進めやすかったため，顧客のみならず上司や会社からも高く評

価されるようになった。こうした仕事のやりやすさを通して，自分と組織の
価値観が適合していることに気付いている事例である。

> 　私は基本的に，会社はもちろんお客様第一っていうのは，もう昔から言っ
> てますんで。で，私的には，仕事上，<u>特にやりにくいっていうことはあんま
> り感じていないんですよ</u>。で，むしろ，今回のこのインタビューで私の名前
> があがったのも，まあ，車検後の，お客様に郵送されるアンケートの，そのー，
> 評価された結果で，上のほうにいたからっていうことなんですけど。
> 　まあ，実際にやっぱりご対応させていただいて，<u>やりにくいということは
> あんまり感じてなくて</u>。まあ，実際に会社からも，まあ，その評価結果もあ
> るんで，まあ，それなりの評価も，<u>上司からも，まあ，いただいてるのかなっ
> ていうふうには思ってるんで，そんな会社と価値観の違いっていうのはあん
> まり，そう大きくは</u>（感じません）。
>
> （Ｘ社Ｈ氏）

　この【自己裁量】に含まれるデータは，どれも自分なりの接客スタイルが
すでに確立しており，組織がそれを認めて自由に仕事をさせてくれることか
ら，仕事満足度も高く，結果も出しやすい状況であった。組織に合わせて仕
事をしているというより，自分のやり方を組織が認めているので居心地が良
い，ということであろう。自分の方法論が確立していることからも，価値観
の形成プロセスでは，熟達期の【信念の体得】の領域であることが分かる。
　3つ目は，組織要求の意味を理解したり，自分の日常業務の意味づけをし
たりして，納得して仕事を行っている状態である【意味付与】という概念で
ある。Ｘ社Ｊ氏は，組織から発信されるメッセージを個人がどのように受け
止めるかが会社との適合のうえで重要であることを指摘する。組織の発信す
る指示は往々にして，「顧客へのフォローアップの電話を1週間以内にする」
といったルールや業務規範であったりする。それに対して面倒だと感じるの
か，何も考えずにルールだから守るのか，あるいは顧客満足のためだと考え
るのか，その意味づけによって納得度が異なる，ということを示している。

> 　（組織からの指示の）受け手側がこう，どう理解してくかっていうのも，ま
> あ，会社から社員のほう。ほうっていうんですかね。<u>会社はなぜそういうふ</u>

うにいってるのかっていう（ことを）社員も理解しないと，もしくは部下も
理解しないと，（組織と）同じ方向は見えてこないと思いますんで，適合する，
うん，ことは難しくなりますよね。

（X 社 J 氏）

　よって，組織との適合が高い従業員は，組織からの指示の理由や背景を理
解し，仕事に顧客志向の意味を持たせていることになる。こうした意味付け
ができるようになるには，自分のなかで顧客志向価値観が出来上がっていな
いと難しいだろう。

　さて，これまで紹介した 3 つの概念が組織に対して好意的な適合である
のに対して，最後の概念は組織への不適合を内包している。4 つ目にあげる高
水準適合の特徴を示す概念は，【忠誠の演技】であり，組織に反抗している
と思われずに物事を穏便に進めて実績を積むために，従順な姿勢を見せてい
る状態，と定義した。厳密にいえば，本人は適合ではなく不適合を認知して
いるからこそ本心を隠して演技をしているので，高水準適合ではなく優位不
適合の分類になるという議論もあるだろう。だが，あたかも組織と適合して
いるように外面を見せかけているので，高水準適合に位置付けた。

　この点を赤裸々に語った S 社 F 氏の話は興味深い。F 氏は会社のロール
プレイ・コンテストの入賞者と報奨旅行に行った際に，会社への忠誠心の話
題になり，全員が忠誠を見せる演技をしていることを知り驚く。実はここに
登場する「みんな」は，本研究のインタビュー対象者でもある。これまでの
インタビューで会社への適合について語ってきた対象者の本音の暴露は現実
味にあふれている。忠誠を演じる最大の理由は，「そのほうが社会的にうま
くいく」というものである。F 氏も「日本人的」と表現しているが，順応性
や同質性を重視する日本では，反対意見の「手をあげたとしても」聞き入れ
てもらえない，何も変わらない，さらには面倒な従業員というレッテルを貼
られて仕事がやりにくくなる，ということを危惧してのことであった。それ
よりは，従順で忠誠なふりをして，自分の提案をそっと通すほうが個人に
とって利がある，という経験からの行動である。この【忠誠の演技】を，大
会の入賞者全員が行っていたのである。

　もう忠誠心 100（％）の人（に見える）が実はゼロだったりとか。私，もう
引っくり返るくらいの驚きを。みんな女優すぎないって思って。すごいなと
思って。

　だから，やっぱりその，でも，その演じられることがあるから，この人た
ちは優秀販売賞が取れたんだなって思ったりとかするところは，すごいあっ
たんですけど。その演じる力が，やっぱりもう販売の，もうそこが根底にあ
るんだなって思いました。

　演じる力ってすごいなって思いました。（演じている理由は）そのほうが社
会的にうまくいくっていう，とっても日本人的なあれかもしれないんですけ
れども。やっぱり歯向かってもどうしようもないっていうのが，あるとき私
も分かったんですね。いくらここでギャーギャーギャーギャーいったり，こ
こで手をあげたとしても，ここは何も変わらないから，だったら，忠誠を，
私はそうですよ，でも，そっちで提案したほうがうまく話を聞いてくれるっ
ていうところがすごく分かったので，こういうふうにしていれば意見が通り
やすいっていう。

（S 社 F 氏）

　これは，忠誠を装った不適合者だといえるだろう。組織との不適合に気付
きながら，適合の仮面をかぶることで組織からのダメージを最小限に食い止
めようとしているのである。見せかけの適合を繕うことは感情消耗をもたら
す（Doblhofer, Haas, Specht & Frey, 2016）のだが，この仮面を盾にしなが
ら組織との不適合から身を守っている。さらには，それによって自分の意見
を通しやすくなる。第 4 章の実証研究では高水準適合に分類されている人は
33％となっているが，そのなかにも忠誠の仮面をかぶった不適合者が含まれ
ているのかもしれない。

3.2.5. 高水準適合から優位不適合への移行

　本章の最大の関心は優位不適合がどのように発生するのか，である。どの
ようなきっかけで適合から不適合へと認知が変化するのだろうか。S 社の E
氏は，本社から発信される経営理念のメッセージには共鳴をしており高い適
合を実感しているが，他方で店舗と本社の中間に位置する事業部からのメッ
セージが「お客様を大事にするという方向性からかなり外れている」と思う

ようになる。

　　ロールプレイのトレーニングであったりとか，あとは何だろう。セルフプ
ロデュースみたいな研修であったりとか，ああいうの受けると，もう本当に
「よし，やろう」みたいな気持ちになるんですけど，それと同時に現場（同じ
社内）の温度差がやっぱりすごくて。そうですね。
　　やっぱり研修の場の雰囲気と，やっぱり事業部があって，SV（スーパーバ
イザー）たちも含めて，事業部とSVのところでどうしてもやっぱり数字に
なってきますよね。
　　そうなると，今，何か顧客コントロールとかってすごくいわれるので，そ
の顧客コントロール。それはできたら一番いいんですが，コントロールって
「そんな，分かってますよ（笑）。分かってるんですけど，簡単に言ってくれ
るなよ」と思いますし，お客様を大事にするっていう方向性からかなり外れ
てるように感じることっていっぱいあるので。はい。あーあって思います。

（S社E氏）

　会社あるいは組織は，複数の部門から構成されている。経営戦略を実現す
るための目標をそれぞれの部門に細分化して部門最適化を極めると，結果的
に部門間の目標が連動せずに葛藤を起こすこともしばしば見受けられる。例
えば人事部門は人材への投資をして組織能力を高めたいが，経理部門は人材
コストを極力削減して人件費率を抑えたい，ということである。このとき
に，全体最適の視点から部門間調整が必要となる。これと同様に，E氏が言
及しているように顧客接点の現場では組織の上位理念である顧客志向を支持
しているが，ブランドや商品をマネジメントする間接部門では短期的な売上
を優先する販売志向のマネジメントを店舗に強いる。小売業態の組織構造で
は店舗販売部門と事業部門が並列ではなく，事業部が店舗を管理することが
多いため力関係が対等ではない。こうしたパワーバランスから，店頭の顧客
接点人材は，組織の理念と間接部門からの指示に矛盾点を見出すことにな
る。
　そして，疑問の矛先は特定部門だけではなく，経営理念のもとで部門間調
整が行えずに一貫した顧客志向の姿勢を示さない経営，組織全体への疑問へ
と発展してゆくことになる。

　このように，組織の理念や方針と日常業務の間にある矛盾点に気付くことを【違和感】という概念にした。この【違和感】が，これまで満足していたはずの組織に対する疑問になり，高水準適合から優位不適合へと移行するきっかけとなることが判明した。

　適合の認知は瞬間的に判断ができる（Vleugels et al., 2018）のは，適合のみならず不適合でも同様である。特に高水準適合の個人は顧客志向性価値観をすでに形成しているため，この【違和感】から不適合を瞬時に認知するのではないだろうか。

3.2.6.　優位不適合

　顧客接点人材の組織に対する【違和感】が積み重なると，組織の顧客志向が相対的に低く見えてくることで，優位不適合へと移行する。この優位不適合は，個人のほうが組織より顧客志向性が高いと認識することになるので，資格過剰と類似する状態である。

　既存研究における資格過剰では，個人は仕事に退屈しやすく，職務態度が悪く，離職率が高い（Erdogan et al., 2011; Liu et al., 2015）などの望ましくない行動を起こすことが報告されている。その一方で，資格過剰は能力を発揮することが規制されず，組織的圧力をかけられなければ，学習スピードや営業成績が良くなる（Erdogan et al., 2011; Fine & Nevo, 2008）という研究もある。

　確かに第 4 章の分析結果でも優位不適合群は，組織内態度では離職意向が高いものの，対顧客行動においては高水準適合と変わらない高さであったことから，先行研究を支持するような結果となっている。本章の定性分析では，顧客接点人材が組織の顧客志向性を上回るという認知をしたときの特徴は何かを具体的に検証したところ，3 つの概念が生成された。

　1 つ目は，顧客志向との両立が難しい販売志向や組織志向を組織が要求することで発生するダブルバインドに組織が理解を示さないときに，組織の顧客志向の姿勢に疑問を持ち，葛藤する概念である【二律背反無理解への葛藤】があげられる。Saxe & Weitz（1982）によれば，顧客志向の接客の特徴は，顧客の利益を犠牲にしてまでも販売することで顧客不満足になる行動

を避け，顧客に圧力をかけずにニーズを把握して顧客の問題解決を図ろうとすることで，長期的な信頼関係を意図した行動を取る，というものである。よって，顧客志向性価値観を習得した個人は，顧客が迷っているときに時間をかけて付き合う，顧客が納得できるまで丁寧に説明する，などの行動を取ろうとする。ところが，事業運営の実態として顧客接点の現場に要求されるのは，強い販売志向，個人への高いノルマ，接客時間の短縮と作業の効率化，といった，顧客志向の行動との両立が困難な指示である。

　顧客接点人材は利益を重視する経営の立場を理解しつつも，顧客志向性価値観との狭間でどのように両立すべきかを葛藤する。もし，組織の顧客志向性が本当に高ければ，顧客接点で発生する二律背反に対する解決策を検討することができるはずである。にもかかわらず，組織が顧客接点におけるダブルバインドを放置しているときに，個人は組織の顧客志向性の本気度に疑問を持つ。こうして，組織に対する不適合の認知が強まるのである。

　　会社としてはいろんな，もっとですとか，その日の例えば売上の予測ですとか，いろんなことをまだまだ求めてきてるんですけど，とてもできないという感じ。全部できないわけで。全部できないから，結局，全部，駄目じゃないですか。そこまで（会社は）考えてないんで。そういうことを考える人がいるんだろうか，っていうふうにしか思ってないですよね。

（X社K氏）

　X社K氏が言及するように，会社が売上や効率を優先するという立場が理解できないわけではないが，組織の要求どおりに実践していては顧客不満足になるということに葛藤を感じる。このように組織志向と顧客志向は二律背反になりやすいという課題があり，こうした混乱が顧客接点の現場に発生することに対して組織が無関心であるときに，個人は組織との不適合を感じている。

　2つ目の優位不適合の概念は，社内体制の不備や不徹底により，顧客接点の現場が振り回され顧客に迷惑がかかることに無頓着な組織への苛立ちを示す【社内体制不備への鬱憤】である。1つ目の【二律背反無理解への葛藤】では顧客志向と方向性が異なる組織志向や販売志向との両立の難しさへの組

織の不理解に葛藤するのだが，2つ目の【社内体制不備への鬱憤】では明らかに社内体制が顧客志向を実践できない状態や，間接部門の失策によって顧客に実害が発生し，顧客接点人材が顧客に謝らねばならないような事態への怒りを示している。

　S社のF氏が経験したのは，日本では販売しない商品を本社部門が雑誌に掲載し，その商品を希望する顧客に対して店頭で謝罪をすることになったうえに，本社部門は顧客の信頼を失うことがいかに深刻なのか，という点を認識していない，というものであった。

　　　雑誌に掲載したものが，もう日本には入ってこないものを載せてしまったにもかかわらず，申し訳ございませんだけで終わって，店頭ですべてそれを処理するだったりとか。お客様に夢を1回与えたわけじゃないですか。この柄が素敵でほしいと思う。そこでもう，本当，私，お客様の信頼をすべて失っていると思うんですけど，そういうことを簡単にしちゃったりとか。それを店頭に任せたっきりにしちゃうとか。

　　　　　　　　　　　　　　　　　　　　　　　　　　　　　　　　（S社F氏）

　また，X社のH氏も，新しいサービスメニューの紹介が始まったので顧客に勧めようとしたところ，実際は社内の準備が整っておらず顧客を待たせることになるという経験をした。社内体制を万全に整えてから，販売の案内を開始すべきだ，という主張である。

　　　新しい，サービスのメニューで，こういう商品を，こう何か，例えば施工するのを始めると。だから，こう，売れと。〔中略〕だから，そういうペラとかを配って，宣伝した割に，実際「じゃあ，やろうか」って言ったら，うまく運用できなかったりっていうのがあるんで，「こういうのやります。どうですか」って勧めといて。で，何か決まって，（本部は）何やってんのって思っちゃうわけですよ。

　　　　　　　　　　　　　　　　　　　　　　　　　　　　　　　　（X社H氏）

　このように，顧客接点の現場の上流部門から流れてくる仕事の不備に対する苛立ちや憤りの積み重ねが組織全体への不適合を意識させることにつなが

る。また，組織と顧客接点現場との理解の違いが引き起こすような日常的な課題がインタビューで数多く見出された。例えば，顧客が望まないであろう商品デザイン，顧客を誤解させる広告，ブランドらしさを追求しようとしない施策，人手不足による顧客へのサービス低下，商品不足による顧客離れ，業務効率を考えない縦割りロジスティクス，顧客接点の現場を惑わす指示，従業員教育の不徹底によるサービス品質のばらつきなど，顧客あっての商売なのに顧客接点中心の業務体制を考えていない，というデータが数多くあった。個人が組織との顧客志向性価値観の不適合を認知するのは，抽象的な感覚というよりは，こうした具体的な会社の体制や指示に対する鬱憤の積み重ねであることが判明した。

　顧客クレームの発生や顧客が望まないことを組織が平然と行っている，と顧客接点人材が感じるということは，組織の顧客志向性が低いと認知していることになる。それは，組織が顧客市場に適応できていないともいえる。顧客接点人材は，組織と外部環境である顧客市場との境目で仕事をしているため，組織のなかで最も早くに外部環境の変化を捉えることができる。だから顧客志向性を高めたいと考える組織では，顧客接点人材を内部顧客と見なす（西尾チヅル，2007）考え方を浸透させようとするのである。

　3つ目に生成した優位不適合の概念は，【創造性とサービス変革】である。顧客志向性価値観には，期待－不一致パラダイム（南，2012；Oliver, 1980）を前提とした，顧客の事前期待に応える，あるいは期待以上のサービスを提供するために顧客の多様性の理解を重要視する，という考え方がある。さらに，一度満足を覚えた顧客は次回の接客への事前期待が上昇するので，組織も自分も常に顧客の事前期待を上回る創造性と変革が必要だと考える。そのために，組織との同質化を避けて顧客それぞれの個性に合わせた顧客目線を優先している状態を【創造性とサービス変革】とした。

　ここでX社L氏が指摘しているのは，誰もが均等なサービスでは多様な顧客ニーズへの柔軟性に欠けるので高い満足度は得られないし，顧客の事前期待は上がり続けるので，個人や組織は継続的に創意工夫をするための改革の声が必要だということである。

　（会社との価値観の適合は）75〜85％くらいちゃいます？

　でも，その（適合しない）20％って，僕，要ると思うんですよ。そういう声を出さなあかん人間がいるわけですよね。それが良い結果になろうが，悪い結果になろうが，まあまあさておき，やっぱり改革を求める声っていうのはどこかで必要であって。〔中略〕さっき言うた<u>会社の価値観に沿った100％で，みんなが100％やったら，平等であって，均等なサービスが提供できると思うんですけど，それ以上ってならへんかもしれませんね</u>，きっと。

　CSが例えば100点ですと。それが110点にはならへんかもしれません。

　お客，人間の満足度なんて，やっぱり尽きひんもんやと思いますし。やっぱり，だから，そこにはやっぱり<u>フレキシブルな対応があって，そこから生まれた何かアイデアとか手法っていうのを，もっと会社が取り入れる環境を作ってくれればの話ですけどね</u>，それを。

（X社L氏）

　顧客志向とはそもそもサービス変革志向との関連性が強い（Andreassen et al., 2016）ため，組織との過剰適合への危機感を優位不適合の個人が感じ取ったとしても不思議はないだろう。

　今回のインタビュー対象者に，組織との適合度をパーセンテージで示してもらったところ，100％（完全適合）は皆無で，80％前後の数字をあげており，さらに100％適合することへの強い抵抗感が表現された。Harrison（2007）が，適合は生産能力のない牡蠣を作り，不適合は真珠を生産する，と比喩した真珠に相当するのが，不適合に相当する20％部分なのかもしれない。

　とはいえ，不適合と適合の割合を比較すると，適合しているパーセンテージのほうが高いのである。つまり，高水準適合に軸足を置きつつ，優位不適合も認知している状態だといえよう。個人と組織の不適合は認知的不協和（Festinger, 1957）なので，個人がこの不協和を解消しようとする適応行動として発言をする可能性もある。

　X社I氏は，組織側の改善点への対応のために，自身の改善提案を周囲が受け入れられるようになるまで待つ姿勢を示している。この態勢を表すデータは多く，「実績を上げて，いつかは自分が改革したい」という考えが共通していた。なぜ組織との不適合に気付いたときに，すぐに組織を改善する行動が取れないのか。それは，日本的な階層社会が理由であるとI氏は続けて

110

いる。

　　だから，（会社と100％適合をしない）残り20（％）とかはこれからっていうところもあるのかもしれない。やっと，まあ，えー，十数年やってきて，ある程度，下に部下もつくようになって。
　　まあ，もうちょっとで係長になれるのかな。課長が推薦してっていうところになると，まあ，それなりにやっぱり上にも意見が通せるようになるじゃないですか。そこの，まだ下のところであれば，そこまで上に話が通らないですから，ある程度のキャリアを積んで，ある程度，意見が発信できるようなった，てから，あと残り20（％）は良くしていこうっていう。できるのかなっていうところもあると思いますよ。〔中略〕
　　（日本は階層構造が）はっきりしてますね。（何か変えるには役職がないと）できないですよね，はい。先輩，後輩とか。体育会系，体育会系って話も，はっきりこういう構造ですから，やっぱり先輩，後輩と関係はありますし。うん。部活じゃないですけど。ありますよ，それは。だから，「1年生，2年生が，おまえ，何いってんだ」ってなりますよね。うん。ある程度，意見が通るには，年数たたないと。

（X社I氏）

　この考え方は，既出の【忠誠の演技】にも通じるものである。もし，こうした文化的圧力が組織内にあるとするなら，その中では発言行動を取ることは容易ではない。この適応行動については，次章で論じる。

　以上が，低水準適合，劣位不適合，高水準適合，そして優位不適合という4群の認知の特徴の分析結果である。これらのカテゴリー，概念，並びに定義について表5-4に示した。なお，劣位不適合から高水準適合へ，高水準適合から優位不適合へ，という認知の移行については＜　＞内に示している。

表5-4　適合と不適合の4群の認知の特徴と移行に関するカテゴリー，概念，定義

4群カテゴリー <群間移行>	概念	定義
低水準適合	無自覚・無関心	個人の顧客志向の無自覚や組織方針や組織価値観に対する無関心さから，自身と組織の双方の顧客志向の水準を低く認知している，もしくは認知ができていない状態。
劣位不適合	実力不足	顧客志向の意識はあるが，組織からの期待に応えられる経験や実力が不足していることを認知している状態。
<劣位不適合から高水準適合への移行>	覚醒	個人の顧客志向性価値観の形成という内的な要因によって，組織の顧客志向との適合に気付く。
	視座上昇	社内での立場が変わり組織との接触機会が増えるなどの外的な要因によって，組織の顧客志向との適合に気付く。
高水準適合	経営理念・施策への共鳴	顧客志向を掲げる経営理念や戦略，施策に対して納得や共感をしている状態。
	自己裁量	個人のやり方と組織の方針が適合していることで，自由裁量で仕事ができ，成果を出せることに満足している状態。
	意味付与	組織要求の意味を理解したり，自分の日常業務の意味付けをしたりして，納得して仕事を行っている状態。
	忠誠の演技	組織に反抗していると思われずに物事を穏便に進めて実績を積むために，従順な姿勢を見せている状態。
<高水準適合から優位不適合への移行>	違和感	組織の理念や方針と日常業務の間にある矛盾点に気付く。
優位不適合	二律背反無理解への葛藤	顧客志向との両立が難しい販売志向や組織志向を組織が要求することで発生するダブルバインドに組織が理解を示さないときに，組織の顧客志向の姿勢に疑問を持ち，葛藤する状態。
	社内体制不備への鬱憤	社内体制の不備や不徹底により，顧客接点の現場が振り回され，顧客に迷惑がかかることに無頓着な組織に苛立つ状態。
	創造性とサービス変革	顧客の事前期待を上回るサービス提供をするために，組織との同質化を避けて，顧客の個性に合わせた創造性とサービスの変革の必要性を認識している状態。

4. 小括

　本章のリサーチ・クエスチョンは，個人は組織に対する適合や不適合をどのように認知するのか，であった。第1項では顧客志向性価値観の形成段階を時間軸に沿って分析を行った。第2項では，高水準適合，低水準適合，優

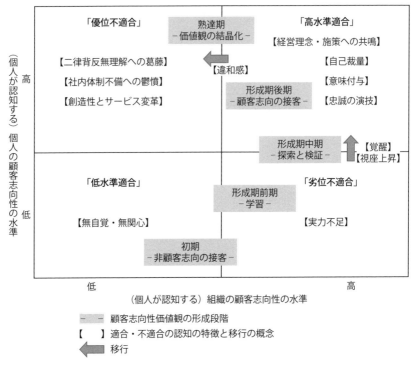

図 5-2　顧客志向性価値観の形成段階と適合・不適合の認知の特徴・移行

位不適合，劣位不適合の認知の特徴と移行について整理した。ここで，第1項の顧客志向性価値観の形成段階と，第2項の適合と不適合の認知を重ね合わせた図を示す（図5-2）。この図を用いて，個人は組織との適合をどのように認知し，特に優位不適合がなぜ，どのように発生するのかについてストーリーラインによって理解を進める。

　顧客志向性価値観形成の初期段階では，顧客接点人材は非顧客志向の接客をしている。組織は新規参入者に対して顧客志向の教育をしているのだろうが，個人には理解が及ばず，顧客志向性価値観に対して【無自覚・無関心】な状態となり，個人と組織の両方の顧客志向性の水準が低い低水準適合がスタートラインとなる。

　だが，価値観形成期の前期では，組織内外からの学習が進み，自分の【実

力不足】を自覚して劣位不適合を認知することになる。

　この劣位不適合から脱するうえで重要なのが，自分らしい理想の接客を－探索と検証－することであり，価値観形成期の中期にはいっていく。この時期には，組織の顧客志向性との適合に【覚醒】をしたり，昇進や組織との接点が増えて【視座上昇】が起きたりすることで，劣位不適合から高水準適合へと移行するきっかけとなる。

　価値観形成期の後期では，個人は自身の顧客志向性価値観のレンズを通して組織を見て，【経営理念・施策への共鳴】ができると高水準適合を認知することになる。これまで本書が主張してきたように，個人の価値観というレンズが形成されることで，相手の姿が良く見えるようになり，適合や不適合が認知できるのである。そのほかにも【自己裁量】の仕事環境であることや，組織の指示や自分の仕事への【意味付与】ができるという状態が高水準適合の認知の特徴としてあげられる。組織への反目を口にせず従順な態度を見せる【忠誠の演技】は厳密には適合の仮面を被った優位不適合だが，個人が適合しているように装うことに意味があるため高水準適合に分類した。

　熟達期における高水準適合から優位不適合に移行するきっかけは，組織の戦略や理念とは矛盾する社内での出来事への【違和感】である。顧客志向性価値観の形成によって，個人は揺るぎなき信念によって安定した接客行動が取れるようになる。だからこそ，組織内で発生する矛盾への感度も強くなっているといえる。個人は，組織への高水準適合を残しつつも，同時に組織に対する【違和感】によって優位不適合を部分的に抱えることになる。

　優位不適合の認知では，顧客志向とはダブルバインドになる売上や効率を組織が追求することで顧客接点では矛盾が発生するにもかかわらず，組織が無策のときに，個人は組織の顧客志向性の本気度を疑う【二律背反無理解への葛藤】が何より大きい。また，顧客クレームが発生するような状態を改善しない組織に対して，【社内体制不備への鬱憤】が積もることも優位不適合の認知につながる。

　だが，個人が優位不適合を認知するのは，組織への否定的な側面ばかりではない。顧客の多様性に柔軟に対応し，事前期待を上回るサービスを提供するための創造性や変革性を重視しようとするのが顧客志向性価値観なので，

顧客志向性が高まるほどに個人はサービスの画一性や同質性を避けるようになる。こうした【創造性とサービス変革】は，顧客満足のために組織との不適合をあえて見出そうとする意図的な不適合である。

　以上の３つの優位不適合に共通しているのは，個人と組織だけのクローズド・システム内での関係性では見出すことができない，顧客市場という外部環境の存在が個人の優位不適合の認知に影響しているという点である。つまり，個人が外部環境に適応しようとしているにもかかわらず，組織が外部環境の要請に出遅れているときに個人は組織との優位不適合を認知する，ということである。

　それは，個人の外部環境への志向性は組織内学習のみで発達したわけではない，という点が大きく影響している。個人は外部環境との接点で経験学習を積み重ねて熟達化し信念が形成されていくからこそ，組織の外部環境へ適応の遅れが認知できるのである。

　では，個人は組織との優位不適合が発生した際に，どのようにして認知的不協和（Festinger, 1957）を解消する適応行動を取るのだろうか。次章では，不適合を認知した個人の適応行動を確認し，その行動がどのようなダイナミクスを発生させているのかを議論する。

Chapter 6

不適合を認知した個人の
適応行動

1. 研究目的と研究手法

1.1. 研究目的

　第5章では，個人の組織に対する適合の認知は，価値観の形成段階の影響を受けていることが発見された。個人の外部環境への適応志向性が高まれば，組織への期待も高まるため，優位不適合の認知につながりやすい。では，「優位不適合を認知した個人はどのような適応行動を取るのか」。それが本章の扱うリサーチ・クエスチョン（2）となる。

　Hirschman（1970）の離脱・発言・忠誠理論では，組織の質が低下した際の個人の行動を議論しているが，本書における組織の質とは個人の認知によるものであり，優位不適合とは個人と比較した相対的な組織の質の低下を意味している。個人は，この不適合という認知的不協和（Festinger, 1957）を解消するために，不協和を回避する離脱オプションの選択もできるし，現実を修正する発言オプションも選択できる。あるいは，現実から目をそらす放棄オプション（Farrell, 1983）も選択できる。だが，第5章で見出した優位不適合には離脱や放棄，あるいは誹謗中傷といった破壊的な発言を画策する意図はこの段階では見受けられなかった。その理由の1つとして，コンティンジェンシー理論が想定する組織と外部環境との適合が成果を最大化させるという議論から推論すれば，個人は組織が外部環境に適応することを期待し

116

ているからであろう。そのときに，個人は組織の変化を待つだけではなく，自ら組織を外部環境に適応させようとして，建設的な発言オプションを選択する可能性もある。建設的な発言の決定要因には，プロフェッショナル・コミットメント（Tangirala & Ramanujam, 2008a）や自身の影響力（Venkataramani & Tangirala, 2010）が関係していることから，熟達者で優位不適合を認知するような個人にはこうした自負があると推察できる。

　だが，第5章の限界は個人の組織参入以降の認知を回想的にインタビューしたものであり，現在不適合を認知している個人のその後の行動を追ったものではないため，個人は不適合の認知の後で実際に適応行動として発言をしたのかどうかは把握できていない。また，発言は認知的不協和が発生したその瞬間に即時的に行われるとは限らない。なぜなら，発言は単なる改善提案や不当な扱いへの自動的な反応ではなく，重要な打算的要素が内包されている（Klaas, 1989）ので，個人もリスクを避けて時間をかけて成功に導くような態度や行動を選ぶであろう。Shipp & Jansen（2011）によるダイナミック適合の考え方では，個人は過去の適合や不適合の意味を振り返り，将来の展望を考えながら現在の適合のナラティブを編纂し，それが態度や行動に表出するとしている。

　とはいえ，実証研究では時間をかけた個人行動の追跡は容易ではない。初回調査から長期間の定点観測が必要になるのだが，人事異動によって組織内での職務が変動すればこの長期間を経た調査の難易度はさらに上がってしまう。だが，幸い顧客接点人材の場合は店舗移動があったとしても職務が変わることは少ないし，顧客志向性価値観は外部環境に適応していることから安易に放棄されることはなく，定点観測が可能である。

　以上の理由により，本書では第5章の優位不適合群のインタビュー対象者と同じ人物に対して4年後に再インタビューを行うことで，組織との不適合を認知した個人のその後の適応行動を探究する。

1.2. 研究手法

　同一人物に対して時間を空けて再インタビューをするという方法は質的パネル調査に分類される。また，データの種類には1時点で収集された横断

データと，同一の測定対象に対して時間を追って繰り返し測定することで得られる縦断データの 2 種類がある。人間発達など，時間の経過に伴う個体水準の変化を観察する際は，縦断データが必要不可欠（嶋﨑，2004）とされている。嶋﨑（2004）によれば，縦断データの収集方法には論理的には 3 種が考えらえるという。1 つ目が回想法または遡及法（retrospective research），2 つ目が追跡法または逐次法（prospective research），そして 3 つ目が復元法（reconstruction）である。

　回想法は，1 時点の調査で過去を遡って情報を収集する方法である。効率的ではあるが，観測時点効果や対象者の記憶に依存しているという問題がある。追跡法は，調査者と対象者とが時間の経過を共にしながら情報を収集する方法で，定点観察で反復調査をするため回想法の欠点は避けられるが，非効率的であることやデータの抜け落ちが欠点である。復元法は，過去の情報から縦断データを再構築する方法で，歴史人口学の領域で家族復元法として活用されることが多い。

　追跡法で同一の固定された対象者に対して調査を行うことを追跡パネル調査法というが，量的デザインと質的デザインに分類される。量的デザインは全国確率標本による大規模な研究で構造化された調査票で統計処理をする。質的デザインでは，特定の条件の者たちを対象にした参与観察やインタビューであり，限定的なテーマを深く掘り下げる方法である。

　本書では，第 5 章で顧客接点人材の価値観形成と不適合の認知過程を探るために，回想法を用いている。そしてこの第 6 章では，第 5 章と同じ対象者に対して 4 年後に再インタビューを行い，不適合を認知してから数年間の行動や現在の不適合を尋ねているため，追跡法と回想法を併用した，縦断データである。ただしパネル調査の難点であるデータの抜け落ちを本研究でも避けることはできず，第 5 章でのインタビュー対象者が 12 名だったのに対して，第 6 章でインタビューできたのは 5 名に減少した。

　データの分析にあたっては，メタ・マトリックス法（Miles & Huberman, 1994）を採用した。メタ・マトリックス法では，質的データの各ケース全体を詳細に吟味したのちに，ケースごとのマトリックスを作成し，各ケースに特有な変数を明示し，さらに系統的な比較ができるようにメタ・マトリック

スのなかにケースを一緒に入れ込んで描く手法である。これをより大きなメタ・マトリックス上に，すべて一緒に表示できるようにすると，テーマとケースが横軸と縦軸に配列されて一覧で見られるようになる。佐藤（2008）では「事例 – コード・マトリックス」[1]として紹介され，事例とコードが縦糸と横糸として編み込まれ，さらに1つひとつのセグメント内の記述によって「複雑な模様が織り込まれているタペストリーのようなもの」とたとえている。このマトリックスでは，文書の全文脈，文書セグメント，セグメントの要約，そしてコード化と順次データを「圧縮」することでより抽象的，概念的にすることができるし，その逆方向で「展開」することで具体的，具象的な当事者の意味世界に戻ることができる特徴がある。

　本章では，対象者に対する4年前のインタビュー・データと現在のインタビュー・データを比較するにあたり，横軸にテーマ，縦軸に個人の細分化したケースを配置し，セル内には全文脈から抜き出した文書セグメントとその要約コードを配置して「タペストリー」を作成したうえで経路分析を行った。

2. 調査概要

　インタビュー対象者は，第5章で対象とした12名のうち，4年後に退職しておらず，かつインタビューに協力をしてくれた5名である[2]（表6-1）。

---

1 事例 – コード・マトリックス（佐藤，2008）は，個々の事例とコード（概念カテゴリー）をマトリックス化することで，文書の全文脈を文書セグメント（パーツ）として位置付ける手法である。最も展開された状態が文書の全文脈となり，次に事例となる文書セグメント，次にセグメントの要約，そして最も圧縮された形が概念コードとなる。概念コードから文書セグメントや文章の全文脈へと展開することができるため，比較検討に適した手法である。

2 インタビューの協力を得られなかった7名の内訳は，退職3名，育児休暇中1名，出向1名，返信なし2名であった。

表6-1　インタビュー協力者概要

イニシャル名	所属企業名	職種（初回）	職種（2回目）	初回インタビュー日	2回目インタビュー日
E氏	S社	店頭販売，副店長	店長	2012年10月4日	2016年12月16日
G氏	S社	店頭販売，店長	販売マネージャー	2012年10月17日	2017年4月28日
J氏	X社	サービス・アドバイザー	サービス・マネージャー	2012年8月9日	2017年4月22日
L氏	X社		サービス・マネージャー	2012年8月30日	2017年4月22日
K氏	X社		サービス・アドバイザー	2012年8月29日	2017年4月27日

　初回インタビューは2012年（第5章），2回目インタビューは2016年末から2017年4月にかけて，半構造化インタビューの手法で実施した。所要時間は約1時間から1時間半であり，予め録音することに対して了承を得て，インタビュー後に逐語録テキストへ変換し，生データとして分析に使用した。

　インタビューの依頼にあたっては，第5章同様にX社，S社の担当者を通してインタビューの依頼をしたが，第5章の時点とは社内担当者が変更になっていたことから，返信については担当者を介さず，直接研究者に連絡をする方式を採用したことも協力者が減少した理由になっている。第2回目インタビューでは初回インタビューによる研究成果[3]をお礼状と共に同封し，その内容に興味があれば直接訪問して解説を行い，その際に最近の活躍をヒヤリングしたい，という趣旨の進め方にした。その理由は，パネル調査ではデータの脱落が最大の課題ではあるものの，質的調査ではデータの数以上にデータの質も重要であり，インタビュー協力者の研究に対する関心の高さがデータ品質の重要な要素となるためである。インタビュー対象者には設問項目の事前配布をしていないが，予め用意をした第2回目インタビュー・プロトコルは表6-2のとおりである。

3　山﨑京子（2013）「個人と組織の価値観が100％適合をしない意味の探求－顧客志向性価値観による適合の定性的研究から－」『経営行動科学学会第16回年次大会発表論文集』
　山﨑京子（2014）「顧客接点人材の顧客志向性価値観とその形成過程：個人と組織のfit研究の前提として」『日本商業学会第64回全国研究大会報告論集』

表6-2　定性パネル調査　第2回目インタビュー・プロトコル

1. 初回インタビュー当時のインタビュー記録を簡単に要約し，当日の状態を思い出してもらう。

2. 初回インタビューから現在までの組織の適合は，どのように変化をしたのか。（横軸に時間軸をおき，中心が適合，中心より上が優位不適合，中心より下が劣位不適合の曲線グラフを描いてもらう）

3. 初回インタビューから現在の間にどのような行動を取ったのか。

4. その行動を取った理由（動機，志向性，価値観など）は何か。

5. その行動によって，自分と組織との適合度のパーセンテージに変化があったか。現在の適合はどの程度か。

6. 初回インタビューから現在の間に組織にはどのような変化があったのか。

3. インタビュー分析結果：
不適合認知から生まれる3つの適応行動

　分析方法は，初回インタビューと2回目インタビューの内容を比較する形で行った。佐藤（2008）の事例－コード・マトリックス手法を応用して，文書セグメントごとにコーディングを行った。横軸には，①組織に対する適合／不適合の認知（初回／2回目），②行動（初回／2回目），③行動の動機，④認知，態度（初回／2回目），⑤組織変化，を設定した。縦軸は発言のテーマごとに分割して比較一覧を作成した。さらにテーマ（縦軸）ごとに焦点コーディングを行い，個人が4年間で経験したテーマが把握できるようにした。テーマ数は5名合わせて54件であった。

　次に，5名のインタビュー対象者間の比較ができるように概念コードの継続的比較法[4]を行い，その類似性ごとに概念コードの修正を行った。その結果，初回の不適合に対応する適応行動の動機には全員に共通して見られる概念が抽出できた。その概念とは，不適合という認知的不協和を解消するために試行錯誤しながら時間をかけて獲得した取り組み姿勢のようなものである

4　継続的比較法は，共通のテーマを含むと思われる複数のデータを相互に比較しながら，それらのデータにふさわしい概念コードのラベルを検討し，①コード間の比較，②文書セグメントとコードの比較，③文書セグメント間の比較，④複数の事例間の比較，を行う方法である（佐藤, 2008）。

図6-1　不適合による適応行動の分析フレームワーク

ため，「不協和解消の姿勢」という分析の枠組みを生成した。さらにその「不協和解消の姿勢」から，個人の態度や適応行動へという連続性を見出すことができた。今回のインタビューでは4年間という長期間を経たパネル調査のため，過去の不適合の内容に応じた「不協和解消の姿勢」を形成し，その内容に応じて態度[5]が作られ，適応行動が発生している，という流れが確認できた。こうして明らかになった不適合による適応行動のフレームワークは図6-1のようになる。

　このフレームワークを用いて，5名による54件のテーマ[6]について初回インタビュー時に不適合を認知してからの4年間の行動の経路を整理したところ，建設的行動ルート，熟達ルート，燃え尽きルートという3つのルート[7]に分類することができた。

　以下では，それぞれのルートの解説を順に行うが，以下の理由により第5章の記載方法とは変更を加えている。各ルートのストーリーは過去の不適合の内容から始まり，その後認知的不協和を解消する姿勢を形成し，それが態度，適応行動となり，現在の不適合の認知へという横軸の展開となる。不協和を解消する姿勢を軸に展開される態度や適応行動は複数あるので，第5章より読みにくくなる。そこで，全体のストーリーラインを最初に示した後に，分析結果の相互関係性が概観できる概念定義一覧を先に掲載し，最後に個々のインタビュー・データの解説を交えた詳細分析を記述している。な

5　「態度」は社会心理学や組織行動論において態度は重要な概念である。唐沢（2005）は，研究者によって異なる定義の中でもAllport, G.W.（1935）に依拠して，経験によって体制化された，生活体の反応準備状態であり，一定の動作や行動を実現し，かつ方向づけと調整をするものであると説明している（p.69）。本研究で用いるフレームワーク上の態度は，適応行動の準備状態となる思考，姿勢，意識，信念などを包括した意味として用いている。不協和解消の姿勢も厳密には態度に含まれるが，より過去の不適合の解消を目的とした概念にするために態度とは異なる扱いをしている。

6　5名のサンプル数では個人ごとの分析ではデータ数が不充分となる。また，1名のナラティブのなかには複数のテーマが含まれるため，テーマを分析単位とした。

7　「ルート」という名称を用いた理由は，不適合の認知から行動につながる経路を意味しているからである。

お，概念の表記の際には，ストーリーラインが分析結果に基づいたものであることが分かるように概念名を以下の記号によって示す。第5章で概念化した初回インタビュー時の不適合の概念名を【 】内に，不協和を解消する姿勢を【【 】】内に，態度を《 》内に，適応行動を〈 〉内に，そして現在の不適合を ｜ ｜ 内に示している。

3.1. 建設的行動ルート

3.1.1. ストーリーライン

　建設的行動ルートでは，優位不適合による認知的不協和の解消のために，個人は組織に対して外部環境への適応を促す行動を起こす。こうした組織を外部環境に適応させて自らの不適合を適合へと向かわせようとする適応行動により，個人の組織に対する不適合の認知は解消方向に進む。だが，組織の外部環境への適応をより進めるために，自ら新たな不適合を見出し，適応行動を継続させる。この建設的行動ルートは，先行研究による発言（Hirschman, 1970）に最も近いが，発言という用語では長期間をかけた適応行動がイメージしにくいため，建設的行動というラベルにした。

　分析結果によるストーリーラインは次のとおりである。初回インタビューの際に発見できた優位不適合における概念は，第5章で確認をしたように【二律背反無理解への葛藤】，【社内体制不備への鬱憤】，そして【創造性とサービス変革】の3点であり，それぞれの不適合について建設的行動ルートでは認知的不協和を解消する姿勢が形成され，その姿勢が態度や適応行動へと連続していた。

　1点目の不適合であった【二律背反無理解への葛藤】という不協和に対しては，【【二律背反の方程式を解く】】という姿勢を形成することで，一貫性のある態度や適応行動が取れるようになる。これまで解けなかった方程式は顧客志向との両立が困難な販売志向を組織から要求されたときの葛藤であったが，自分が従業員満足に注力すれば顧客満足をもたらし，最終的に売上成果を出せる，という連鎖に気付くことで方程式が解ける。よって，この【【二律背反の方程式を解く】】姿勢から導かれる態度や適応行動は従業員満足に向かう。そこで，従業員の多様性をうまく引き出して顧客の多様性にも対応

しようとする《多様性の活用》，関係者からの多様な声が上がることが重要
だと考える《発言の重視》，部下が働きやすい環境を整える《部下は社内顧
客》，という3つの態度が形成され，次の4つの適応行動へと繋がる。それ
らは，部下の〈個性を活かした育成〉を通してチームの多様性を伸ばしつ
つ，〈発言を引き出す〉働きかけを行い，〈社内顧客を重視する指導〉によっ
て社内価値連鎖を促し，〈組織メッセージの翻訳〉によって組織からの命令
を部下が理解しやすいような表現に変えるという適応行動である。

　こうした適応行動は個人の認知的不協和の解消方向に役立つが，外部環境
への適応を進めるために新たな不適合を認知することになる。こうした｛二
律背反の解消と次の不適合｝が発生するため，結果的に組織との不適合は完
全には解消しない。

　2点目の不適合概念であった【社内体制不備への鬱憤】に対しては，不満
だと感じたことを組織に対して安易に発言をするだけでは本質的な問題解決
にはつながらないと考え，まずは自身の発言の効果性をあげるために【【発
言力のために実績を積む】】という姿勢を形成している。これが動機付けと
なり，顧客要求に対する《組織の不適応に着目》し，安定した成果を出すた
めに自分の《役割の再定義》をするという2つの態度が形成される。この2
つの態度から発生する4つの行動が，〈社内水準より顧客水準の接客〉〈管掌
部門の顧客満足向上〉〈発言表現の工夫〉〈顧客満足と予算達成の両立〉であ
る。組織全体の変革のような大きなチャレンジではないが，管掌部門の顧客
志向性を高めることで周囲から一目置かれるような存在になり，実績に裏付
けされた発言力を得ようとする。

　この適応行動は組織全体ではなくても，その一部の外部環境への適応を促
すことに貢献するため，組織との不適合が一旦解消方向に向かうが，｛理想
の接客への接近｝によって，不適合は完全には解消しない。

　3点目の不適合概念である【創造性とサービス変革】は，現状維持を否定
したサービス変革が目的なので，認知的不協和の解消ではなく，直接的な態
度として組織に《自発的変革》を働きかけようとする。そして，所属組織の
枠を超えて〈危機感を共有する仲間と改革活動〉を共に行い，そうした活動
を通して〈影響力のある仕事を獲得〉する機会を作り出すという2つの適応

表6-3 建設的行動ルートの概念定義一覧

過去の不適合	不協和解消の姿勢	態度	(建設的)行動	現在の不適合
1. 二律背反へ無理解への葛藤 顧客志向との両立が難しい販売志向や組織志向を組織から要求されたときのダブルバインドの苦悩を、組織が理解しないことに苛立つ状態。	1. 二律背反の方程式を解く 顧客志向との両立が困難な販売志向や組織志向とのダブルバインドに組織が理解を示そうとしないので、個人で二律背反の苦着を解こうとする姿勢。具体的には、従業員満足に注力すれば、顧客満足と成果を獲得することができ、長期的な成果を導くことができる、という連続性を見出そうとである。	1. 多様性の活用 顧客満足とは、画一的なサービスの提供ではなく、顧客の多様性に応えることであり、そのためには従業員の多様性を活かすことが重要と考える。 2. 発言の重視 顧客満足のためには組織からの一方的な指示に従うのではなく、関係者の意見を取り入れることを重視する。多様な意見が必要であり、また発言の多様性を示すことができ、それがより良い顧客サービスにつながると考える。 3. 部下は社内顧客 部下の成長や安定的な職場環境の提供が自分の役割であると考え、部下を社内顧客として位置付けることで、間接的に顧客満足の向上を意識する。	1. 個性を活かした育成 部下一人ひとりの個性を尊重しながらプロフェッショナルへと昇華させる育成をする。 2. 発言を引き出す 部下の発言を促し、意見を吸い上げようとする。 3. 社内顧客を重視する指導 組織内の仕事は連鎖しているので、関連部門の協力に感謝する意識を部下に指導する。 4. 組織メッセージの翻訳 会社の方針が、現場の意識とのギャップが発生しそうな場面で、現場の要望水準を受け入れやすい解釈を加えて説明する。	1. 二律背反の解消と次の不適合 当初の不適合は解決されるが、顧客志向を追求する組織としてのこの不適合が十分に気付き、新たな不適合を認知する。
2. 社内体制不備への鬱憤 社内体制の不備の不徹底により顧客接点の現場が振り回され、顧客に迷惑がかかることに無頓着な組織に苛立つ状態。	2. 発言力のために実績を積む 組織の問題を解決するためには、短期的には発言を控えて成果を出し、自分の発言力の現場の声を活かし、自分の実績を積む姿勢。発言力によって自身の発言の裏付けを示そうとする。	4. 組織の不適合に着目 常に顧客の立場で物事を考え、顧客要求に対して組織が適切でない点についていない。 5. 役割の再定義 自分の立場で役割を考え直し、その役割を最大限に活かして顧客満足につなげようとして自分の軸をしっかり持つことを意識する。 6. 自発的変革 組織の顧客志向を高めるために、組織に対して変革を働きかけようとする。	5. 社内水準より顧客水準の接客 社内で通用している水準レベルに合わせるのではなく、顧客の要望水準に合わせた接客を行う。 6. 管轄内の顧客満足向上 組織全体の変革に声を上げるのではなく、自分の管掌する責任範囲のなかで顧客満足に向けて最大限の努力をする。 7. 発言表現の工夫 発言の際に自分の意見が通りやすいように、上司や同僚が受け入れられやすいような表現方法に工夫を凝らす。 8. 顧客満足と予算達成の両立 当初は二律背反に思えていた、顧客満足と予算の達成を両立させる。	2. 理想の接客への接近 顧客満足と実績が両立に近づき、接客の在り方が理想の顧客満足に近づく。組織との不適合は高める努力をする。組織との不適合は完全には解消しない。
3. 創造性とサービス変更 顧客の事前期待を上回るサービス提供をするために、差別化を避けて、顧客の個性に合わせた創造性とサービスの変更の必要性を認識している状態。			9. 危機感を共有する仲間と改革活動 組織との不適合を解消する仲間を一人で実践するのではなく、同志を集めて組織への影響力を大きくしようとする。 10. 影響力のある仕事の獲得 組織の中での仕事の改革を見つけて、影響力のある仕事に着手しようとする。	3. 意図的な不適合の発見 建設的行動によって不適合が解消の方向に向かっていったとしても、まだ解決されていない領域を見つけて、組織との不適合に着手しようとする。

124

行動を見出した。組織との不適合については，ここでも ｜意図的な不適合の発見｜ をするため完全に解消することはない。

　建設的行動ルートでは個人の適応行動によって組織との適合に一旦は向かうのだが，新たな不適合を見出す点に特徴がある。それでも，建設的な適応行動は，部下の顧客志向性を育み，管掌部門の顧客満足を高めることで，組織全体の顧客志向性を高めることに貢献している。

　以上の，建設的行動ルートにおける概念定義一覧を表6-3に示す。

3.1.2. 分析

　建設的行動ルートにおける，初回インタビュー時（過去）の不適合は第5章で示したとおり【1. 二律背反無理解への葛藤】，【2. 社内体制不備への鬱憤】，そして【3. 創造性とサービス変革】，であった。以下は，過去の不適合の内容に応じた，認知的不協和を解消する姿勢，態度，適応行動，そして現在の不適合を紐付けて，インタビュー対象者のコメントを参照しながら解説をする。

(1) ● 過去の不適合 1：二律背反無理解への葛藤

　第5章では【二律背反無理解への葛藤】について，顧客志向との両立が難しい販売志向や組織志向を組織から要求されたときのダブルバインドの苦悩を，組織が理解しないことに苛立つ状態，と定義した。以下では具体的には販売志向，従業員満足についての言及の事例をあげる。

　X 社 J 氏が指摘しているのは，顧客志向と販売志向との狭間での葛藤である。Saxe & Weitz（1982）が SOCO（sales orientation – customer orientation）によって対立概念として測定している通り，顧客接点の現場では顧客志向と販売志向は両立の難しい問題として認識されている。

　　会社の価値観っていうことになると，まあ，やはり，効率と数字。まあ，成績かと思うんですよ。売上ですとか，それを追求していこう，その人自身の，成績の評価にもなるかと思うんで。それとやはり顧客性志向っていうのは，お客様の満足度。ゆっくり，ゆったり話すのが満足していただけるとい

うのであれば，やはり効率と，その，<u>成績っていうのは相反していく部分が</u>高いかなというので，まだそこを適合させる方法っていうのは，まだ分からないですね，僕の中では。

（X社J氏）

X社K氏は自動車のアフターセールス部門なので，自動車修理は顧客にとって常に緊急を要することが多く，勤務時間外はもとより，休日出勤も日常的な勤務状態で顧客にサービスを提供することは，Win-Lose の関係性になるという矛盾を指摘している。

　　顧客満足前提に，じゃ，何でもしていいかっていうと，やっぱり駄目なんですよね。労基（労働基準法）にも触れちゃいますけど，お客様に連絡の取れる時間帯であったり，曜日であったりっていうのが，車を預けてる間に，ずっと家で待っててくれればいいんですけど，そういうわけじゃないので。連絡の取れる時間帯とか，仕事中に会社にかけるのがいい方もいれば，駄目な方もいるので，そうなるとどうしても自宅に帰ってくる時間帯と思って，9時とか。そんな時間になったときに，僕なんか，遅い時間に話をするとか，「9時10時じゃないと家にいないんで，それから車，取りに来てくれ」って言われても，別に全然，嫌じゃないんで，それは動くんですけど，会社としては，それがやっぱり残業になって，（会社から）残業は駄目よと。〔中略〕顧客満足前提になると，いわゆる従業員のライフスタイルというか，ワークライフのバランスが崩れていくということの矛盾をはらんでるっていう。顧客満足ということをする。特に日本的な「お客様は神様です」的な顧客満足。<u>いつでも24時間体制で何でもという意味合いでの顧客満足は，実際，企業として成り立たなくなってくんじゃないかな</u>。

（X社K氏）

　彼らの葛藤は，売上志向と顧客志向，従業員満足と顧客満足などの相対する概念の両立を組織から求められたときに，論理的矛盾そのものへの疑問以上に，組織がこの葛藤処理について考慮していない，あるいは対応を取っていないことが，組織が本気で顧客志向を目指しているのかという疑問を感じ，組織への不適合を認知する背景となる。こうした優位不適合を認知した個人は，4年間のうちに不協和を解消する姿勢を形成していた。

● 不協和解消の姿勢 1：二律背反の方程式を解く

【二律背反の方程式を解く】とは，これまで二律背反に見えた要素間の関係性を解きほぐして，要素間が背反することなく，すべてが満たされる連続性を考え出すことである。具体的には，従業員満足，顧客満足，そして成果をつなぐことであり，組織が示さない二律背反の方程式を個人が解こうとする姿勢を示している。

X 社 J 氏は従業員満足と顧客満足と売上の相反と折り合いについて言及しており，X 社 L 氏は部下，顧客，売上，そして自分への評価という循環について語っている。

> アドバイザーのときの理想っていうのは売上と顧客満足度っていう，その 2 つだけなんですけど，それもあげるためにはいろんな要因が絡んできますけど，（マネージャーとなった）今は ES というような言葉で従業員満足度っていうのがあるんですけど，やはり働いてて良かったねというところまで踏み込んでいかないと，マネージャーっていうの，会社というか，は良くないかと思います。「ES と CS は両輪で上がっていくものだぞ」というお言葉も，他のマネージャーからとか上司からも聞いたこともありますので，従業員が満足してればお客様も当然 CS も上がっていくだろうというところで，お客様側に向けるものと，従業員側に向けるものと，これも相反しますよね。労働時間を短くして営業時間を短くすれば，早く帰れるから従業員は早く帰れて良かったね，ですけど売上は上がらないし，そこは相反するものなので，そこも折り合いをつけながらっていう，また課題が高くなってますけど。
>
> （X 社 J 氏）

> 僕にしたら，汚い言い方したら一石二鳥なんですよ。（部下が）頑張る，（顧客に）褒められる，（売上取れて）僕も株上がる，みんなも褒められるから喜ぶ，動機付け上がる，またうまいこといくっていう，好循環にはつながりますよね。
>
> （X 社 L 氏）

サービス・プロフィット・チェーン（Heskett et al., 1997）ではこの方程式を，職務満足の高さが離職率を抑制し，生産性を高め，顧客に提供する価値品質を高め，そして顧客ロイヤリティと企業収益へとつながる理論的パス

を証明しているが，優位不適合人材は理論ではなく自らの仕事環境における学習によって，具体的にこの二律背反への対処方法を導き出している。こうした【二律背反の方程式を解く】姿勢から導かれるのは，以下の態度1，2，3である。

● 態度1：多様性の活用

　不協和の方程式が解けたことで，多様な顧客ニーズを満たすためには画一的なサービスではなく，従業員一人ひとりの個性を活かしたほうが相乗効果になる，という考えにたどり着く。これが，《多様性の活用》の態度である。顧客との会話の機会が多いビジネスモデル，特に高級商材では，顧客は顧客接点人材に対して「マニュアル通りの接客」よりも，「従業員の個性を含めた接客」を要求することが多い。つまり，顧客満足とは画一的なサービスの提供ではなく，顧客の多様性に応えられるような従業員の個性を育み，その多様性を活用することが重要，という態度を4年間のうちに形成している。

　X社J氏は部下の「らしさ」を重視し，S社G氏は「一人ひとりの接客スタイルが違うように考え方も違う」ことを活かそうとしている。

> 　今までは（お客様から部下に対して）マイナスの意見しかなかったのが徐々にそういう意見（良い評価）が出てくるっていうのは，彼（部下）の「らしさ」が伝わるお客様には，きちっと伝わったと。〔中略〕そこ（多様な人材を活かす）の力がないとそこ（顧客満足）に行けないですよね，高い目標というか，高みというか。そういう力をつける努力をし続けるというか，取り組み続けるというか。
>
> （X社J氏）

> 　上だけの考え方で動いてても，なんか何も変わらないじゃないですか，全く進化もなければ。なんかそんな時代でもないので，やっぱり一人ひとりで接客のスタイルも違うように，一人ひとり多分考え方も違うので，なんかすごく私，純粋に聞きたいなと思っちゃうんですよ，チーム力うんぬん以外でも。ああ，こういうこと考えてるんだったりとか，そういうのがすごく知りたいと思っちゃいます。
>
> （S社G氏）

　従業員の多様性と顧客の多様性をつなげるという発想が，顧客接点人材が経験によって形成してきた態度だといえよう。

● 態度 2：発言の重視
　《発言の重視》とは，顧客満足のためには組織からの一方的な指示に従うだけではなく，より多くの関係者の意見を取り入れることを重視する態度である。
　S 社 G 氏は新しい発想のために若手の意見が重要だと考え，S 社 E 氏は発言が個人の主体性を促すと述べている。

> 　一番は，やっぱり下の子から意見を言ってもらうっていうことが，私の中ですごく大事なことなので，そこはすごいいってます。店長とか，サブだけじゃなくて，やっぱりその今の時代，私なんかやっぱそういう年齢なので，もう昔の時代の（考え）しかないじゃないですか。なかなかその<u>新しい発想がないので，やっぱり下の子の意見ってすごく重要だと思ってるので</u>，それが言えるような環境作りを自分はしたいと思ってるんです。それって，もしかするとチーム力だったりとかにもつながるし，でも，お店の中でチーム力が高いだったりとか，コミュニケーションだったりっていう，私，そこがすごく大事だと思ってるので，やっぱりそれができてるお店って売上が取れてる店だと思うんですよ。
>
> （S 社 G 氏）

> 　（意見が）採用されるかどうかは別としても，（自分の意見が自由に）言える環境だったりとか，みんながそれぞれ，<u>やらされてるんじゃなくて自分たちでやってるって思える環境</u>。私は多分，それでも文句言いながらやってるのは，自分の采配がすごく大きいので，よその店舗よりも，圧倒的に。なので，私は満足しているんですね。それをみんなが味わえる環境に少なからずなるんじゃないかなって思います。
>
> （S 社 E 氏）

　これらのコメントが示唆しているのは，1 点目に顧客の多様性に応えるためにはサービスの提供側にも多様な意見が必要，ということ，そして 2 点目に発言ができる環境は従業員満足を促し，それがより良い顧客サービスにつ

ながる，ということである。従業員満足については，直接的に「部下の働き
やすさ」をあげているのが下記である。

● 態度3：部下は社内顧客

《部下は社内顧客》とは，部下の成長や安定的な職場環境の提供が自分の
役割であると考えることである。部下を自身の社内顧客として位置付けて，
間接的に顧客満足の向上に貢献することを意識している。

X社J氏とX社L氏は直接的に部下の重要性を語っている。S社G氏は，
人件費を極限まで削ることで現存の社員が疲弊して退職したら，顧客にも組
織にもダメージが発生するので，既存社員の働きやすさを考えるべきだと主
張している。

> 自分の成長よりは，もうスタッフというか部下の成長のほうが必要だと思っ
> てやってますというとこですね。
>
> （X社J氏）

> 今，僕にとってのお客さんは，みんな（部下）なんで。しかも，（マネー
> ジャーになって）生産性をなくしたんですよ，僕は。ということは，生産性
> を持たすのは彼らであって。そう思うと，そうしないと，自分自身も。自分
> 自身の生産性をみんなに委ねたので。
>
> （X社L氏）

> 考え方によっては今ぎりぎりの体制でどこも人数をやっていて，（組織の立
> 場も）もちろん分かりますよ。利益だったりとか，人件費っていうのは分か
> るけども，じゃ，もし1人本当に辞めるってなったときに，また，（新たな人
> 材採用に）面接をしてお金がかかることで，それって逆にどうなの。なんか
> この先をもうちょっと見据えた動きはできないのっていうふうに，私はちょっ
> と考えちゃうんです。
>
> （S社G氏）

以上の3つの態度は，初回インタビューから4年が経過してインタビュー
対象者がマネージャーとなり，部下を社内顧客として位置付けることで間接

的に顧客満足の向上を意識するようになっている点が共通している。これらの態度がもたらした建設的な行動が，次の適応行動 1，2，3，4 である。

●適応行動 1：個性を活かした育成

〈個性を活かした育成〉とは，部下一人ひとりの個性を尊重しながらプロフェッショナルへと昇華させる育成をすることである。

X 社 J 氏は，個人をマニュアル接客に押し込めるのではなく，個人が持つ個性を見極めて「爆発力」に変える指導を行っている。これは，従業員満足のためだけではなく，多様な顧客の価値観に対応できるような顧客満足の視点でもあることはすでに言及している。

> 今，多様性といわれますから，多様な人材をどういうふうに能力をあげて使っていくかっていうのは，見極めも必要なんですけども爆発力というか，そういうのに変わるのかなと。「できなかったあんなやつが，こんなになったの？」って多いと思うんですよ。そういうのって，ほんとの力というか，その人の力ですよね。

> （X 社 J 氏）

顧客接点人材の社会的スキルと顧客ニーズに応えようとする動機付けが，顧客満足と顧客コミットメントに強く影響し，その結果顧客の安定した引き留めにつながる（Hennig-Thurau, 2004）ことを実務的に熟知している J 氏は，それを部下育成に活かしているといえよう。

●適応行動 2：発言を引き出す

〈発言を引き出す〉とは，部下が意見を出しやすいように指示命令型ではなく，ファシリテーション型で多様な意見を引き出す工夫をしながら，部下の発言を促し，意見を吸い上げようとする行動である。部下の意見を引き出す目的は，態度 2《発言の重視》でも言及したように，顧客の多様性への対応と従業員満足である。X 社 L 氏は自分が「アホになって」部下を盛り上げ，S 社 G 氏は「みんなで話し合って」本社への提案書をまとめている。

　　はい，（部下が）言える環境を作ってやるのが大事ですね。人それぞれだと
　思うんですけど，その言える環境の作り方っていうのは。僕はもう普段から
　タッチングをしてますね，みんなのやっぱり近くに寄ってしゃべって。基本
　的には，アホになっています，みんなの前で。しゃべりやすい環境を作って，
　メリハリをつけて，しゃべるときはきりっとしゃべりますし。

（X社L氏）

　　やっぱ路面（店舗）って何もないので，販促も，じゃ，路面対策っていう
　ところで，それもみんなで話し合って10項目くらい，こういうのやって，こ
　ういうのやってほしいっていうのを投げかけて，それが今日半分以上できて
　るんですよ。

（S社G氏）

　L氏やG氏の「発言を引き出す」行動は，リーダーがインプットへの開放
性を見せて（Detert & Burris, 2007），上司と部下の関係性（LMX; leader-
member exchange）の状態が良いときに（Botero & Van Dyne, 2009; Liu et
al., 2010; Van Dyne et al., 2008），部下の向社会的で非公式の発言が活性化す
るという研究成果を支持する行動だといえる。

● 適応行動3：社内顧客を重視する指導
　〈社内顧客を重視する指導〉とは，組織内の仕事は連鎖しているので，関
連部門に感謝する意識の重要性を部下に指導することである。
　X社L氏は，顧客満足は顧客接点人材のサービス品質だけで成り立つの
ではなく，組織内の支援人材からの仕事の価値連鎖であることを教えるため
に，日常的に関連部門に「ありがとう」を伝える行動を促している。

　　社内顧客ですね。確かに，この辺からずっと，社内顧客に対してのことは
　ずっというてたんです。例えばセクションが違っても「セクションが違う人
　間こそが，あなたのお客さんや」と。〔中略〕じゃあ「アドバイザー，ちゃん
　とありがとうといいなさい」と。逆に「メカニックはいつも部品を出してく
　れるパーツマンにありがとうといいなさい」と。ということは「みんな，お
　客さんなんですよ」と。

（X社L氏）

● 適応行動 4：組織メッセージの翻訳

〈組織メッセージの翻訳〉とは，会社の方針伝達の際に，現場の意識とのギャップが発生しそうな場面で，現場が受け入れやすいように，自らの解釈を入れて説明をすることである。

X 社 L 氏は，自分がマネージャーになったことで会社の方針が理解でき，組織に適合するようになったかといえば，その逆であると，と答えている。その理由は，自分は組織のことが以前より理解できるようになったが，そのまま伝達すると部下が不適合になることが容易に想像できるからだという。そこで L 氏は，部下が大きな不適合を認知しないように，組織のメッセージをうまく翻訳して伝えることを日常的に行っていた。

　　マネージャーになってから思うたんは，（自分が経営に近くなると組織に適合するようになるとは）逆ですよ。会社がいうてきた，トップから下りてきたものをトップダウンするときに，会社のいうてることとみんなが思うてることは，かなりギャップがあることが多いんですよね。〔中略〕
　　（会社の方針に対してマネージャーになったことで）納得しやすくなった反面，「（会社に対しては）そうじゃないやろ」っていうことも分かるようになったので。だから，かみやすいんでしょうね，みんなに渡すときに。〔中略〕
　　仕事のやり方 1 つでも，会社は A というやり方でやりなさいと。でも実際，現場から見れば B というやり方のほうがやりやすいと。じゃ，これを A と伝えると，そこでギャップが生まれて，みんなが，がっとモチベーションが下がってしまう。それをやっぱり，僕でちょっと B プラスのようなものに変えてっていうことは常日頃やってるような気はします。

　　　　　　　　　　　　　　　　　　　　　　　　　　　　（X 社 L 氏）

以上が，初回インタビュー時の不適合に【二律背反無理解への葛藤】をあげた 4 年後の適応行動と，その行動を促した姿勢や態度である。二律背反はサービスを提供する場では日常的に発生する問題だが，優位不適合人材はこの矛盾を解くために，従業員満足から始める，という姿勢を身につけていた。そして，部下への関わり方や育成という適応行動によって認知的不協和を解消しようとしていることが分かった。

こうした建設的な適応行動は，単に個人の内的な不協和を解消しているだ

けではなく，部下や周囲への働きかけによって組織の顧客志向性の水準を高めることに貢献している。言い換えると，個人の適応行動が，組織の外部環境への適応を促している，と理解することができるだろう。では，この個人の適応行動によって，個人と組織の適合はどのように変化したのだろうか。

● 現在の不適合１：二律背反の解消と次の不適合

　当初の不適合は解決されるが，組織の水準をさらに高めるために新たな不適合に気付くようになるため，｜二律背反の解消と次の不適合｜という概念にした。

　X社のJ氏は，会社の顧客志向性が高いとは思わない，と述べているので，個人にとってはまだ不十分な優位不適合であるといえる。X社L氏は，顧客満足の追求は競争社会では当然なことだが，従業員満足が置き去りになっていないか，という疑問を持つ。

　　　（会社の顧客志向は高いと）思わないですね。思わないです。要は，普通のことだと思うんですよ，会社側がいわれてるっていうことは。

（X社J氏）

　　　会社とのギャップは大きいですね，今でもやっぱり。社員の扱いに対する。今は多分どこの企業でもCS，CSというて，会社が求めてるものと僕らがやるべきことは多分似通っているとは思うんですよ。確かに若干，理想論的なところも会社は求めてくるんですけども，いやいや，そこは現実のギャップあるでしょ？っていう話はあるんですけど，多分，今，どこの企業でもそういった取り組みは盛んに行われてると思いますし，もちろん，CSのない企業に将来はないと思います。思いますけども，その一方で，そこばっかりを追い詰めすぎて，ES的なところは若干置き去りになってる感があるんですよね。

（X社L氏）

　こうした事例からは，【二律背反無理解への葛藤】から生まれた建設的な適応行動の結果は，一旦は組織との適合の方向に進みながらも，次の不適合を見出すことで完全には解消しないことが分かる。

　では，次に初回で見出された過去の不適合の2つ目である【社内体制不備への鬱憤】について解説する。

(2) ●過去の不適合2：社内体制不備への鬱憤

　第5章では【社内体制不備への鬱憤】の定義を，社内体制の不備や不徹底により，顧客接点の現場が振り回され，顧客に迷惑がかかることに無頓着な組織に苛立つ状態，とした。顧客満足の経営を組織が本気で目指すのであれば，それを達成できるような社内の仕組みやプロセスを構築すべきなのに，それが不十分だと感じることによる組織への優位不適合である。第5章で解説した具体的な事例は，日本で販売しない商品を本社部門が雑誌に掲載したことで顧客を失望させてしまったことや，新サービスを受注したら受け入れ態勢が整っておらず顧客を待たせた，というような事例であった。

　また，次のX社のK氏が指摘しているのは，顧客へのフォローアップの電話は，電話を望まない顧客にとっては迷惑なのに，組織方針として強制するのは真の顧客満足の体制とはいえない，という主張である。

> 　何ていうの。個々のお客様によって，それ（顧客フォローの電話をするという絶対的な会社の指示）って違うと思うんですよね。同じことを隣の人もされたらうれしいかっていうと，そうでもないかもしれないですし。何ていうんだろう。会社で本当にベクトルじゃないけど，方向性だけ決めてくれればいいんだろうと思うんですけど。事細かく，電話しろとか。苦手なんです。
> 　　　　　　　　　　　　　　　　　　　　　　　　　　　　　　　（X社K氏）

　こうした【社内体制不備への鬱憤】という不協和を解消する姿勢として生成された概念が，組織に対して自分の意見や発言を通すために，まずは実績を積み，組織に認められるようにすること，というものであった。

●不協和解消の姿勢2：発言力のために実績を積む

　【発言力のために実績を積む】とは，組織の問題を解決するためには，短期的には発言を控えて周囲が納得する実績と成果を出し，自分の発言力を高めようとする姿勢である。そして，その実績によって自身の発言の裏付け

を示そうとする。なぜ短期的な発言を控えるのかといえば，個人の発言は組織への批判や愚痴と受け取られ，提案を聞き入れてもらえないリスクがあるからである。そこで，実績者の発言なら認められるだろうと考え，何より実績で証明することが自身の発言力を高めることになると考えるのである。

S社E氏は自分が周囲に認められるような振る舞いや売上の必要性を意識しており，X社J氏は個人の意見というよりは店舗を代表した意見をいえるような実績作りに言及している。

> みんながある程度「じゃあ，この人ならしょうがないね，ここ（店長会）にいても」っていうことを理解してもらうことも大事だと思ったので，一番店（最も高い売上が期待されている店）が崩れたらブランドは死ぬと私は思っているので，ある程度店長たちには認めてもらえる振る舞いだったりとか，売上のとり方だったりとか，そういうことが必要なんじゃないかなと思ってやっていました。
>
> (S社E氏)

> 結果としてでしか，何ていうんでしょう，お店の雰囲気だったり数字だったりっていうものは残せない。（顧客志向性の高い店になるまでには）一定期間時間がかかりますので，部下たちの成長の度合いもそうでしょうし。そこの部分で「お前の店はどうなんだ？」「うちの店の意見，こうです，ああです」っていう，その具体的な部分は私個人の話になりますから，今お店だったり会社だったりっていうところで声を出すっていうのでいくと，全体の色がいい色にならないと駄目なのかなという。
>
> (X社J氏)

発言の有用性に関する研究では，職場内で自分に影響力があると認知しているときに，個人はプロセス改善に焦点を当てた非公式[8]な発言をする（Venkataramani & Tangirala, 2010）とされている。【社内体制不備への鬱憤】という不適合の認知的不協和の解消に努めるために，組織内での影響力を実績によって高めるという姿勢は態度4，5へとつながる。

---

8 非公式な発言とは，直接的な発言ともいわれ，従業員が職場内の他のメンバーとの双方向コミュニケーションを通して変革をもたらそうという行為であり，問題が拡大化する前に安定的な解決方法を促進させるアプローチである。対比されるのが，正式な発言，もしくは代表的発言であり，組織外の第三者機関や手続きを用いる行為で，紛争へと発展する可能性がある（Luchak, 2003）。

● 態度 4：組織の不適応に着目

《組織の不適応に着目》とは，常に顧客の立場で物事を考え，顧客要求に対して組織が適応できていない点に着目をしようとする態度である。

S社E氏は，顧客目線から組織の不備に気付こうとしている。常に顧客の目線で捉える姿勢は，顧客志向性価値観の定義である「個人が，顧客満足のために誠意を尽くして顧客価値を提供し，顧客から長期的な信頼を得ようとする態度や信念」を体現したものでもある。

> よくスーパーバイザーとか販売部と（組織対応の改善点について）話していると，基本的に「いつもお客様だよね」みたいな。〔中略〕「基本的にいつもお客様っていうところを軸にして話してる」って（組織側の人から）いわれるんで，私は一本絶対変わらないんだと思います。
>
> （S社E氏）

Donaldson（2001）は，組織が外部環境と不適合になったときに適合回復への構造的適応が発生すると論じたが，この事例では個人が外部環境との適合回復の感度を高め，適応行動へとつなげようとしている。

● 態度 5：役割の再定義

《役割の再定義》とは，実績を出すために自分に与えられた役割や立場を改めて考え，その役割を最大限活かして実績につなげようとする態度である。

X社J氏もX社L氏も，初回インタビューから4年後にはマネージャーに昇進していたが，管理職としての自身の役割を再定義している。また，二律背反の場面が多い顧客接点の現場で即座に判断を下すために，ぶれない軸を持つことを意識している。

> マネージャーという仕事はもう自由だと思うんです。さぼろうと思えばさぼれますし，頑張ろうと思えば果てしなく頑張れるかと思うので，そこの部分では自由度は非常に大きいというとこからすると，逆にしっかりしないとすぐ脱線してしまうのかなという，そういうふうに思ってます。
>
> （X社J氏）

　　　直接（部下の）意見を聞いて「はい，じゃあ上にいいますよ」では，マネー
　　ジャーはもう駄目やと思うんです。まず自分自身で解決できるところ，提案
　　できるところは，その場ですぐ解決してあげる。自分のうちのなかでできる
　　範囲はしてあげるっていうのが，（上と下を）つなげていくよりも，まずそっ
　　ちが大事やなと今は感じます。

（X社L氏）

　これらの態度4，5から導き出される建設的な行動は，適応行動5，6，7，
8である。

● 適応行動５：社内水準より顧客水準の接客

　〈社内水準より顧客水準の接客〉とは，社内で通用している水準では満足
せず，顧客の要望水準に合わせて顧客満足を獲得しようとする行動である。
顧客志向の高い個人の水準は，組織水準ではなく，顧客の要望水準に合わせ
ている。顧客は自分の事前期待を上回るサービスを顧客接点人材に期待する
ため，リピート客になるほど事前期待はあがってゆく。組織にはすべての顧
客の個別の要求を把握できないが，顧客接点人材個人は個別の顧客要求を把
握している。
　X社のK氏やJ氏は，顧客からの要求水準を自分自身のみならず，周囲
に対する指導にも適用している。

　　　社内では小うるさいと思われていますよ。でも，お客様側との目線を，そ
　　の角度のまま組織に向ければ，社内では厳しい，うるさいとなりますよね。
　　でも，それがお客様満足になります。

（X社K氏）

　　　そこ（顧客の要求レベルに合わせる）に頼らないとやっていけないのかなっ
　　ていう，僕なりの（部下への）教え方です。

（X社J氏）

● 適応行動６：管掌部門の顧客満足向上

　〈管掌部門の顧客満足向上〉とは，組織全体の変革に声をあげるのではな

く，自分の管掌する責任範囲のなかで顧客満足に向けて最大限の努力をするという行動である。もともとの不適合が社内体制不備への鬱憤だったにもかかわらず，適応行動が組織全体ではなく管掌部門に留まる理由は，【発言力のために実績を積む】姿勢に戻る。管掌部門の実績が上がることは，自身の顧客志向性の高さを実証することになるので，管掌部門の実績そのものが発言力になる，という考えからの適応行動になる。

　X社J氏は店長として自店舗の目標達成が組織へのメッセージになると考えて実践している。またS社のG氏の場合は，中央集権的な方法より管轄地方都市での顧客満足を優先している。

　　（自店舗の）高い目標だったり，CSをあげるっていうこともだったり，どんどんどんどん考え方や行動を指導したりアプローチしたりすることで，結果，お店としての声がお客様に伝わるし会社にも伝わるっていうふうなやり方です。

（X社J氏）

　　ちょっとそこ（東京）にはもう地方からは行きません。行かない代わりに，特に（自分が管轄する）地方都市をメインで口頭の受注会をやってくれ，多分そっちのほうが数字も取れるし，たくさんのお客さんから喜んでもらえるはずだから，それをちょっとお願いしたいっていうところで，今年8月に実行できるんですけど。そういうこととか，そういうところはなんかすごい声をあげていきたいなっていうのは。

（S社G氏）

● 適応行動 7：発言表現の工夫

　〈発言表現の工夫〉とは，発言の際に自分の意見が通りやすいように，上司や同僚が受け入れられやすいような表現方法に工夫を凝らす行動である。

　S社E氏は同僚の店長が賛同する説明方法に，S社G氏は会社への批判を提案に変えるといった工夫により，組織内での発言の表現には細心の注意を払っている様子がうかがわれる。こうした工夫が欠けると，配慮的発言ではなく，攻撃的発言（Hagedoorn et al., 1999）になると思われる。

　　周りの店長の気持ちっていうのが絶対にあるので，そこは逆なでしてもしょうがないので，結構言うの大変だったなっていう気はするんです。特に大型店の気持ちと中小規模店の気持ちって違ったりすると思うので，そっちの気持ちが特に嫌になっちゃわないように，うまくみんなが「そうだよね」っていえるようにいったつもりではありました。

（S社E氏）

　　別に自分のストレス発散のために（意見を）いってるわけではないので，もちろん言う内容もなんでもかんでもいってるわけではないので，どっちかっていうと，こういうことやったほうがブランドにとっていいんじゃないかだったりとか，そっちのほうがやっぱりでも強いです。批判はそんなにないかもしれないです，結構。そうです，提案。批判案件があったとしても，だったら次にこれを踏まえて，もっと（商品種類の）数多くしたほうがいいよね，だったりとか，そういうほうに。もうちょっと他で売れてる物とかを，売れるっていう物を集めれば，すぐリピートかけられるじゃん，そこでやればスピードもってできるじゃんとか，そういう感じですか，どっちかってったら。

（S社G氏）

● 適応行動 8：顧客満足と予算達成の両立

　〈顧客満足と予算達成の両立〉とは，顧客満足と売上などの最終成果の両方の結果を出すことである。今回のインタビュー対象者5名全員が，4年前の初回インタビューの段階ですでに顧客志向の高い人物だったが，その後も継続して顧客満足と予算達成に対するコミットメントが強く，成果を出し続けていた。初回インタビューでは顧客志向と売上志向の両立に葛藤を抱えていたが，【【二律背反の方程式を解く】】ことで，実績もあげられるようになっている。

　　数字の部分で成果を出す，目標を達成するのがこの半年間はうまくいってたんですよ。

（X社J氏）

　　私，3年ぐらい連続で表彰台ずっとあげてもらってるんです。

（S社E氏）

　発言をする個人要因には，目的志向性が高く成果にコミットする（Parker & Collins, 2010）という研究があるので，4年間安定して成果を出し続けている個人要因と建設的な適応行動には関係があるのかもしれない。だが，本書では個人要因からの解釈ではなく，【社内体制不備への鬱憤】という4年前の不適合を解消するために【【発言力のために実績を積む】】という姿勢を形成したことが，予算達成という適応行動の動機付けにつながった，という解釈を行う。

　さて，これらの4つの適応行動である〈社内水準より顧客水準の接客〉〈管掌部門の顧客満足向上〉〈発言表現の工夫〉〈顧客満足と予算達成の両立〉を見ると，いずれも優位不適合による個人の適応行動ではあるが，それは個人が組織に適応するのではなく，個人が組織を外部環境に適応させようとする行動であることは明らかである。このように，組織の外部環境適応を促した個人は，果たして組織と適合するのだろうか。

● 現在の不適合2：理想の接客への接近

　個人にとっては，顧客満足と実績が両立した理想の接客の在り方に近づき，組織の顧客志向を高めることに貢献するので，現在の不適合は｜理想の接客への接近｜とした。

　X社J氏は，組織内で教育が行き届かないために顧客不満足を引き起こしている【社内体制不備への鬱憤】を過去に感じていた。だが，部下の個性を活かした育成をしたことで味わいのある接客ができるようになり，他社の標準化されたサービスとは差別化ができるようになったと考える。こうして，J氏は組織の顧客志向性を高めることに貢献したことで，組織との適合に向かっているように見えるが，理想を追求するとさらに高次のテーマが発生する。J氏は，真の顧客第一主義を突き詰めていくと，人としての在り方，という領域にまで踏み込んでいく，と続けている。

　　　大手ディーラーに行けば多分，非常に高級で，ハイセンスで上品なもの（接客が）あるんでしょうけど，そこの力（接客ができなかった若手が教育を受けて接客できるようになる）っていうのは多分味わいというか，高級商材に

もあるそういう（味わいみたいな）ものですよね。そこ（接客が標準化され
ていないところ）が，うちの強みでもあるんじゃないかなって僕は思います
し，非常に（値段が）高いもので性能のいいものなんですけど，その（接客
の）味わいだったりっていう部分は，競合他社にはあるのかなっていう。
〔中略〕
　（顧客第一主義の経営とは）自分たちの役割だとか，意識だとか，価値観だ
とかっていうところを大切にしましょうっていうことなんですけど，書いて
あることは本当にごく耳にする言葉ではないですか。じゃあ，それっていう
のは本当はどうなの？と突き詰めようとしていくっていうところを，顧客満
足の部分もそうでしょうけど，人として，というか，そういうような。

（X 社 J 氏）

　個人の顧客志向性の水準が理想に向けてさらに高まれば，個人の認知のな
かでの組織の顧客志向性は相対的に低くなり，組織との不適合は完全には解
消しなくなるといえるだろう。

　では，最後となる 3 つ目の初回（過去）の不適合【創造性とサービス変
革】がもたらす態度や行動について解説する。

(3) ● 過去の不適合 3 ：創造性とサービス変革

　第 5 章の【創造性とサービス変革】の定義では，顧客の事前期待を上回る
サービス提供をするために，組織との同質化を避けて，顧客の個性に合わせ
た創造性とサービスの変革の必要性を認識している状態，としている。この
不適合は，これまでのように組織に対する違和感や問題意識から発生してい
るものではなく，顧客志向の価値観が内包する変革志向が反映されたものと
いえるだろう。

　顧客接点となる真実の瞬間を起点にサービスや組織の在り方を見直し，
サービス変革と組織変革を設計するというアウトサイド・インの考え方をす
るサービス・デザイン（Andreassen et al., 2016）のように，個人起点によ
る外部環境への適応のための組織変革の発想がこの【創造性とサービス変
革】をもたらしている。そこで，態度 6 へと直接つながることになる。

●態度 6：自発的変革

《自発的変革》とは，組織の顧客志向性を高めるために，直接組織に対して変革的な働きかけをしていこうとする態度を取ることである。この姿勢が最も強かった X 社 L 氏は，組織との不適合を認知しており会社ができないことを自分が行おうとしている。

> （組織と自分が）適合ではないというところは，そういったところ（建設的行動）に結構吐き出しているかもしれませんね。うん，<u>会社ができんから僕がやる</u>っていう。
>
> （X 社 L 氏）

発言が正当化されるのは，自分の役割の 1 つとして建設的な提案をしているという認識があり，それが非公式で向社会的であるとき（Van Dyne et al., 2008）とされている。確かにこれまでのデータから L 氏が目指しているのは，組織の外部環境への適応を促すことであり，それは正当化されるものだと考えている。こうした態度は次の適応行動 9，10 につながっている。

●適応行動 9：危機感を共有する仲間と改革活動

〈危機感を共有する仲間と改革活動〉とは，適応行動を一人で実践するのではなく，同志を集めて組織への影響力を大きくしようとする行動である。L 氏が実際に取り組んできたのは研修活動である。自分の店舗だけではなく，近隣店舗にも影響力を発揮して合同で研修を企画し，自らも講師として他店舗の従業員にも教育をしてきた。X 社はもともと企業文化として顧客志向性が高く，研修の種類も自社企画もあれば，取り扱っている商品ブランド主催の研修もあり多彩である。だが，L 氏にとっては，地域性の反映や，研修受講者のレディネスに合わせて，より具体的で実践的な研修が必要だと考え，店舗の垣根を越えて同じ地域のマネージャーと共に人材育成の活動を行った。

> でも，（私だけではなく）実際「（会社の今の状態は）違うな，違うな」と<u>思って動かはる人が確かに関西でも何人かいはったからこそ，いろんな改革</u>

はできたっていうのはあるんです。その人が，決して会社に対して従順では
ないですし。一般的にいいマネージャーと呼ばれる人が多かったので。そう
いう人たちはすごく関西を 3 年間で変えはったなと思うので。〔中略〕もちろ
ん現状維持していかなあかんことも企業にはいっぱいあると思うんです。で
もやっぱり，その中で何かギャップを見つけて変えていくことは必要なんで
しょうね，きっと，企業って。

（X 社 L 氏）

● 適応行動 10：影響力のある仕事の獲得

　〈影響力のある仕事の獲得〉とは，組織のなかでの改革を進めるためによ
り影響力のある仕事に就こうとすることである。L 氏のように組織の顧客志
向を高める活動を組織全体へと波及させたいという志向があるときに，組織
の中でより影響力のある社内インストラクターという仕事ができるのは大き
なインセンティブになると思われる。

　　今年から弊社はインストラクター制度ってあって，それぞれの現場のマネー
　　ジャーが何人か選ばれて，全社的な研修に参加をするんですね，インストラ
　　クターとして。今年から僕もそれをやるので，それはそれで面白いなと思い
　　ながら。

（X 社 L 氏）

　ここで着目できるのが，社内でインストラクター制度ができたのは L 氏
が関西地区で自主的に研修を行っていた後なので，L 氏やそのグループの活
動が社内に新しい制度をもたらしたのかもしれないことである。L 氏の現在
の役職は店舗のサービス部門のマネージャーなので，本社の制度設計に直接
関与できる立場ではないが，その自主的な活動を本社が参考にして制度設計
をしたとすれば，L 氏の適応行動による組織への影響力は大きくなる。店舗
レベルでの適応行動が，地域レベルに拡大し，全社レベルの制度へと波及し
た事例だといえる。
　では，L 氏の組織との適合はどのように変化したのだろうか。

●現在の不適合 3：意図的な不適合の発見

　もともとの不適合が，【創造性とサービス変革】から生まれているため，常に解決されていない領域を見つけて組織との不適合を見つけ出そうとするので｛意図的な不適合の発見｝となる。

> 　（会社が）あかんなるな，と思うてるんです，今，実は。ブランド性に頼ってるところがあって，やっぱり，当社が。ブランド力とかであったり，商品力に頼りがちなところがある。
>
> （X 社 L 氏）

　【創造性とサービス変革】による不適合は，顧客の事前期待を超えるために現状維持を否定し，常に創造的で変革的なサービスの提供を意図しているため，適応行動も組織変革の要素が強くなることが分かる。

　以上，建設的行動ルートの詳細事例を見てきた。不適合による認知的不協和を解消するという動機付けから適応行動が発生しているが，この適応行動は，個人が組織に適応することを意図しているのではなく，組織が外部環境に適応することを意図した個人行動であることが建設的行動ルートの特徴である。

　個人の適応行動は，個人と組織の不適合を解消の方向に進めるが，それは一時的であり，個人は新たな不適合を発見するため，不適合は完全には解消されていない。どうやら適合の認知は，優位不適合から高水準適合に向かいながらも，高水準適合で安定状態に入らず，また優位不適合に戻るようである。その最大の理由は，顧客の事前期待を上回らないと顧客満足が得られないという期待－不一致パラダイム（南，2012; Oliver, 1980）が，個人や組織が現状維持に留まることを許さないからである。言い換えると，顧客という外部環境は常に変化しているため，個人は外部環境に適応し続けることで成果を出そうとしており，そのときに組織が外部環境に適応していないと都合が悪いため，組織との不適合に目を光らせているからだといえそうだ。

　以上の通り，優位不適合から始まる建設的行動ルートにおける個人の適応

行動は，組織の外部環境への適応のダイナミクスを生み出していると考えることができるだろう。

3.2. 熟達ルート
3.2.1. ストーリーライン

　熟達ルートでは，個人の外部環境への適応が最優先されており，個人が組織と適合することへの期待が低く，不適合による認知的不協和が発生しにくい。だが，個人の熟達した行動は，結果として組織の外部環境への適応に貢献をしている。

　分析結果によるストーリーラインは次のとおりである。熟達ルートの特徴は，過去の不適合の認知にある。もともと組織と適合することへの期待が低く，そんなに個人と組織が高く適合するものではない，と不適合の容認をしている。そこで，認知的不協和は発生しないので，不協和を解消する姿勢も形成されない。目線は組織ではなく常に顧客を向いているので，組織との適合や不適合の特徴とは一線を画するため顧客との《長期信頼関係の維持》を何より重視し，組織に振り回されずに接客を《自己完結》しようとする方針を示している。そこでの行動は〈接客の熟達化〉を進め，本人は周囲に対して影響力を持つ意図はないものの，熟達した接客は〈実績による組織内信頼の獲得〉につながり，上司からは頼みの綱，と思われている。そして，若手にとっては良き〈ロールモデル〉となれるような仕事を見せようとしている。

　この熟達ルートでは，もともと個人と組織の不適合は自然なことだと思っているのでストレスも少ない。自身の熟達による顧客からの支持が絶対的なので，組織の命令を形通りに遵守しなくても自分なりの解釈で顧客満足を得ることができる自信があるため，組織との｛不適合の容認｝ができる。このように，不適合が一周回って元に戻る。

　これまでインタビュー対象者の発言内容から導いた熟達ルートの各概念の定義一覧を表6-4に示す。

表6-4　熟達ルートの概念定義一覧

過去の不適合	不協和解消の姿勢	態度	（熟達）行動	現在の不適合
不適合の容認 個人と組織は、そこそこ適合していれば十分だと考える。		**1. 長期信頼関係の維持** 1回限りの顧客満足ではなく、長期間にわたる顧客からの信頼を積み重ねながら、顧客との良好な関係性を維持する。 **2. 自己完結** 組織や周囲に働きかける意図はなく、自分の仕事をしっかり完結させることを重視する。	**1. 接客の熟達化** 自分なりの接客スタイルを習得しており、それを顧客からも支持してもらえているという自信によって、さらに唯一無二の自分らしい接客をする。 **2. 実績による組織内信頼の獲得** 組織に対する発言行動の意図がなくても、実績によって社内で頼られる存在になる。 **3. ロールモデル** 若手にとって良きお手本になるような仕事の進め方や自分の在り方を見せる。	**不適合の容認** 個人と組織の不適合は存在するし、それは組織が顧客を知らないためなので仕方ない、と考える。組織の命令通りに動かなくても、顧客を知る自分のほうが顧客満足を得られると考える。組織との適合も不適合も変化しない。

3.2.2. 分析

● 過去の不適合：不適合の容認

　不適合の容認とは，当初から組織との高い適合を期待していない，という
ものである。組織に期待をしないのではなく，会社との適合を期待していな
い，という意味である。ほどほどの適合が丁度いいと考えている。

　X社のK氏は，組織との適合が60％も適合しているなら十分，と考えて
いる。他のインタビュー協力者が，80％適合しているのに不適合の20％の
ほうに着目をしていたのと対照的であった。

> 　（会社の顧客志向と自分は）60, 70％ぐらいは合ってると思います。
> 　<u>6割方は逆に考えると，自分も会社の考えも合ってるってことじゃないです</u>
> <u>か</u>。だから，最近でこそ，やってて良かったかなみたいなのはありますけど
> ね。
>
> （X社K氏）9

　K氏はもともと会社との不適合そのものを自然に受容しているので，不適
合は動機付けとしての強い力を持っていない。よって，不適合を解消するた
めの組織への発言行動は発生しないが，自分自身の顧客志向性を維持するこ
とに対しては高い意識を持ち続けている。それらが態度1, 2である。

● 態度1：長期信頼関係の維持

　《長期信頼関係の維持》とは，1回限りの顧客満足ではなく，長期間にわ
たる顧客からの信頼を積み重ねながら，顧客との良好な関係性を維持しよう
とする態度である。

> 　私なりのスタイルがあって，それを若いのがみんな，いいな，（お客様と）
> あんな友達みたいにお話ししてって。結構いわれて。じゃ，お前がそれ，い
> きなりやったら，お前，お客さんに怒られるよって。そうなるまでの過程に
> 大体そういう人って，昔結構叱られて，怒られて，そういうのがきっかけで

9　熟達ルートに登場する事例はX社K氏の事例が圧倒的に多いが，K氏には建設的行動ルートに関
わるテーマもあり，K氏個人のすべてが熟達ルートにいる，ということではない。だが，他の4人よ
りK氏は熟達ルートに関わる事例が多かったために，こうした結果になった。

　結構お話ししていくうちにだんだん仲良くなってきて，また，頼むぞみたい
な感じで<u>何回か点検とか，車検とかやってるうちに信頼感みたいのができて
くるんで，</u>それでやっと今の自分があるっていう感じなんですよ。

（X社K氏）

　K氏は，店舗異動がなかったことも影響して，地域の顧客とは非常に長い
お付き合いをしている。また，扱っているのが高級車であるゆえに顧客の社
会的地位も高く，接客品質への期待も高いことから，当初はクレームを受け
て謝るなどの経験を積み重ねながら，今日の顧客関係性が構築されているこ
とを実感している。

●態度2：自己完結

　《自己完結》とは，組織や周囲に働きかけることは意図せず，自分の仕事
をしっかり完結させることを重視する態度である。会社との不適合について
も，6割ほど適合していれば良いほうだと考えているように，ここでも「人
はそんなに急には変われない」と，期待値を低く設定していることが特徴的
である。

　　全然。特にそんな<u>（周囲を）良くしましょうって，なんか特別考えてもい
　　ないです。</u>変われないですよ，人はそんなに急にはやっぱり。だから，スト
　　レスないです。この仕事やってると，多分皆さん，結構ストレスあると思う
　　んです。（私には）全然ストレスないですから。

（X社K氏）

　こうした態度から発生する行動は，建設的行動ルートのような組織の外部
環境を促す適応行動ではなく，顧客に真摯に向き合う行動1，2，3[10]である。

---

10 本書で用いる適応行動とは，組織との不適合を認知した個人が適合を回復しようとして起こす行動
　を意味しているため，不適合を容認する熟達ルートでは適応行動ではなく，行動と呼ぶ。だが，熟
　達ルートの行動は組織ではなく，外部環境に適応する行動であり，その結果として，組織の顧客志
　向性を高めることに貢献している。

● 行動１：接客の熟達化

　〈接客の熟達化〉とは，自分なりの接客スタイルを習得しており，それを顧客からも支持してもらえているという自信によって，さらに唯一無二の自分らしい接客をすることである。実際にK氏はその接客品質の高さからX社の社内報に掲載され，表彰されるほど顧客からの高い満足度を獲得している。研修に行ってもこれから新たに学ぶことはもうないほどである。1年に1，2回しか会わない顧客でも前回の話を記憶しておく，など独自の接客スタイルを確立している。

　　　いや，特にもうCSに対する研修とかってあるはあるんですけど，何回か出てますけど，やっぱりいつもメーカーのほうの研修とか行くと，傾聴っていうのから始まって，大体同じでお客様の本当の隠れたニーズっていうんですか，隠れたニーズを探るっていう研修なんですよ，大体。それをうまく引き出せるか，出せないかっていうところなんで，この先何回受けてもそんなに変わんないですよ。学ぶっていっても，どうすれば。

　　　　　　　　　　　　　　　　　　　　　　　　　　　　　　　（X社K氏）

　　　（8年同じ店にいて）1年に1回か2年に1回しか（顧客に）会えないときに，前にどんなお話をしたかとか，来たときにすぐに誰々さんってもう覚えてるっていうか，それが2回も3回も同じお客様を対応してるうちに，顔見知りになってくるじゃないですか。そうすると，やっぱり向こうのお客様としても，じゃ，Kさんっていうふうに。いっていただけることが結構増えてきてる，そういった意味で私は恵まれてるかもしれないです。

　　　　　　　　　　　　　　　　　　　　　　　　　　　　　　　（X社K氏）

　X社K氏以外のインタビュー対象者であるS社E氏は，これまで売上成績もトップクラスで，建設的発言行動もかなり行っているが，そうした自信は顧客からの信頼によるものだと断言する。これは，顧客接点人材に共通していることだが，顧客からの高い支持は，ときには会社からの評価よりもやりがいや自信につながる。なぜならば，転職しても顧客が自分の新しい勤務先に追いかけて来てくれることも発生する業界だからである。

やっぱり自意識過剰なので，何か（自信が）あるんですよね。よそのブランドでもきっと売上もそこそこ取れるはずだし，戦略があれば商品が違っても何とかなるものだと思っているのでって感じです。私の自信（の源）は多分お客様（からの信頼）だと，今，特に思います。

（S社E氏）

●行動2：実績による組織内信頼の獲得

〈実績による組織内信頼の獲得〉とは，組織に対して発言や変革という働きかけをする意図が本人になくても，実績をしっかり積み重ねているので社内で頼られる存在になるということである。K氏も上司から一目置かれた存在になっている。

（マネージャーから見れば私は）頼みの綱でしょう，多分。一番最後に売上にしても，何にしても頼むよとかっていう感じ。

（X社K氏）

●行動3：ロールモデル

〈ロールモデル〉とは，上記と同じく自分自身が組織に働きかけようとはしないが，若手にとって良きお手本になるような仕事の進め方や自分の在り方を見せるというものである。

アドバイザーになりたいっていう人って少ないんです，やっぱり苦情とか，いいことばっかりじゃないんで。そんななかで私のずっと，それは多分前から，5年前だと思うんですけど，アドバイザーやるとこんなにいいのよっていう，楽しいんだよとか，こんなにいいこといっぱいあるんですよっていうのを後輩に見せてきてはいるつもりなの。いつかK（自分）みたいにやりたいなっていうんで，アドバイザーを目指してくれる人が何人かでもいれば，それがうれしいな，と。

（X社K氏）

● 現在の不適合：不適合の容認

　この熟達ルートの現在の不適合は，もともと組織と自分との不適合に強く動機付けられることはなかったし，現在でも不適合は存在するが，それは組織が現場を知らないためなのでやむを得ず，自分は自分のやり方を通す，と考えている。

　会社の業務命令どおりに動かなくても，顧客のことを良く見ている自分のほうがより顧客を満足させる方法を知っているのである。そこには，熟達者が確立した揺らぎのない顧客志向性価値観が見える。

　<u>（会社の指示通りに顧客フォローの電話をしなくても，自分は顧客満足を得らえるという考えが）</u>多分あるんじゃないですか，自分の中では。〔中略〕何かあったらすぐ（顧客から）電話もらえたりもするし，特にフォローなんかしなくてもって言い方あれですけど，そりゃしたほうがいいんでしょうけど。だから，調子悪いよって。「お車その後どうですか」（と電話しても），「1週間しかたってないのに分かるわけないじゃないですか」とか，「乗ってないよ」って言われる人が多いですよ，電話すると。<u>そこ（顧客の気持ちが分からない本社の指示）は本当に大事なのかなっていうとこはありますよ。</u>

（X社K氏）

　以上が，熟達ルートの事例であった。不適合の容認から始まり，|不適合の容認|で一周することになったが，決して組織に対して無関心なのではない。組織に変革をもたらす，という意図は強くないが，顧客と同僚からの支持を得るという実績を通して，結果として組織に貢献をしている。この熟達ルートは，建設的行動ルートの姿勢の1つであった【発言力のために実績を積む】を，無言の発言力という形で実践していると捉えることもできるだろう。

　熟達ルートでは，個人は外部環境への適応に最も強い関心が向いており，外部環境から十分な成果を得ているため，個人と組織の不適合が容認できているのだといえよう。

3.3. 燃え尽きルート
3.3.1. ストーリーライン

　燃え尽きルートでは，建設的行動ルートと同じく個人が組織の外部環境への適応を促す行動を取るのだが，組織からの否定・無反応・組織能力の限界を繰り返し経験することで，能動性が薄れて適応行動が弱体化する。

　燃え尽きルートのストーリーラインは次のとおりである。個人がどんなに建設的な適応行動を取っても，組織からの否定的な態度が継続すると，個人には《諦め》の態度が形成される。これ以上この組織に期待しても仕方ない，と見切りをつけることで，行動にも〈割り切り〉が表れ，組織には期待せずに自分の仕事を粛々とこなすようになる。だが，実績による発言力がすでに増しているため，周囲からは発言者として認められており，〈他者の代弁による発言の日常化〉が起きるが，その発言は組織の外部環境への適応にはつながらない。そこで，組織との不適合が拡大し，｜目的，役割の曖昧性｜による葛藤や，｜苛立ち｜｜無力感｜｜期待喪失｜を感じ，いよいよ他の仕事を考え始める｜代替性の模索｜が始まる。

　組織からの離脱を食い止めているのは，現在の状況を《合理的に解釈》し，《管掌部門の防衛》をしようとする態度である。こうして，管掌部門内だけは〈自己裁量内での調整〉で顧客満足度を高める行動を取る。こうした行動は組織の外部環境への適応を促す本質的な解決にはならないかもしれないが，仕事仲間に対する｜同情的コミットメント｜が離脱の抑制になり，｜自分の立て直し｜を図ることで不適合がこれ以上拡大しないようにしている。

　組織との不適合は改善されないが，顧客からの支持が燃え尽きルートの支えになっている。《顧客志向への原点回帰》という態度によって，〈接客の熟達化〉は進み，組織との不適合があっても顧客から支持されている自分の発言に間違いはないという｜自己確信｜を持つ。以上の燃え尽きルートの概念定義の一覧を表6-5に示す。

表6-5 燃え尽きモルートの概念定義一覧

過去の不適合	建設的行動に対する組織からの対応 発言への否定・無反応、組織能力の限界	態度	(防衛)行動	現在の不適合
初回インタビューの不適合内容と、不協和解消の姿勢は、燃え尽きモルートと同じ。発言に対する組織からの対応が分岐点となる。	積極的に声を上げても、組織からの対応が否定的・無反応の状態が長期間続いたり、組織能力の限界を見せつけられること。	**1. 諦め** 組織の「発言への否定・無反応、限界」を経験した従業員が、これ以上組織に期待しても仕方ない、と見切りをつける。	**1. 割り切り** 組織への期待値を低くし、気持ちを切り替えて、自分の仕事だけをこなしていく。	**1. 目的、役割の曖昧性** 自分にも与えられた役割や目標、そして存在意義が曖昧なので役割葛藤を感じているという状態。壊定不適合の本質を自ら見出せず整合性が取れていないことへの葛藤。不適合はさらに拡大する。
				2. 苛立ち 組織が無策で対策であるように見えることへの焦燥感。不適合はさらに拡大する。
		2. 合理的解釈 組織からの指示が顧客志向に基づくものではなかったとしても、自身の顧客志向性を変えずに、組織の意向に沿うような解釈を考える。	**2. 他者の代弁による発言の日常化** 発言を抑制している仕事中間の期待を感じて、同僚を代表して発言する。	**3. 無力感** どんなに発言をしても、実績を出しても、自分の影響力が及ばないことに対する失意。不適合はさらに拡大する。
		3. 管掌部門の防衛 組織全体の改革に声を上げる努力よりも、まずは自分の管掌営業部門を組織から守ることを優先させることを重視する。		**4. 期待喪失** 発言をすれば組織が対応してより良くなるので、という期待を持つことに無意味だと感じる。不適合はさらに拡大していく。
			3. 自己裁量内での調整 組織への発言はせずに、自分のコントロールが及ぶ範囲内で調整を行う。	**5. 代替性の探索** 現状を変えられない限界に直面し、現状から抜け出るために代替案（異動、転職）を考え始める。
		4. 顧客志向への原点回帰 組織と顧客の間で板挟みになる葛藤から楽になるために、顧客を納得させて、顧客志向の原点に戻ろうとする。	**4. 接客の熟達化** 熟達ルートと同じ。自分なりの接客スタイルを習得しており、それを顧客からも支持してもらえているという自信によって、さらに唯一無二の自分らしい姿勢をとる。	**6. 同情的コミットメント** 組織への諦めがありつつも、そこで働く仕事仲間への共感や、組織への同情から、自分のできる範囲で貢献しようとする。不適合は解消されない。
				7. 自分の立て直し いつまでも不適合による良員の意識を継続するのではなく、自分らしい発言ができるような態度の立て直しを図ろうとする。不適合は解消されない。
				8. 自己確信 顧客に支持されているという絶対的自信から、組織に対しても確固たる態度を取る。不適合は解消されない。

3.3.2. 分析

　これ以降は，各概念について，インタビュー対象者のコメントや定義，そして解説を行うが，過去の不適合や不協和を解消する姿勢，態度，適応行動は建設的行動ルートと同じであるため，燃え尽きルートでは組織の否定的な対応から解釈を始める。

　「発言への否定・無反応，組織能力の限界」とは，個人が積極的に声をあげたことに対する組織の対応が否定的であり，意見に対して何も改善されない現象が長期間続いたり，組織能力の限界を見せつけられたりすることである。

　この事例で登場するＳ社は，初回インタビューのときから２回目のインタビューまでのあいだに組織体制が変わり分社化した。インタビュー対象者であるＧ氏とＥ氏が現在所属する会社は異なるため，人事制度や運営方法はそれぞれ異なっている。だが，両社とも元Ｓ社の傘下企業であることから，本書では便宜上Ｓ社として表記している。Ｇ氏とＥ氏はＳ社分割後も建設的行動ルートと同じく，４年前の不適合から現在に至るまで，建設的発言を積極的に社内で行ってきた。そこで，分析のフレームワークである過去の不適合，不協和解消の姿勢，そして態度や適応行動の内容は，建設的行動ルートと全く同じであった。ところが，こうした適応行動を取るたびに，新しい体制の元で「発言への否定・無反応，組織能力の限界」を経験してしまう。

　Ｇ氏は，異動先の組織で人事評価の目標管理制度における目標項目が，店舗全員が同じ売上数値のみ，という現状に疑問を持ち，より従業員個人の成長を促進できる項目にする提案をしているが，それに対して否定をされている。Ｇ氏の人事評価に対する考え方がなぜ顧客志向と関連しているかといえば，Ｇ氏は建設的行動ルートの態度である《多様性の活用》に基づき，一人ひとりの従業員の能力や個性を重視することが顧客満足につながると考えているからである。

　　　私，ちょっとやっぱそこ（目標設定方法），疑問に思ってしまったので，このブランドってこういう（目標の）立て方なんですかって。客単価とか，セット率とか，なんかそういう（スタッフの成長と顧客定着が把握できる数値）のはどうかと。でも，それいったら「それは取れないじゃん，お店の予算だ

156

けでいい，だから，このブランドはこれなんです」っていう匂いをいわれた
ので，ほー……みたいな。

（S社G氏）

　人事制度にかかわらず，G氏は積極的に提案をするのだが，それを組織か
ら「一喝」されたり，発言を受け付けないという「匂い」を出されている。

　なんかやり方があると思うんです，もうちょっと工夫を。〔中略〕いろんな
ことが考えられると思うんですよ。やっぱそういう提示を（会社には）して
ほしい。そういう提示はこっちからもするんですけど，なんかそれはやっぱ
り一喝されるんです。

（S社G氏）

　もしかしたら，この半年間でなんかそういう（発言を受け付けない）やっ
ぱり匂いがあったので，何となく本当にすみません，（会社に）期待してな
いっていうか，ちょっとそこが強いのかもしれないです。

（S社G氏）

　G氏とは異なる組織に所属するE氏の場合は，発言がその場で否定され
るわけではなく，発言が数年間も一方通行になっている。E氏の不協和解消
の姿勢には【発言力のために実績を積む】が強くあるため，E氏は何年も連
続して売上も顧客満足も成果を出して発言をしてきているものの，その発言
が実現されないことや組織が変化を起こそうとしないことに組織の限界を感
じるようになる。

　やっぱり3年前だったらそんなこと（自分の意見が聞き届けられない）は
私は思わなかったと思うんですよね。〔中略〕私，3年ぐらい連続で表彰台
ずっとあげてもらってるんですけど，そこまで持っててもそれでもなお（発
言しても組織が）変わらないっていうか。その立場でいってきても変わらな
いということに何かがっかりしているというか。じゃあ昇格（して発言力を
高めようか）といっても少し（組織の限界が）見えちゃってる。だから八方
ふさがりが，飽きちゃってるっていうことにつながるという感じですよね。

（S社E氏）

　こうした組織からの「発言への否定・無反応，組織能力の限界」によって，もともとは建設的行動ルートだったG氏，E氏共に，4つの態度が形成される。最初に発生するのが「諦め」である。

(1) ●態度1：諦め

　《諦め》とは，組織の「発言への否定・無反応，組織能力の限界」を経験した個人が，これ以上組織に期待しても仕方ない，と見切りをつけることである。もともと高い顧客志向性があり，建設的行動ルートと同様に積極的に適応行動を取ったとしても，長期間にわたって組織に受け入れられなければ，個人は不適合に対する適応行動が意味を成さないことを知り，諦めを感じるのは自然なことである。

　　　本来は（上司にも自分の意見を聞いてほしいと）感じるはずなんですが，でも，何となくそこまで考えてない自分もいます，上に対しては。<u>諦めてるのかな</u>。

　　　　　　　　　　　　　　　　　　　　　　　　　　　　（S社G氏）

　　　「スーパーバイザー[11] になったら」とか昔は思ってましたもん，「店長になったら変わるかも」とか思ってました。<u>でも，違うんだなって</u>。

　　　　　　　　　　　　　　　　　　　　　　　　　　　　（S社E氏）

　　　<u>期待がなくなっている</u>んじゃないですかね，会社に。前は見えてなかったじゃないですか。子どもだし見えてないこともあるから，店長になったらこんなこともできる，こんなこともできると思ってるわけです。そこから，おかげさまでいろんな役割を与えてもらって，多分聞かなくてもいいことまで教えてもらったりとかして，「あ，こんなもんなのかな」っていうのも1つ4年間で知るという感じです。

　　　　　　　　　　　　　　　　　　　　　　　　　　　　（S社E氏）

　　　1つの<u>諦め</u>もあると思います。でもそこは私の今の立場でいえることじゃないなって思って。

　　　　　　　　　　　　　　　　　　　　　　　　　　　　（S社E氏）

---

11 スーパーバイザーとは，S社において店長と本社マネージャーとの中間の管理職を意味する。

現在所属している組織にこれ以上期待できないという「諦め」の態度が導く防衛行動[12]には，2つのパターンが見出せた。

●防衛行動1：割り切り

〈割り切り〉とは，組織への期待値を低くして気持ちを切り替えて，自分の仕事だけをこなしていく行動である。

S社のE氏もG氏も同様に，適応行動によって組織の外部環境への適応を促す，という行為を諦め，自分の仕事だけをこなしていく方向に割り切っている。

> でも今は「それはいってもしょうがないしな」っていうのって，あのとき（初回インタビュー時）はそんなに思ってなかったわけですよね。今は「これは，でも，いってもしょうがないことだ」って妙に割り切るところだったりとか，何かそういうのが，大人になってしまったのかしらと思わずにはいられない。
>
> (S社E氏)

> 最初は（上司に）お伺い立てて，〔中略〕でも，結局はそれによって仕事がうまく回らないっていうのが分かったので，であればこういうことをやりますんで，あとは報告しますねっていうふうに切り替えてます，今は。
>
> (S社G氏)

●防衛行動2：他者の代弁による発言の日常化

2つ目の行動である〈他者の代弁による発言の日常化〉とは，自由に発言ができない周囲の期待を感知して，自らが周囲を代表して発言することである。自分自身には〈諦め〉があったとしても，仕事仲間から発言者として認められていることから，仕事仲間が口に出せない意見を代弁する役割を担うようになり発言は日常化する。

---

12 「諦め」から発生する行動は，組織との不適合を認知した個人が組織との適合を回復しようとして起こす行動というよりは，自身の顧客志向性価値観を守るために組織との不適合が継続，もしくは拡大する行動になるため，適応行動ではなく防衛行動と呼ぶ。

　前はそれ（意見）をいうのに価値を感じたんですけど，最近はみんながある程度，私がいってくれるだろうっていう思いもあるんだろうなって。スーパーバイザーと話してても「君がいってよ」みたいなこととか，よその店長から「E店長，これって」みたいなことはやっぱりあるので「いっとかないとまずいな」みたいなところに今なってる感じです。

（S社E氏）

　「今ここに向かってるのに，そういうもの作りっておかしくないですか」じゃないですけど，例えばそういうことだったり，お客様の気持ちを考えない戦略だったりとか，そういうのは多分，ブランドの中でも一番（自分は代表して）いってるんだろうなと思います。

（S社E氏）

　発言は権威や手順に対する挑戦的な行動ともなり得る（Klaas et al., 2012）ので，周囲の人たちは自ら発言できず，実績があり発言者として周囲から認められているE氏に依存することになり，E氏はそれを引き受けた行動を取ることになる。
　こうした，〈割り切り〉や〈他者の代弁による発言の日常化〉という防衛行動は，建設的な適応行動とはいえないため，組織に対する不適合はより拡大して下記のとおり現在の不適合1，2，3，4，5が抽出された。

● 現在の不適合１：目的，役割の曖昧性
　¦目的，役割の曖昧性¦とは，自分に与えられた役割や目標，そして存在意義が曖昧なので役割葛藤を感じている状態である。熟達化しているので組織からの指示がなくても仕事の本質を自ら見出せるはずだが，それが組織から期待されていることなのかどうか整合性が取れていないことへの葛藤である。

　本当にちょっと丸投げなんですよ。なので，自分の今までの前任者を見てたイメージで自分なりにはやってますけども，果たしてそれが正解なのか。正解はないとは思うんですけど，なんか果たしてこれが求められてることなのかなとか，なんかやっぱりちょっと考えます。去年の半年間はずっとそれ

を考えてました。（私の職位は）マスター[13]ですけどちょっとマネージャー的な要素も強いんですよ。そうなると，また，どこが（違うの）っていうなんかそういう思いも。でも，やっぱりマスターなので（権限を与えられていない）っていう，なんかそういうちょっと自分の中の葛藤であったりとか，葛藤というか。

（S 社 G 氏）

● 現在の不適合 2：苛立ち

{苛立ち}は，理想だと思われる組織の状態から乖離（かいり）している現状に対して，組織が無策であるように見えることへの焦燥感である。

G 氏の場合は，人事評価が機能不全を起こしているので従業員の動機付けを高めることができず，それに対して発言をしても一喝され，組織への苛立ちが表出している。

　　何年もやっぱり何年もずっと（評価が）C で（給与が）上がらない（スタッフがいる）んですよ。5 年いる子が 1 回も給料も上がらないんですよ。（本人は）頑張ってるんですけど，でも，どうしてもそれって（達成不可能な目標設定を強いられるって），どうなんだろうってやっぱり，であればやっぱりこの子，もう現状が（人事が機能していない）。

（S 社 G 氏）

● 現在の不適合 3：無力感

{無力感}とは，どんなに発言をしても，実績を出しても，自分の影響力が及ばないことに対する失意の気持ちである。

E 氏は，組織内で発言しても何も変化が起きず，自分の無力感から不適合が拡大したことを語っている。

　　逆に（会社との適合性が）離れてるぐらいだと思います。現実を知り，自分のできないことの多さを知って，さらに乖離する感じなんです。（適合度が）50% とかになっちゃうかもしれないですね。

（S 社 E 氏）

---

13 マスターとは，S 社において店長と本社マネージャーとの中間の管理職を意味する。

● 現在の不適合 4：期待喪失

　「期待喪失」は，発言をすれば組織が対応してより良くなるのでは，という期待を持つこと自体が無意味だと感じることである。

　組織の内情を知るほど，この組織に期待して発言しても意味がないことを悟り，不適合が拡大したことを S 社 E 氏は語っている。

　　もしかしたら，視野が広がってるっていう意味で（不適合度が）あがっているのかもしれないですよね。それが何か，仕事のスキルが高まったとかではなくて，ただ（会社の限界を知るという）経験を重ねただけで，もしかしたらそうなのかもしれないです。〔中略〕
　　（会社の）人に対してはそういう（愛着の）気持ちなんですけど，会社みたいなところは逆に 10％分見えてしまった（親密になった人が本音で語る会社の限界）分，（会社との）距離がある。みんな反面教師である程度やっている（親密になった人たちも諦めながら仕事をしている）っていうところの 10％（の不適合の拡大）かもしれませんし。

（S 社 E 氏）

　　（社長の「職責や役割を超えろ」というメッセージは）理解はしていますが「結局こんなもんだよな」っていつも思って（会議から）帰るって感じですかね。もちろん表面的にはやったりしますけど，それぞれの役割，事業部とか企画とか店頭でもいいんですけど，そういうのが一緒になったときに絶対うまくいかないっていうそのセオリー，社長はいつもそこをいうわけですよね。それぞれの役割は当然あってしかるべきだけれども，そこの役割を飛び越えてまでやれって，いつもおっしゃるんです。でも，毎回同じことが執り行われる。それは事業部のメンバーが変わっても，店頭の一緒にチーム組んだ子が変わっても，毎回同じこと繰り返すっていうのを何かいつもやっている気がします。

（S 社 E 氏）

　発言をする個人の特徴には，変化への開放性（Lipponen, Bardi & Haapamäki, 2008）や責任感（Fuller, Barnett, Hester, Relyea & Frey, 2007）が確認されており，そうした特徴を持つ個人が E 氏のように会議で問題解決に向けての創造的な話し合いが行われない状態が続くと，より不適合の認知が増幅すると考えられる。

162

● 現在の不適合 5：代替性の模索

〔代替性の模索〕とは，現状を変えられない限界に直面し，現状から抜け出るために他の仕事に替えられないか（異動，転職）を考え始めることである。

　で，何か「ちょっと，もう，ないな」って。「ないな」っていうのは，<u>今のこの会社で私がやれることって，やりたいと思うことって，何かあるかなって思うと，ないんだよな。</u>〔中略〕
　そういう場（初めての環境）に行けば，また一から，あの本気でやる環境をまた味わえるのかもしれないと思って。退職して，転職をしてわざわざするっていうほどじゃないんですけど。

(S社E氏)

　今年の3月ぐらいからだいぶ自分の中でも（ペースを取り戻してきた）。それまで<u>もう辞めたくてしょうがなかった</u>です。

(S社G氏)

　以上が《諦め》から導かれる行動や現在の不適合の内容である。不適合は職務不満足や離職という結果をもたらすという従来の研究に従う内容ではあるが，本書のインタビューから発見できた事実は，不適合を感じたら直ちに職務不満足，になるのではなく，不適合を認知して建設的発言をしても否定，無反応や組織の限界を感じると，認知的不協和の解消ができず，不適合が拡大して職務不満足になる，ということである。組織が悪化する状態が発生したときに，発言は離脱か放棄かという反応の代替として使われる（Farrell, 1983）ため，発言を組織から抑え込まれたら，残るオプションは離脱か放棄になる。E氏やG氏の発言からはこうした側面が見えてくる。
　本書のフレームワークで考えると，この不適合の拡大は個人が認知する組織の顧客志向性がかなり低くなったことによるものである。こうした場面で個人が適合を回復するためにできることは2つあり，1つ目は組織の顧客志向性を高める建設的な適応行動であり，2つ目は自分自身の顧客志向性を下げることである。建設的な適応行動は組織からすでに否定されているので，個人の顧客志向性を下げるというオプションもあるのだが，E氏もG氏も

それを選択しようとはしていない。それは，すでに 2 名とも顧客という外部環境への適応を果たしているため，あえて組織と共に顧客志向性を低下させて外部環境への不適応を起こそうとは思わないのである。

　そこで，組織への適応行動は《諦め》て，防衛的な態度になっていく。それが燃え尽きルートの態度 2，3 である。

(2) ● 態度 2：合理的解釈

　《合理的解釈》とは，組織からの指示が顧客志向に基づくものではなかったとしても，自身の顧客志向を変えずに，組織の意向に沿うような解釈を考えることである。

　S 社 G 氏は，組織から販売志向を目的とした予算を与えられたときに，顧客志向を放棄せずに結果的に売上を出せば組織は満足する，と合理的に解釈できるようになっている。販売志向と顧客志向が対立概念になりやすいことはこれまでも言及してきたが，【二律背反の方程式を解く】という姿勢を獲得している G 氏は，そこで組織との不適合を起こさずに，顧客志向のために予算を使っても，結果的に販売実績を出せるのなら組織も納得するだろう，と合理的に解釈して顧客志向を貫いている。

> 　事業部が，もしくは，その顧客さまに対して（よいサービスを）っていう意味じゃないかもしれないんですけど，もしかしたら数字をやっぱり取りたいから，利益を取りたいからっていう方向性なのかもしれないんですけど，こっちとしては，それはそれで（販促予算を与えてもらえるのは）やっぱり助かるので，お客様にも喜んでもらえるしっていうところは。
>
> 　　　　　　　　　　　　　　　　　　　　　　　　　　　　（S 社 G 氏）

(3) ● 態度 3：管掌部門の防衛

　《管掌部門の防衛》とは，組織全体の改革に声を上げる努力よりも，まずは自分の管掌部門を組織から守ることを優先させることを重視する意識である。建設的行動ルートにおける同様の行動は管掌部門での実績を作ることで組織に対する発言力を高めることを目的としていたが，燃え尽きルートでは自分の管掌部門だけを守ることを目的としている。

164

　S社G氏は，自分の部下や担当地域のスタッフへの対応を重視している
が，組織全体への関心が薄れている。

　　私もそこはなんか自分だけだったら我慢できたんですけど，丸投げされよ
　うが自分が頑張ればいいかなぐらいだったんですけど，やっぱり自分とこの
　スタッフを何となくそんな感じ（蔑ろにされる）だと，なんか許せないんで
　すよ。

（S社G氏）

　　（人事制度の矛盾点について）他のマスターがどう思ってるのかも分かんな
　いですし，そういうやりとりをもしかしたらしてるのかもしれないですし，
　ちょっとそこまで（全国レベルで）は私も介入はしなかったんですけど。〔中
　略〕そっち（本社）に行くんだったら，もう自分の管掌するエリアに行って
　お店回って，面談して，お店入ってっていうほうがちょっと私は強いです。
　　〔中略〕今の私のエリアは非常にいい雰囲気だと認識はしてるんですが，た
　だ，全体感とか，会社のってなったときにはちょっと私は分かんないです。

（S社G氏）

　こうした《合理的解釈》と《管掌部門の防衛》という態度は防衛行動3を
もたらす。

● 防衛行動3：自己裁量内での調整
　〈自己裁量内での調整〉とは，組織への発言はせずに，自分のコントロー
ルが及ぶ範囲内で調整を行う行動である。
　S社E氏は，組織からの指示に不適合を感じても，組織に対して意見や提
案はせずに，自分が対応できる範囲で仕事を引き受けている。S社G氏は，
組織全体としての制度が変えられないなら自分の管掌部門だけ運用を変えた
り，提案せずに事後承諾にしたりしている。

　　1つの諦めもあると思います。でもそこは私の今の立場でいえることじゃな
　いなって思って，「分かりました。じゃあ，できることでやりましょう」って
　いうことを知りました。

（S社E氏）

　なので，もちろん（目標管理制度の数値目標が）100％（目標達成）は必須なんですけども，もう現状として無理だからっていうところで，もう今期からはちょっともう80％が取れるような内容に（目標を）変えました，販売不振のブランドに関しては。はい，私の所だけです。

（S社G氏）

　自分から上司に対して（全社的提案ではなく）こういうことをやりますとか，結果報告とか，もうそっちにしようという。

（S社G氏）

　こうした防衛行動によって，不適合による不協和は解消しているのだろうか。現在の不適合6，7の2つが抽出された。

● 現在の不適合6：同情的コミットメント

　|同情的コミットメント| とは，会社に対する諦めがありつつも，そこで働く仕事仲間へ共感や，組織への同情から，自分のできる範囲で貢献しようとする意識が不適合の拡大を抑制している状態である。
　E氏は組織能力の限界に対して《諦め》はしているが，その一方で「嫌いで言っている訳ではない」「愛は深まっている」と発言している。Hirschman（1970）は，離脱と発言を分ける鍵になるのが，組織に対する特別な愛着でもある忠誠だと説明しているが，E氏の発言にはこうした側面が見られる。

　人がいないからっていうのはもちろん分かったうえだし，商品のことも，とはいってもコスト面だったりとかいろんなことで，しょうがないだろうと思って，フンってなるみたいな。だから，（私は）みんなのことが嫌いでいってるわけじゃ別にないですけど。〔中略〕（会社の限界を）知れた分，愛は深まっているんだと思うんですよね。でも深くなりすぎちゃうと過呼吸になっちゃうので，自分のできない裁量を知ろう，でも，できるなかでは一番であろうみたいな感じですね。

（S社E氏）

　組織を手助けしたいという欲求による発言は，組織市民行動の一部（Van Dyne & LePine, 1998）とされるように，E氏は |無力感| や |期待喪失| が

あったとしても，離脱せずに発言を続けている理由がこの忠誠であるといえる。

● 現在の不適合 7 ：自分の立て直し

｜自分の立て直し｜とは，いつまでも不適合による負の意識を継続するのではなく，自分らしい発言ができるような態勢の立て直しを図ろうとすることである。

G氏は，〈自己裁量内での調整〉という行動によって自分のペースを取り戻し，発言への意欲が高まりつつある。

> なんか自分の考え方とやり方をちょっと変えたら，あと，慣れですよ。慣れ感が出てきたので，自分の中でも仕事。こういう自分のリズムだったり，ペースがつかめてきてるので，ちょっと余裕が生まれてきたのかなっていうところではだいぶいい方向には，もうちょっといろいろと声をあげていけるんだろうなっていうふうには思ってます。
>
> （S社G氏）

燃え尽きルート最後となる3つ目の態度は，組織ではなく顧客に適応することで，自分の存在意義を再確認するものであった。

(4) 態度 4 ：顧客志向への原点回帰

《顧客志向への原点回帰》とは，組織と顧客の間で板挟みになる葛藤から楽になるために，顧客に軸足を置いて顧客志向の原点に戻ろうとする考えである。

E氏は，顧客志向の接客を改めて本気で考えるようになったと語っている。

> ずっと数字を追いかけてきて，今残ってる楽しみっていうのが，お客様との信頼関係みたいなとこに今ようやくたどり着いていて，多分，私の今のやりがいってそこなんだと思うんです。ほんと今まではあんまり，そうですね，やっぱり数字のことだったのでどうしても「取れてれば，まあまあ丸」みたいなところから，そこ（信頼関係）に対して深く。やってなかったわけじゃないけど，でも，やっぱり本気で考えるように今なっていて，結構そういう

ことが気になります。

（S 社 E 氏）

　顧客志向に原点回帰した態度になれば，そこから導かれる行動は顧客満足を極める方向に進むことになる。

● 防衛行動 4：接客の熟達化

　〈接客の熟達化〉は，熟達ルートでも出現している概念だが再掲する。自分なりの接客スタイルを習得しており，それを顧客からも支持してもらえているという自信によってさらに唯一無二の自分らしい接客をすることである。

　E 氏は発言が実らず組織に対する不適合は拡大したが，顧客に対しては接客が熟達してゆく行動を取っている。

　　「私，何をやりがいに」っていうのが，唯一残ってるのが「お客様との信頼関係をどこまで」っていうのが 1 つやってなかったなって思うことです。売上やった，会社でのある程度コミュニケーションもやっている，スタッフもそこそこ面倒を見ているつもり。で，唯一，表面的にはやってるけどもっと掘り下げられること，会社の裁量は何となく見えちゃってるんで，見えないところは，ここしかないのかなっていう感じですね。

（S 社 E 氏）

● 現在の不適合 8：自己確信

　｛自己確信｝とは，顧客に支持されているという絶対的自信から，組織に対して確固たる態度を取る状態である。熟達ルートでも発現したように，組織より顧客との関係を築いている自分のほうがより正しい意見を持っているという自信が表れている。つまり，明らかに顧客志向性価値観が優位不適合の状態であり，組織との不適合は解消されていない。

　　でも絶対（自分は）間違ってないって思ってる，店舗の運営の仕方というか「店舗が運営しやすい方法をもっと（会社は）考えてくださいよ」じゃないけど，「こういうこと（会社のやり方）って，おかしくないですか」ってい

うのは，そう（自信があるから）ですね。〔中略〕私の自信（の源）は多分お客様（からの信頼）だと，今，特に思います。

（S 社 E 氏）

　燃え尽きルートでは，建設的行動ルートと同様に組織を外部環境に適応させるための適応行動を取るものの，それが否定されることによって態度や行動が建設的行動ルートとは異なる動きになった。では，燃え尽きルートにおける4つの防衛行動，〈割り切り〉〈他者の代弁による発言の日常化〉〈自己裁量内での調整〉〈接客の熟達化〉は何を意味しているのだろうか。

　これらの行動を離脱・発言・忠誠・放棄（Farrell, 1983; Hagedoorn et al., 1999; Rusbult, Farrell, Rogers & MainousⅢ, 1988）として解釈すると，〈割り切り〉では，組織への期待値を低くして自分の仕事だけをこなしている状態なので，仕事そのものは放棄[14]していないが，組織を外部環境に適応させようとする適応行動を放棄した状態だといえるだろう。

　〈他者の代弁による発言の日常化〉では，組織が発言を受け入れてくれることを《諦め》ながら，それでも他者の期待を背負って代弁せずにはいられないことから，攻撃的発言[15]（Hagedoorn et al., 1999）に近い状態になる。

　〈自己裁量内での調整〉では，組織への発言を控えて限定された範囲内での責任を果たそうとしている。組織の変化を受動的に待っている忍耐[16]（Hagedoorn et al., 1999）とは厳密には基本的態度が異なるが，建設的な発言が否定されているので不本意ながら忍耐の態度で過ごしているようである。

　最後の〈接客の熟達化〉は顧客という外部環境への適応をより強化し，組織との関係性から距離を置いている心理的な離脱なのかもしれない。

　つまり，これら4つの行動は，認知的不協和の状態になったときに現実世界のほうを変える発言を通して組織を外部環境に適応させようとするもので

---

14 放棄（neglect）は Hirschman（1970）では言及されていないが，Farrell（1983）では，無責任で役割を無視したふるまいをもたらすこと，とされている。

15 Hagedoorn et al.（1999）は発言を2タイプに分類し，当事者意識を持って納得がいくまで話すことを配慮的発言，好戦的に希望を訴えることを攻撃的発言とした。

16 Hirschman（1970）が忠誠（loyalty）と位置付けていたもののうち，嵐が過ぎ去るのを待つだけの受動的な忠誠に対して Hagedoorn et al.（1999）は忍耐（patience）とラベルを変更した。

はないことは確かである。現実世界を変えられる唯一の方法であった発言が機能しないことを知った個人は，適応行動を諦め，離脱，攻撃的発言，忍耐，放棄の行動へと追い込まれる。

　こうして個人が組織との適合を諦めると，個人を起点とした組織の外部環境への適応行動は発生しなくなる。それどころか，個人の組織に対する優位不適合はより拡大し，個人の顧客志向性も発揮しきれないため，組織全体の顧客志向性の水準が下がるという負のダイナミクスが発生することすら考えられる。

3.4. 組織の影響

　今回の事例（2回目インタビュー）において個人の行動に影響を与えていたのが，組織である。初回インタビューから4年の間に，個人だけではなく組織にも変化があった。

　第6章の研究対象企業は第5章同様にX社とS社，インタビュー対象者はX社から3名，S社から2名であった。両社とも4年の間に次のような変化があった。

　まずX社では初回インタビューの後に社長交代があり，顧客志向の方針をより強力に推し進めるようになっていた。経営理念をポケットサイズのカードにして従業員に携帯させたり，社内報に中長期ビジョンを明確に示したり，といった理念浸透策を行っている。また，従業員満足のために定休日を設定しながらも，顧客不満足にならないようコールセンターも同時に設置するといった施策も行っている。

　　　社長が変わってから，やっぱり会社の目指すものっていう，企業理念っていうのがきっちりと明確にされて，多分リッツカールトンとかの話，当時したと思うんですが，あの人たちもみんなポケットにカードを持ってたりするんですけど，ここにも弊社がやっぱり。こういうのも入れて，皆さんが会社の目指すようなものが，ずっときっちりと明確。昔はそんなのがなかったり，あやふやになってったような気がするんですけど，結構その辺がこの1〜2年ではっきりともう文章化されて。

（X社K氏）

170

　　私も変わったんですけど，多分会社も変わってると思いますよ。社長から
結構そういうトップダウン的に，毎月社内報みたいのが出るんですよ。そこ
にも，結構そういうの（顧客満足重視）が毎回毎回出てくるんですよ。今ど
うじゃなくて何年，2020年までトランスフォーム，こういうのが結構中長期
ビジョンと長期ビジョンっていう感じで，結構明確にしてくれている社長が
いるんですよ。社長がいいとか，悪いとかっていうわけじゃないんですけど，
昔はそんなの絶対なかったのに。

（X社K氏）

　　例えば月曜日完全定休日っていうのが1年以上前かな，もうできたんです
けど，それによってお客様って，多分月曜日にしか入庫できないようなお客
様とかも中には絶対いらっしゃるんで，そういう人たち，じゃ，どうするのっ
て話になる前にコールセンターを設置して，営業時間も一応ある程度決まっ
てるんで，その営業時間外とか，休日とかに電話したら，つながるようなコー
ルセンターを会社で用意してるわけですよ。

（X社K氏）

　　このように，組織の顧客志向性が高まることで，優位不適合にいる個人が
適合の方向に変化することもあるだろう。さらに，組織の顧客志向性が個人
より高まり逆転することで，個人が劣位不適合になることもある。K氏の場
合は，組織側に顧客志向が逆転されたことがあると語っていた。

　　（会社との適合が昔より）比較的近いですよ，だから，ずっと近づいて。で
も，この辺（過去の一時期を指して）から会社のほうが高い。会社のほうが
自分で考えてるよりも高いと思います。多分逆転してんじゃないですか。

（X社K氏）

　　K氏は社長交代後しばらくして，自分の顧客志向性が組織と逆転したと認
識したが，その後会社の方針に馴染み，最近ではまた自分が会社を少し上回
る不適合の状態だと述べていた。だが，今回の不適合は組織に対するネガ
ティブな感情によるものではなく中長期的な目標ができたことで，より「熟
達ルート」の道に邁進する動機付けになっていた。なお，X社にはK氏以
外にJ氏とL氏が勤務しており，環境が同じながらも2人は組織との逆転

は発生していなかった。だが，組織の顧客志向性が高まることについてはとても好意的に受けて止めていた。

　また，X 社の J 氏と L 氏は建設的行動ルートのデータを数多く提供しているが，燃え尽きルートのような組織からの否定，無反応はほとんど経験していないことが，適応行動を後押ししていたともいえる。つまり，個人の建設的な適応行動を組織が受容することも，組織の顧客志向性の表れだといえよう。

　ところが，X 社とは全く逆の事例になったのが，S 社である。S 社には G 氏と E 氏が所属しており，初回インタビューから今回までの間に，S 社は分社化をした[17]。同じ S 社の傘下とはいえ，G 氏と E 氏が所属する会社はそれぞれ別会社であり，社長も方針も，そして人事制度も異なるものとなった。だが，両社とも S 社だった当時と比較すると，組織の関心は顧客志向から販売志向へと経営方針を変更していることが G 氏の発言から理解できる。

> 　やっぱり（顧客志向を謳った）ミッション，バリュー自体がもう（昔と異なり）基本的にはないというか。ただ，やっぱり貼ってますけど，なんか。貼ってますけど，でも，何かのときにいつも今までだったらそれを読み上げるとか，みんなで合唱したりとかしてたことはないので。
>
> (S 社 G 氏)

> 　目標設定制度に関しては特に目標設定って，あれは個人の目標じゃないですか。〔中略〕ところがブランドであったり，お店が 100％取るための年計の目標になってるというか，そこがもう強制的な雰囲気なところも正直あるんです。〔中略〕それが本人が納得してればいいとは思うんですけど，じゃ，果たしてそこまで思ってるのかなだったりとかっていう疑問は，疑問というか，ちょっと違うんじゃないかなって私は思ってます。〔中略〕
> 　昔はそこまで，やっぱりその本人の目標に対して，そこでちょっとあまりにも低いんじゃないかだったりとか，いや，もっとさ（高くしよう），っていうところはありましたけど，今はどちらかといえば，ちょっと強制的な雰囲気が私は感じるんです。
>
> (S 社 G 氏)

---

17 本書では便宜上，元 S 社の G 氏と E 氏の所属組織を S 社のままで表記している。

172

S社では，先に紹介したX社とは対照的に会社が掲げる顧客志向のミッションが形骸化し，逆に販売志向が人事評価にも反映されるようになった点が特徴的である。S社だった時代は，顧客接点人材一人ひとりの能力に合わせた目標設定を店長が支援しており，そのなかには顧客満足を高めるための項目も含まれていたが，現在は組織が売上目標の達成を個人に強制する制度になっている。

G氏にとっては個人の発言を組織が否定することは，組織の顧客志向性の低下を意味する。なぜならば，建設的行動ルートの態度2には《発言の重視》という，顧客の多様性に応えるサービスの提供には関係者の意見が必要だという考えがあるからである。個人の発言を受容するか否かが組織の顧客志向性の表れになる，という点は，G氏の認識のみならずX社の事例からも明らかであろう。

4．小括

これまで，建設的行動ルート，熟達ルート，燃え尽きルートという3つのルートについて調査結果を解釈してきた。ここで繰り返し記しておきたいのは，5名のインタビュー対象者の各人が3つのルートに完全に分類されるということではない，という点である。一人の思考や行動にも複数のパターンが混在するため，この3つルートは個人が持つ複数の経路を整理，分類した結果として概念化している。例えば，「熟達ルート」や「燃え尽きルート」の事例に出るインタビュー対象者にも「建設的行動ルート」の態度や行動を取っている，ということである。言い換えると，個人のなかにも建設的行動，熟達，燃え尽き，それぞれの要素があり，その要素の配分が各人の特徴となっているようであった。

さて，本章の目的は，リサーチ・クエスチョン(2)優位不適合を認知した個人はどのような適応行動を取るのか，を解明することであった。定性的パネル調査による実証研究を行ったところ，3点の発見事実があった。

1点目の発見は，上記経路分析によって3つのルートを見出したことであ

る。第1のルートが，離脱・発言・忠誠理論（Hirschman, 1970）からの導出に最も近い建設的行動ルートである。建設的行動ルートでは，4年前の不適合の内容を根拠に不協和を解消する姿勢を形成し，組織の顧客志向を高める適応行動を取っていた。この行動は，個人が組織に適合することが目的ではなく，組織の外部環境への適応を促進させることが目的であった。こうした適応行動が取れるのは，個人がすでに外部環境に適応しているからであろう。

　こうして個人の建設的な適応行動によって認知的不協和は解消の方向に進み，組織との適合に近づくことになるが，完全な適合になる前に新たな不適合を見出すことになる。この点は発見事実の2点目で後述する。

　3つのルートのうち，第2のルートに相当するのが熟達ルートである。個人と組織が適合することへの期待が低いため，不適合を認知したとしても大きな不協和が生じていない。関心は組織ではなく顧客に向いており，組織内での適応行動よりも，顧客との長期信頼関係の維持を重要視する。その結果，接客の熟達化が進み，社内での信頼を獲得し，若手にとってのロールモデルとなる。顧客からの支持が自信となって組織との不適合があっても自分のやり方を通しているので現在も認知的不協和が発生していない。熟達ルートは自身の外部環境への適応を優先しているといえる。

　第3のルートである燃え尽きルートは，過去の不適合の内容から適応行動までは建設的行動ルートと全く同じだが，建設的な発言をするたびに組織からの否定・無反応，組織能力の限界を経験する。その結果諦めの態度が形成され，建設的な発言ではなく，離脱，忍耐，放棄（Farrell, 1983; Hagedoorn et al., 1999）の要素を含む防衛行動が発生する。組織との不適合はより拡大化し，組織との適合を諦めた個人は外部環境への適応を拠り所にするようになる。

　これら3つのルートを見出したことが本章の1点目の発見であった。

　さて2点目の発見は，建設的行動ルートにおける適応行動が組織の外部環境への適応を促したとしても，個人の組織に対する不適合は完全には解消されずに新たな不適合が発生する，ということである。その理由としてまず考えられるのが，顧客志向性価値観の特性でもある，期待－不一致パラダイム（南，2012; Oliver, 1980）である。常に顧客の事前期待を超えようとする考え方や，同質化より差別化を重視する，あるいは劇場で顧客感動を演出する

（Fisk et al., 2004; Grove & Fisk 1983; Grove et al., 2000）ためには，現状維持を否定する考え方が影響しているだろう。そうした顧客期待の変化は，外部環境の変化と同義である。適合理論を初期に唱えた Chatman（1989）が，個人と組織の不適合が組織の外部環境のコンティンジェンシーへの対応力になる可能性に言及したように，今後は外部環境への適応を視野に入れた個人－組織適合の研究視点が重要となるだろう。優位不適合では，外部環境に適応した個人が，組織の外部環境への不適応を，個人－組織不適合という形で検出しているのである。

　発見事実の３点目は，建設的行動ルートと燃え尽きルートを分けているのは組織の影響だということである。個人の発言を抑制しない組織（X社）と，発言に対して否定・無反応の組織（S社）では，個人の行動や態度が全く異なる反応を示すことが分かった。Luchak（2003）は，発言は自主的で柔軟性があり，問題解決への潜在力が高く，高い成果を出したいときに用いられるのだが，その発言を組織や上司から聞き入れるかどうかに大きく依存しているのが弱みだとしている。また，資格過剰，つまり優位不適合は組織的圧力をかけられない環境にあるときに組織にとって良い結果を生み出す（Erdogan & Bauer, 2009），とされる先行研究も本章の分析結果は支持するものとなった。

　組織が個人の発言を否定すると，個人の価値観や行動へのダメージが大きい。なぜなら，発言のような能動的な行動は，意味ある変革を導くという信念が個人にあるときに頻度が高まる（Tangirala & Ramanujam, 2008a）にもかかわらず，その信念を組織に否定されるからである。それは個人と組織の信頼関係の喪失につながり，個人の帰属欲求を脅かすことになる。さらに，発言の拒絶は認知的不協和の拡大であるため，限度を超えれば個人は離脱によって耐えがたい状況を回避するだろう。発言する忠誠者は，意識が高く脱退という苦渋の決断を下す前にあらゆる手段を尽くそうとする人間（Hirschman, 1970）である。もし離脱を許したなら，企業にとっては衰退してゆく組織の事態を変革しようと立ち上がる発言者（Hirschman, 1970）を失い，組織の回復メカニズムが機能不全に追い込まれることになる。よって，組織が優位不適合の個人による発言をいかにマネジメントするか，とい

うことがインプリケーションでは重要になるであろう。

　ここで，マーケティングの論点からも本章の整理を行う。顧客接点を起点にサービス変革を行うサービス・デザイン（Andreassen et al., 2016）で考えると，建設的行動ルートは，社内顧客の重要性を部下に指導したり，管掌部門の顧客満足度をあげたり，あるいは危機感を共有する仲間との改革活動を通してサービス変革につなげていることは確実である。Schneider（2004）は「社外への適応」と「社内の内部統合」がサービス風土の実践で重要だと説いているが，建設的行動ルートはこの 2 つの概念を実践しているといえるだろう。マーケティング研究では個人の適応行動に踏み込んだ議論は限られているため，本章の発見事実はマーケティング論にも貢献すると思われる。

　これらの発見事実を踏まえ，建設的行動ルートと燃え尽きルートを比較しながら，個人の適応行動による個人と組織のダイナミクスについて図を用いて考察を進める。まず，建設的行動ルート（図 6-2）では，初期（T1）の優位不適合において個人は不協和を解消する姿勢を形成して建設的な適応行動を取ることで，組織の顧客志向性の水準を高めることに貢献し，組織との適合ラインへと近づき，高水準適合になる。だが，その状態は長続きせず，個人が組織との新たな不適合を見出して優位不適合に戻る（T2）。そこからまた建設的行動を取り，適合ラインへと向かう，という動きが発生することになる。ここで，T1 での個人の建設的な適応行動によって，組織の顧客志向性の水準は上昇することになる。つまり，個人が高水準適合で安定せずに新たな不適合を発見し，建設的な適応行動を繰り返せば，個人が認知する組織の顧客志向性は上がり続け，個人と組織のフレームワークは上昇軌道になる。実際は永遠に同じ上昇軌道を描くことはなく収束していくだろうが，優位不適合による個人の適応行動が組織の外部環境適応を促し続ければ，図 6-2 のような個人と組織のポジティブなダイナミクスが発生する。

　これとは対照的に，燃え尽きルート（図 6-3）では，初期（T1）の優位不適合を解消しようとする建設的行動によって一旦は適合ラインに近づこうとする。ところが，組織から適応行動を否定されることで，燃え尽きて優位不適合に逆戻りする。このときに，T1 と同じ位置に戻るのではない。個人の顧客志向性の水準はほぼ維持されていたとしても，個人は組織に諦めを感じ

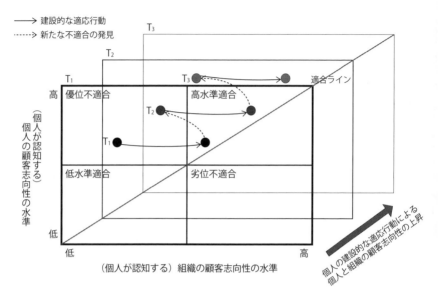

図 6-2　建設的行動ルートにおける個人と組織のダイナミクス

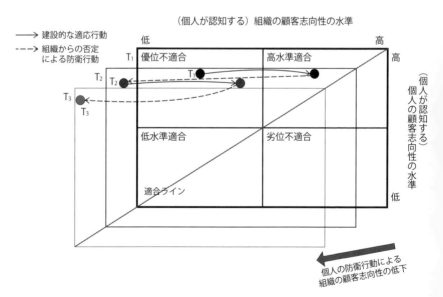

図 6-3　燃え尽きルートにおける個人と組織のダイナミクス

て適応行動を取らないため，個人が認知する組織の顧客志向性の水準は T1
のときよりも低下して，T2 の位置に移動する。そうすると個人は組織の中
では変わらず優位不適合のままどころか，組織との不適合はより拡大する。
このように，もし個人の建設的な適応行動が組織から否定されることが繰り
返されれば，個人と組織のフレームワークは下降軌道を描くことになる。個
人にとって，個人の顧客志向性の水準を組織に合わせて下げることは，自身
の外部環境への適応を失うことになるため，この状況を避けるために個人は
最終的には組織との関係から離脱することになるだろう。こうして，優位不
適合の燃え尽きルートでは，図 6-3 のような個人と組織のネガティブなダイ
ナミクスが発生する。

　本章では，優位不適合を認知した個人の適応行動の解明を行った。個人の
発言に対する組織の対応によって，建設的行動ルートと燃え尽きルートのよ
うに個人と組織の双方が上昇するのか，組織の顧客志向性が下降していくの
か，を大きく分けることになる。だが，どちらにしても組織にダイナミクス
をもたらしているのは優位不適合から発生する個人の適応行動である。個人
が適合ライン上にいるときは認知的不協和が発生しないので，不協和を解消
しようとする姿勢や適応行動は起きない。つまり，適合ライン上では，個人
も組織も安定しているが，一方でダイナミクスは発生しなくなるのである。

　組織を取り巻く外部環境は常に変化をしており，組織は環境とのダイナミ
クスの中で生存している。顧客志向性を外部環境への適応と読み替えた本書
では，優位不適合の発生はすなわち組織が外部環境に適応していないことを
示している。Chatman（1989）が言及した不適合がもたらす組織のコンティ
ンジェンシーへの対応とは，本書では優位不適合による適応行動を通して実
現されると説明できる。そして，既存の不適合研究が言及し続けてきた，適
度な不適合と成果との関係性（Billsberry, Ambrosini, Moss-Jones & Marsh,
2005; Chatman, 1989; Edwards, 2008; Harrison, 2007）についても，個人と組
織を外部環境に対してオープンなシステムとして議論することで，新たな議
論が可能になることを示せたといえよう。よって，個人が組織に持ち込んだ
不適合を，組織のポジティブなダイナミクスに発展させることができるかど
うかが，組織マネジメントの重要な課題になるだろう。

Chapter 7

不適合がもたらす
外部環境適応のダイナミクス

1. 結論と含意

　最終章となる本章では本書の問いである，組織をオープン・システムとして捉えたときに個人と組織の不適合はどのようなダイナミクスをもたらすのか，について考察を進める。

　本書では，不適合によるダイナミクスの解明は，個人の適合の認知の変化を捉えることと，不適合による個人の適応行動を捉えることで説明できると考えた。そして，本書は混合研究法（mixed method）によって量的および質的データを収集，分析し，最後に首尾一貫した大きなまとまりに統合してメタ推論を引き出すこと（抱井・成田，2016）を意図して，1つの予備調査（第4章）と2つの研究（第5章，第6章）を進めてきた。そこで，まずは各章で行った研究結果を振り返る。

　第4章の定量研究は予備調査という位置付けで，第5章と第6章で用いる個人と組織の適合と不適合を示すフレームワークを検証した。本書の特徴は，外部環境の代理変数として顧客市場を設定することで，顧客志向性を外部環境への適応という意味付けにしたことである。そして，個人-組織適合は顧客志向性価値観の適合という概念操作を行った。このようにして，横軸に（個人が認知する）組織の顧客志向性の水準を，縦軸に（個人が認知する）個人の顧客志向性の水準を設定し，顧客志向の測定尺度であるMKTOR

（Narver & Slater, 1990）を用いて520名の分布を確認した。個人と組織の得点のそれぞれの平均値で区切り，2×2のマトリックスによる4象限を生成すると，高水準適合，低水準適合，優位不適合，劣位不適合という4群が確認できた。そして，各群の組織内態度と対顧客行動の特徴を，一元配置分散分析によって把握したところ，組織内態度と対顧客行動の双方が最も高かったのが高水準適合群，最も低かったのが低水準適合群であった。優位不適合群は，組織内態度は低かったが，対顧客行動については高水準適合と同等の高さであった。

　なお，この適合と不適合の4群を表すフレームワークは，不適合研究では初めての実証モデルだといえるだろう。これまでに不適合を説明する概念モデルとしては，Cooper-Thomas & Wright（2013）による3つのモデル[1]（図2-2）があったが，本書では適合と不適合の4群による第4のモデルを提示することができた。

　続く第5章では，リサーチ・クエスチョン(1)個人は組織に対する適合や不適合をどのように認知するのか，を目的とした定性的研究を行った。既存の個人−組織適合研究では組織をクローズド・システムとして扱っていたため外部環境が考慮されていなかったが，オープン・システムでは個人と組織の外部環境への適応も想定される。個人の外部環境への適応は組織との適合の認知に影響することが考えられる。そこで，個人の顧客志向性価値観の形成が顧客市場への適応に相当すると操作化し，価値観の形成段階が適合の認知の変化に影響するのではないか，という視点から半構造化インタビューのデータを修正版グラウンデッド・セオリー・アプローチ（M-GTA）で分析した。

　手順としては，個人の顧客志向性価値観の形成段階を解明した後に，その時間軸に沿って個人が組織に対する適合や不適合を認知する時期と特徴を追い，第4章で示した2×2のマトリックス上にプロットをすることで，適合の認知の動態を捉えることができた。組織への新規参入段階には，組織との適合は無自覚無関心なので低水準適合群となる。その後組織社会化と組織内

1　第1モデルが適合の反対が不適合の連続体，第2モデルが適切な範囲に収まる適合より過剰か不足が不適合，第3モデルが質的な相違を示している。

学習の影響により顧客志向性価値観が芽生え，組織からの期待水準に応えきれない実力不足を実感して劣位不適合群へと移行する。その後，接客の経験学習によって価値観形成が進むと組織の価値観との適合に覚醒したり，視座が上昇したりして高水準適合群に移行する。高水準適合群では経営理念への共鳴や仕事の自己裁量権がある一方で，熟達化による個人の価値観の結晶化が組織への違和感をもたらし，優位不適合群へ足をかけるようになる。優位不適合群では，顧客志向と販売志向といった二律背反が起きやすい顧客接点の課題を組織が理解しようとしないことへの葛藤や，顧客志向を実現できない社内体制の不備に対する鬱憤を個人は感じている。以上のような個人と組織の適合と不適合の認知を本書のフレームワーク上で可視化することができた。

　Shipp & Jansen（2011）は，ダイナミック適合において重要なこととして，時間軸でプロセスを捉える，適合の変化を観察する，適合の進化プロセスを検討する，という 3 点をあげているが，第 5 章では顧客志向性価値観の形成段階という時間軸を用いることで，低水準適合，劣位不適合，高水準適合，優位不適合の間での認知の動態を捉えることができた。

　Wingreen & Blanton（2007）は，ダイナミック適合とは個人が組織に適合していこうとする動機付けやそのプロセスであるとしていたが，本書では外部環境の存在が加わるため複雑化する。組織が外部環境に適応しているときの個人 – 組織不適合は劣位不適合に相当するため，Wingreen & Blanton（2007）が示したように個人が組織に適合してゆくことで高水準適合になる。そのプロセスでは既存研究の示すとおり組織社会化が効果的である。だが，個人が組織より外部環境に適応しているときの個人 – 組織不適合は優位不適合なので，もし個人が組織に適合しようとしたら個人と組織の双方が外部環境に適応しなくなる。こうした場面で，個人はどのような適応行動を取るのか，というのが第 6 章のテーマとなる。

　最後の研究である第 6 章では，リサーチ・クエスチョン(2) 優位不適合を認知した個人はどのような適応行動を取るのか，を探究するために初回インタビューから 4 年後に同一人物に再インタビューをするという質的パネル調査を行った。優位不適合の個人は組織との関係のなかで，どのように認知

的不協和を解消する適応行動を発生させるのかを，メタ・マトリックス法
（Miles & Huberman, 1994；佐藤，2008）によって分析したところ，3つの
行動ルートに整理ができた。

　建設的行動ルートでは，初期の不適合の原因に対して反射的に反発するの
ではなく，不協和を解消するための姿勢を身に付け，建設的な適応行動を取
ることで組織の顧客志向性を高めていた。熟達ルートでは，組織変革という
意思はないものの，高度な接客水準によって結果的に仕事仲間の顧客志向性
を高める影響を与えていた。燃え尽きルートでは，建設的行動ルートと同じ
適応行動をとるのだが，それらの行動を組織から否定され続けたことで適応
行動ではなく防衛行動となり，組織との不適合が拡大した。

　Hirschman（1970）が，認知的不協和の状況であっても，個人は自身の信
念・態度・認識を変更しなくても現実世界を変えて不協和を克服できるとき
には発言が発動する，と主張したことが，建設的行動ルートで確認できたと
いえよう。

　さらに興味深い発見事実は，建設的行動ルートでは不協和の解消によって
不適合が適合に近づくと，個人は新たな不適合を見出すということであっ
た。これは，たとえ個人－組織適合が一旦は成立したとしても，外部環境の
変化に個人は敏感に適応して，組織の外部環境への不適応を発見しようとす
る姿勢を意味している。こうして，外部環境の近くに存在している個人の不
適合が組織の外部環境への適応を継続的に促すというダイナミクスを発見す
ることができた。

　それでは，これら3つの研究から導き出される，個人と組織の不適合がも
たらすダイナミクスの推論を行う。まず，組織にダイナミクスをもたらす優
位不適合の発生理由は，①個人は組織内学習だけではなく外部環境からも学
習をしながら価値観形成をしている，②熟達化により個人は外部環境に適応
している，③組織が外部環境に適応していないことを認知している，④組織
が外部環境に適応することを望んでいるという条件が揃っていることであ
る。こうした優位不適合による建設的な適応行動は，組織変革につながる変
革的適応行動である。

　伊丹（2012）は経営戦略論として，「あえて現状の均衡を崩して，不均衡

を自ら求めるような戦略が長期的には望ましい」(p.293) として不均衡が生み出す成長のダイナミズムを唱えている。不均衡を市場に作り出して組織と市場の拡大を図る戦略のみならず，組織内部の見えざる資産[2]を部分的にオーバーする事業活動をあえて行うことで不均衡を組織内部に発生させて，不均衡解消へのダイナミズムを動かす戦略をオーバーエクステンション戦略と呼んだ。本書の議論に落とし込めば，優位不適合による適応行動は，個人と組織の間における個人起点のオーバーエクステンションだといえるのではないだろうか。

　さらに，個人の適応行動によって不適合が解消に向かってもなお，個人は新たな不適合を見出すことについても，伊丹 (2012) が同様の主張をしている。「一つの不均衡ダイナミズムが終わりに近づき，均衡状態を迎えると，別の不均衡ダイナミズムが始まる。そして，こうした不均衡ダイナミズムの繰り返しとしてあらわれてくる企業の長期的戦略経路は『ジグザグ戦略』とでも呼ぶ」(p.352)。このジグザグは，個人が組織との適合と不適合を行きつ戻りつしている状態を示すこともできるだろう。同様に矛盾の論理によって不適合を議論した Livingstone, Palich & Carini (2002) も，個人の不適合が組織のポジティブな変化と成長を引き起こす変革マネジメントを主張している。

　だが，こうした個人の適応行動は同時にリスクを内包している。それを，燃え尽きルートの存在が証明している。組織の安定を脅かす個人の適応行動は，組織にとっては脅威に映ることもあるし，戦略上不要だという判断が下されることもある。あるいは，変革を推進できる組織能力を組織が持ち合わせていないときは，組織内に無力感が広がるかもしれない。Klaas et al. (2012) によれば，正義感のみの発言はマネージャーや会社には少なくとも短期的なコスト（過去の行動をやり直させることで価値ある時間と資源を消費するなど）をかける可能性がある，としている。このように発言は組織の資源損失の可能性を含んでいるため，組織は個人の適応行動に対して否定的

2　見えざる資産とは，物理的な存在のある資源ではなく，技術開発力，熟達やノウハウ，特許，ブランド，顧客の信頼，顧客情報の蓄積，組織風土などの目に見えない資源のことを指している（伊丹, 2012）。

な態度を取ることもある。それが燃え尽きルートで発生したことである。その一方で，正義感のみの発言と比べて，正義志向の発言の場合は経営サイドからの否定的な対応から身を守り社内手続き的な保護を受けられる（Klaas et al., 2012）ことから，個人の視点からみれば発言方法は重要な論点になってくるだろう。

　組織の視点からみると，個人の適応行動への組織の対応が建設的行動ルートと燃え尽きルートを分岐させていたことに着目できる。Hirschman（1970）の議論では，発言のメカニズムはもともと組織の水準が下がっているから発生しているということが前提になっており，組織は離脱を食い止める方策を探索しなければならず，発言が発生する要因に対する解消策の探索も必要になると指摘している。だが，現実には組織は発言を受けることに慣れていないため，発言に対する組織の対応が個人の適応行動のルートを大きく分岐させることになる。Erdogan et al.（2011）は，資格過剰が引き起こす行動が不適応行動ではなく建設的な適応行動になるのは，個人が能力の発揮を規制されず，変革的な活動に対して組織的圧力がかからないときである，としている。組織による個人の適応行動に対するマネジメントが機能するか否かによって，組織自身の外部環境への適応すら左右しかねないことを自覚する必要があるだろう。

　こうした議論より，個人と組織の不適合は，不適合による個人の適応行動が適切にマネジメントされれば，個人と組織が共に外部環境に適応することを促進するダイナミクスを生み出すことができる，というのが本書の最終的な主張となる。

　最後に，優位不適合による個人と組織のダイナミクスの命題モデルを図7-1に示す。

　命題1は，組織からの学習は，個人の志向性・価値観の形成に正の影響を与える，を示している。第2章第1節で議論をした組織社会化のような既存研究や，第5章の顧客志向性価値観の形成段階の研究よりこの命題については支持を得られるであろう。

　命題2は，外部環境からの学習は，個人の志向性・価値観の形成に正の影響を与える，を示している。従来の個人‐組織適合理論では，個人の価値観

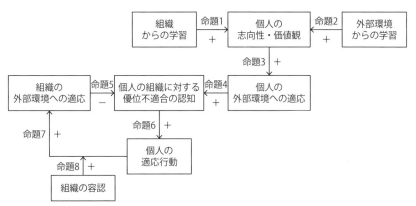

命題1：組織からの学習は，個人の志向性・価値観の形成に正の影響を与える
命題2：外部環境からの学習は，個人の志向性・価値観の形成に正の影響を与える
命題3：個人の志向性・価値観は，個人の外部環境への適応に正の影響を与える
命題4：個人の外部環境への適応は，個人の組織に対する優位不適合の認知に正の影響を与える
命題5：組織の外部環境への適応は，個人の組織に対する優位不適合の認知に負の影響を与える
命題6：個人の組織に対する優位不適合の認知は，個人の適応行動に正の影響を与える
命題7：個人の適応行動は，組織の外部環境への適応に正の影響を与える
命題8：組織による容認は，個人の適応行動による組織の外部環境への適応の正の調整変数になる

図 7-1　優位不適合による個人と組織のダイナミクスの命題モデル

形成に関わる議論はあまり言及されてこなかった。だが，外部環境からの経験学習や熟達化によって個人が信念や持論を形成することは第 2 章第 1 節の先行研究で議論しており，第 5 章の顧客志向性価値観の形成段階の研究からも明らかになっている。

　命題 3 は，個人の志向性・価値観は，個人の外部環境への適応に正の影響を与える，を示している。先行研究では第 2 章第 3 節で外部環境としての顧客を議論しており，第 5 章では顧客志向の接客が長期的・個人的な信頼関係の構築を目的としていることを明らかにしている。本書では顧客志向性を外部環境への適応の代理変数としたが，技術志向，グローバル志向，といった外部環境志向の価値観は外部環境への適応を促すことになるだろう。

　命題 4 は，個人の外部環境への適応は，個人の組織に対する優位不適合の認知に正の影響を与える，を示している。個人の価値観の形成段階に伴い組織との適合・不適合の認知が動態化することは第 5 章で議論をしている。個人の顧客志向性が高まることは，組織の顧客志向性を上回る優位不適合の認

186

知につながる要因の1つになる。

　命題5は，組織の外部環境への適応は，個人の組織に対する優位不適合の認知に負の影響を与える，を示している。優位不適合の認知をもたらすもう1つの要因は，組織が外部環境に適応していないと個人が認知したときである。第5章では個人が組織に対して抱く違和感をきっかけに，優位不適合をどのように認知するのかを議論している。

　外部環境への適応と不適合の関係性や，優位不適合という考え方は本書のオリジナルのため先行研究による議論は行っていないが，第3章で議論の枠組みの整理をしている。

　命題6は，個人の組織に対する優位不適合の認知は，個人の適応行動に正の影響を与える，を示している。不適合は認知的不協和なのでこれを解消する適応行動を取る。先行研究では，第2章第1節の不適合研究，ダイナミック適合研究や，資格過剰，発言行動が相当する。実証研究では第6章の建設的行動ルートによって確認をしている[3]。

　命題7は，個人の適応行動[4]は，組織の外部環境への適応に正の影響を与える，を示している。第6章の建設的行動ルートでは，個人の適応行動が組織の顧客志向性の上昇に貢献していることを確認した。

　命題8は，組織による容認は，個人の適応行動による組織の外部環境への適応の正の調整変数になる，を示している。第6章の発見事実では，建設的行動ルートと燃え尽きルートを分けていたのは組織による容認であった。燃え尽きルートでは組織が個人の適応行動を否定することで個人の適応行動は抑え込まれてしまい，組織の外部環境への適応を促進することができなくなった。第2章第1節でも，資格過剰研究や発言研究において調整変数が個人の適応行動を左右することを示している。

　図7-1では，命題7で個人の適応行動の影響を受けて組織が外部環境への適応に近づけば，個人の優位不適合は弱まる，という命題5につながる。そ

3　命題6において，もし組織の顧客志向性が個人と同等に高いと個人が認知すれば，優位不適合は発生せずに高水準適合となる。あるいは，組織の顧客志向性が個人より高いと個人が認知すれば，優位不適合ではなく劣位不適合となる。図7-1は優位不適合によるダイナミクスの命題モデルであるため，高水準適合や劣位不適合はモデルに含まれない。
4　本書における適応行動は，不適合を適合に向かわせる行動と定義しているため，組織との不適合を拡大させるような破壊的発言や離脱は適応行動には含まれない。

れは，優位不適合ではなく，高水準適合に近づくことになる。だが，もし変化の激しい外部環境から個人が新たな学習をして外部環境への適応がさらに進み，組織の水準を超えると，また優位不適合を認知する，という循環に入る。このように，個人は優位不適合を認知すると適応行動を起こすことで高水準適合に近づくが，外部環境への適応が進むとまた優位不適合のループに入る。これこそが，本書が最終的な結論として導いた個人と組織の適合と不適合のダイナミクスであり，Chatman（1989）が言及した不適合による外部環境のコンティンジェンシー対応なのである。

2.　研究の限界

　本研究には多くの限界もある。1 点目に，外部環境の代理変数として顧客市場を位置付け，顧客志向性の水準の高さが外部環境への適応として議論を展開しているが，適合・不適合理論の一般化のためには，他の志向性や価値観でも研究を進める必要があるだろう。例えば，顧客志向性に代わって技術志向性，グローバル志向性，あるいは CSR（corporate social responsibility：企業の社会的責任）や ESG（environment／環境，social／社会，governance／ガバナンスの略語）への志向性も代理変数になり得るかもしれない。

　2 点目に，個人と組織の顧客志向性はすべて個人の認知に依っている点があげられる。マーケティング領域の研究手法では，組織の顧客志向性は個人ではなく顧客や組織の代表者に測定させる客観的な手法を用いることが多い。本書では，個人の認知が個人行動の強力な説明となるため認知で一貫して議論を展開したが，組織の外部環境への適応を個人がすべて認知できるとは限らない，という点を自覚しておくべきであろう。個人の認知だけの議論では「思い込み」や「過剰な外部環境への適応」が見逃される。よって，組織側は個人の優位不適合をどのように理解しているのかを合わせて議論する必要がある。さらに，組織の顧客志向性の水準が個人の建設的な適応行動によって上昇したのかどうかを，マーケティング領域の手法に倣い客観的なデータを収集して分析する必要があるだろう。

　3点目は，研究対象企業の業態に限界があったことである。顧客満足とロイヤリティの形成パターンは顧客特性と業種によって異なる（小野，2016）とされている。本書では服飾販売と自動車のアフターサービスという異なる職種ながらも高所得者層をターゲットにしている点やリピート率が売上に直結するビジネスモデルである点が共通している。服飾は季節ごとに買い替える商品であるし，自動車のアフターサービスへの信頼はオプション販売や新車販売につながるというように，顧客満足が戦略上必要不可欠である。だが，同じサービス組織でも日用雑貨を扱っていたり，顧客接点人材がリピーターから指名されることのないようなビジネスモデルだったりする場合では，顧客志向性価値観の形成過程や適合・不適合の認知は異なる可能性が大きい。

　4点目は，第5章のインタビュー対象者が12名，第6章では定性パネル調査であったため5名というサンプル数の少なさが挙げられる。よって，理論的飽和に至ったとは言い切れないため，モデルの頑健性に欠けることである。

　5点目は，インタビュー対象者全員が優位不適合と高水準適合の間にいることから，低水準適合では何が起きているのかという詳細なるヒヤリングが行われていない。そこで，第5章の適合と不適合のマトリックスによるフレームワークは頑健性に欠けていることを認めざるを得ない。

　6点目としては，不適合による行動を離脱・発言・忠誠理論（Hirschman, 1970）に依拠するなら，離脱者，つまり組織から退出した人や，攻撃的発言や忍耐（Hagedoorn et al., 1999），さらに放棄（Farrell, 1983）をしている対象者へのインタビューが行われていれば，不適合による適応行動の包括的な体系化が可能になったであろう。

　7点目は，本書では外部環境との接点や学習が可能な顧客接点人材を対象としていたが，外部環境と接点のない職種に就く個人の不適合ではどのような議論になるのか，という点については検証ができていないことである。外部環境との接点がなく，外部環境からの学習がなければ，組織との優位不適合は発生しないのか，そして適応行動は発生しないのか，について本書では議論ができていない。

　最後 8 点目に，たとえ上記のデータをすべて収集して定性的研究法による理論的飽和に至ったモデルになったとしても，仮説構築に留まり定量的な検証には至っていない。よって，今後とも継続して定性データの収集による追加分析と同時に，定量的な研究デザインの構築によって尺度開発や因果関係の解明など一層の研究の深みが必要になるだろう。その際に，本章の図 7-1 の命題モデルが仮説構築の基礎になると考える。

　以上にあげたような研究の限界を踏まえたうえで，以下に本書の理論的，実践的含意を示す。

3.　理論的貢献

　本書の理論的貢献は，既存の組織 – 個人適合理論に外部環境を新たな変数として取り入れて動態的な研究を行い，優位不適合による個人の適応行動が組織の外部環境への適応を促すという発見事実を導いたことである。

　既存の組織 – 個人適合研究の限界は，個人と組織の 2 者関係のクローズド・システムでの議論であり，適合の高さが組織内態度に与える影響の測定が中心的な研究テーマであったため，静態的な研究とされてきたことである。だが，本書では外部環境に対してオープン・システムとしたことで，個人は外部環境からも学習しており，個人が外部環境に適応することで組織との適合や不適合の認知が変化する要因になるという動態性を示した。さらに，組織との不適合という認知的不協和を解消するための個人の適応行動が，組織の外部環境への適応に影響し，その結果として個人の適合や不適合の認知がさらに変化するというダイナミクスを提示したことで，適合理論の新展開につなげることができたのではないだろうか。

　理論的貢献をさらに細かく分類すれば，ダイナミック適合研究，不適合研究，そしてマーケティング領域における顧客志向による個人 – 組織適合という 3 つの新しい研究領域があげられるため，以下で詳細を確認していく。

　「組織研究者にとって最も難易度が高いのは，ダイナミックで説明力のあるプロセスを示す実質的な個人 – 組織適合モデルの提示」（Pervin, 1989, p.357）とされるダイナミック適合（Boon & Den Hartog, 2009; Caldwell et al., 2004; Cooper-Thomas, van Vianen & Anderson, 2004; Jansen & Shipp, 2013; Schneider, 2001; Shipp & Jansen, 2011; Wingreen & Blanton, 2007）において，本書では2回のインタビューによる質的パネル調査によって実証研究を行った。

　個人の顧客志向性価値観の形成段階という時間軸をインタビュー・データより生成し，その後，個人の組織との適合と不適合の認知の動態とその内容を概念化し，詳細にプロセスを捉えた。この個人の認知の変化を示すプラットフォームには，適合と不適合の2×2のマトリックスを用いており，黎明期のダイナミック適合の研究に新たなモデルを提供できたと考える。

　さらに，不適合による認知的不協和の解消行動を4年後に再インタビューすることで，個人の適応行動が組織の外部環境適合を促すというダイナミクスを示し，認知の動態だけではなく，個人行動，組織への影響まで含めたダイナミック適合を議論することが出来たといえよう。

　こうした研究を可能にしたのは，従来の個人−組織適合が対象にしてきた組織新規参入者ではなく熟達者を対象にしたこと，そして組織内学習より外部環境からの学習，つまり接客経験からの学習によって組織との不適合が発生しやすい顧客接点人材を研究対象にしたことが寄与している。雇用の流動性や多様性がますます進展する現代において，個人の外部環境への適応という視点は，ダイナミック適合研究に重要な論点を提供できたのではないかと考える。

　2つ目の理論的貢献は不適合研究の領域である。Cooper-Thomas & Wright (2013) が提示した3つの不適合モデルに対して，第4のモデルとして，資格過剰の議論の展開から優位不適合と劣位不適合，さらに高水準適合と低水準適合という既述の2×2マトリックスを示し，優位不適合という概念を生成した。既存研究では不適合は望ましくない組織内態度をもたらすという理解が主流であったが，優位不適合の場合は対外部環境行動では適合と同じ得点を示していた。

　また，不適合がもたらす行動の検討にあたっては，不適合は認知的不協和 (Festinger, 1957) であるため，不協和を解消する適応行動として離脱・発

言・忠誠理論（Hirschman, 1970）に依拠して発言行動に着目したが，これ
までの不適合研究ではこうした論旨展開は見当たらない。この発言行動を適
応行動として捉え，質的パネル調査で検証したことで，建設的行動ルート，
熟達ルート，燃え尽きルートという行動パターンを見出すことができた。

　さらに，これらのルートによって発見できたのは，個人は初期の不適合の
内容に応じて認知的不協和を解消するための姿勢を形成しており，その姿勢
に基づいた適応行動を起こしている，ということである。個人の適応行動の
一貫性は，不適合を解決するための姿勢がもたらしているという事実は，不
適合による個人の適応行動を理解するうえでの理論的貢献になったと考え
る。

　建設的行動ルートのような組織を外部環境に適応させる行動は，組織変革行
動ともいえる。これまでも不適合の変革志向性は指摘されてきた（Livingstone
et al., 2002）が，理論的にも実証的にも十分とはいえない議論を，本書では
外部環境への適応という考え方を用いて説明することができた。

　さらに，既存の不適合研究では，ある程度の不適合は個人と組織の双方に
利益がある（Chatman, 1989; Edwards, 2008）とされながらも，適合と不適
合は何が異なるのか，具体的にどのような利益なのかを明示できていなかっ
た。本書では，優位不適合による適応行動が組織の外部環境への適応を促す
という，不適合によるダイナミクスを不適合研究に提示することができたの
ではないかと考える。この論点によって，これまで懸念されてきた，「厳格
な一致」が最適の成果をもたらすという結果を支持する研究はほんの一握
り（Jansen & Kristof-Brown, 2006）であり，過剰同調は個人の変革行動を
抑制し（Klausner & Groves, 2002），過剰社会化は組織存続の逆機能（福本,
2011），適合が極度に高まると同調，惰性をもたらし，変革性と適応性が減
少する（Chatman, 1989），という過剰適合の問題も説明ができる。

　3つ目の理論的貢献は，マーケティング領域に対するものである。既存の
顧客志向に関する膨大な研究のなかで，近年では組織と個人と顧客をどのよ
うに連結させるのか，ということがマーケティング研究の関心事になってい
る。例えば，組織が個人をコントロールし，個人が顧客満足を提供するとい
うフレームワーク（e.g., Cross et al., 2007; Heskett, 2014）や，個人－組織適

合の研究（e.g., Farrell & Oczkowski, 2009; Anderson et al., 2016; Life, 2014）
も登場するようになった。伊藤（2009b）は，個人の顧客志向と組織の市場
志向性のギャップの探究は市場志向の研究を豊かなものにすると述べている
が，本書が示した不適合によるダイナミクスはこの課題に対して新たな知見
を貢献できたのではないだろうか。

　逆に本書がマーケティング論の知見に最も助けられたのは，サービス・デ
ザイン（Andreassen et al., 2016）のフレームワークである。それは顧客の
経験を起点にした組織内のサービス変革，組織的変革の必要性を主張するも
のであるが，顧客接点人材のサービス変革における役割を建設的行動ルート
によって具体的に提示できたことで，このサービス・デザイン研究の発展に
貢献ができたかもしれない。

　さらに，顧客接点人材がどのように顧客志向性価値観を獲得してゆくの
か，という段階を組織社会化や学習，熟達化の理論に依拠しながら詳細に記
述していることや，顧客志向性価値観による適合と不適合の認知の特徴など
を詳細に概念抽出したことは，今後の顧客志向研究の発展に役立てたのでは
ないかと考える。

　最後に適合理論の原点回帰への貢献をあげることにする。個人と組織の関
係性について，Argyris（1957）は，公式組織の原則は健康なパーソナリティ
の成長傾向と公式組織の要件の間に不適合を発生させる，と言及した。そし
て Chatman（1989）は，理想的な個人－組織適合の水準というものがある
だろう，と思考を巡らせた。これらは，個人と組織の不適合は不可避だが，
どのような関係なら望ましいのか，という命題があったからである。本書で
はこの命題に対して，個人と組織の不適合が個人の適応行動をもたらし，組
織の外部環境への適応を促すという結論によって，適合理論の原点に議論を
戻すことができたのではないかと考える。

4．実務への適用：不適合を活かす個人と組織

　本書は学術書であるにもかかわらず，想定する読者として研究者より実務

家のほうを最初にあげている。その理由は，研究による発見事実を学術界という　クローズド・システム内に留めておくことなく，実践に役立ててほしい，という願いによるものである。よって，以下では理論的な議論をより実務に近い視点に拡張させて，組織内で働く個人，並びに組織マネジメントを行う側の双方の立場にとって，本書から何を学ぶことができ，どのように活用することができるのか，について優位不適合による個人と組織のダイナミクスの命題モデル（図 7-1）の流れに沿って解説をしていく。

4.1.　組織からの学習
組織のビジョン，パーパスの学習によりロイヤリティを高める

　日本的人的資源管理では新卒一括採用は現在でも主流の採用方法であり，新入社員に対して社会人への移行を促す集合研修や OJT（on the job training）が行われている。こうした新規参入者を組織に馴染ませていくことを専門用語では組織社会化といい，人事実務家の世界ではオンボーディングともいう。新規参入者にとって，その組織の中で用いられる共通言語を学ぶためのこうした取り組みは必要不可欠であろう。

　だが，果たして，高度専門性の学習を組織内だけで完結させることは可能なのだろうか。競合優位性を獲得するために組織能力を高めていきたいと考えるのであれば，組織内ではなく，組織外から新しい知識，技術，態度，行動を取り入れていく必要がある。ここに，従来からの社内教育手法であったOJT の限界があることは，多くの人事専門家が指摘しているところである。本書の主張でいえば，OJT で自己完結する組織がクローズド・システムであり，組織外の外部環境から学習するのがオープン・システムとなる。

　では，組織内学習は新規参入者に対する導入教育だけで良いのだろうか。離脱・発言・忠誠理論（Hirschman, 1970）では，組織の質が低下した際に構成員は離脱か，発言のどちらかの行動を取るのだが，それを分けるのが忠誠（loyalty）だとしている。この組織への忠誠を高めることこそが，組織内学習の重要な目的となるといえよう。忠誠に類似する考え方が人事実務の世界で組織調査が普及してきている「従業員エンゲージメント」であり，働く人がもつ組織や仕事に対する熱意や情熱と理解されている（守島，2021）。

従業員エンゲージメントと企業業績との関係が現在では議論されているところだが，本書の立場からすれば以下のような解釈ができる。従業員エンゲージメントが高ければ，組織が外部環境に対して不適応になったときに，従業員は離職するよりも建設的な発言と行動を取ることを選択し，個人起点による組織の外部環境適応へのダイナミクスが発生し，業績回復に寄与する，ということだろう。

よって，組織内で継続的に注力すべき学習領域は，日常業務や専門技能以上に，従業員エンゲージメントを高めるための組織のビジョンやパーパス，そして文化の浸透といった組織外では学習できないもの，になるのである。

4.2. 外部環境からの学習と適応
職業価値観を形成しエンプロイアビリティを高める

人事実務では 2020 年頃から「ジョブ型」の雇用や人事制度が話題になっている。ジョブ型とは一般的に欧米において従来から運用されている雇用や人事制度であり，採用の際に職務（ジョブ）の定めがあるため未経験者は原則的に採用せず，職務の市場価値によって賃金がそれぞれ異なり，会社都合による定期的な人事異動は発生せず，職務記述書に記載されている職務における能力の発揮や成果で人事評価をされる，というものである。よって，組織は職務ごとのスペシャリストによって構成されている。これに対して日本的人的資源管理では，職務の定めのない雇用契約に基づき新卒一括採用を行い，長期雇用の中で人事異動を通してジェネラリストを育成し，個人と組織の安定した関係性を築く「メンバーシップ型」の雇用や人事制度を実施してきた（濱口，2021）。ところが，近年では国外への事業展開や高度専門性が求められる経営環境のなかで，日本の大企業でジョブ型の雇用や人事制度へと移行する事例も増えてきている。

このジョブ型の雇用や人事制度が日本国内で浸透することで発生するのは，組織外部の労働市場が活性化するということである。メンバーシップ型では長期雇用のもとで人事異動を行い組織内の空席を社内の人材で補充してきたが，ジョブ型では空席に適したプロフェッショナル人材を組織外から調達する。言い換えるなら，その職務を遂行できるプロフェッショナル人材に

は，転職の機会が増える，ということである。さらに，ジョブ型の賃金は労働市場価格に連動するため，高度な専門性で希少価値のある職務は高い収入を得られることになる。

　ここで本書の議論に戻るなら，ジョブ型の雇用や人事制度は個人の外部環境適応を促進する，ということである。現在所属する組織に居残ることを目的とした個人－組織適合よりも，自由に組織間移動ができるような外部環境適応をしたほうがプロフェッショナルとしてのキャリアが継続できるのである。よって，自身の専門性を高めるために，例えば技術者，マーケティング・リサーチャー，人事専門家，などは組織内ではなく，組織外の職業専門団体や協会が提供する研修で学習したり，社外の人脈を広げたりして，外部労働市場における自身の市場価値を高めようとするのである。近年の人材育成施策として注目されている越境学習やプロボノも，組織外での学習，言い換えると外部環境への適応を促すものと考えても良い。さらに，本書の発見事実では，こうした専門性の習得をとおして熟達化に至った個人は職業的な価値観が内面化され，「内省的実践家の持論」（金井，2005）を形成しているため，素早く意思決定や問題解決をすることができる。

　だが，自分の専門性は何か，という疑問を持つ読者もいるだろう。確かに組織は高度な専門性だけで構成されている訳ではないが，自身の仕事の意味や価値というものを自ら考えることから始めてはどうだろうか。守島（2021）は，自分で考え，自分で行動するタイプの自律を「仕事自律」とよび，仕事自律ができない人材には「キャリア自律」もできないだろう，としている。

　本書が個人のキャリア形成に関して言及できるのは，クローズド・システムの個人と組織の関係性のなかで何も疑いを持たずに長期間安定していると，組織が外部環境に不適応になったら，個人も共倒れになる危険性がある，ということである。これまでのキャリア形成は，いかに個人が組織に適合するか，という発想が主流であったが，これからは外部環境への適応，実務的にいえば，労働市場における自身のエンプロイアビリティを高めていくことを意識する，ということになるだろう。

4.3. 優位不適合の認知と建設的な適応行動
組織の外部環境適応を促すダイナミクスを発生させる

　ここまでの主張では，個人は組織とは無関係にキャリア自律をすることを勧めているようだが，決してそうではない。個人が外部環境に適応していなければ，すなわち熟達化していなければ，組織の外部環境適応に対してダイナミクスを起こすことができないのである。本書の発見事実では，熟達化による価値観や信念の確立は組織の外部環境への適応に目を向かわせ，それと同時に組織に対する不適合を認知することになる。これが優位不適合である。このときに，安易に放棄や忍耐や離脱を選択することなく，責任を持って建設的な発言と行動によって組織を外部環境に適応させるダイナミクスを発生させることができれば，個人と組織の双方の成長を促すことができるのである。つまり，オープン・システムにおいて個人は組織から一方的に影響を受けるだけの存在ではないのである。

　組織の外部環境への不適応，具体的には低い顧客志向性，技術革新やグローバル化の遅れ，あるいは倫理観の欠如のような場面において，本書が発見した建設的行動ルートのように，反射的に批判をするのではなく実力をつけてから発言をして，周囲を巻き込んで改善や変革を起こす，という姿勢は組織のみならず，個人の成長にもつながるのである。従来は従業員の発言を代表していたのが労働組合であったが，その組織率[5] が低下しているなかで個人の発言は組織にとっても貴重なものになる。個人の発言が組織にダイナミクスをもたらす，それを可能にするために優位不適合は重要な概念になるのである。

　サービス組織にあっては，この不適合はより経営課題として捉えることができる。サービス・マネジメント論では顧客接点人材が得た情報が経営を創るという「逆さまのピラミッド」（Albrecht, 1988）という考えがあるが，グローバル競争が激化し，人工知能が定型業務を代替するこれからの時代に，企業の存続は顧客接点で新たな価値を作り出すことができる組織体制づくりにかかっているといっても過言ではないだろう。その顧客価値を創造する顧

5　厚生労働省による令和3年労働組合基礎調査によれば，推定組織率（雇用者に占める労働組合員数の割合）は16.9%であり，1960，70年代の約半分。

客接点の場にいる個人が持ち込む不適合を，いかにサービス変革につなげることができるかは，企業の競争優位性に関わる問題である。

　ここで，どの程度の優位不適合が妥当なのか，という議論があるだろう。もし個人と組織の不適合が100％であれば，個人は組織から離脱することを優先するので適応行動は期待できない。本研究では80％前後が適合，残り20％が不適合，と答える事例が多かったが，不適合の割合が減ったとしても，意図的に新たな不適合を見つけ出そうという姿勢が特徴的であった。これは，組織の「あら探し」をしているのではなく，自分自身が外部環境への適応を努力することで，組織の外部環境適応を促すべき点はどこかを見出しているのである。言い換えると，個人が外部環境への適応の努力を断念すると，優位不適合を認知しないので適応行動は起きず，組織にダイナミクスはもたらされない，ということになる。

4.4. 組織による優位不適合マネジメント
同質化ではなく不適合の効果的マネジメントにより組織は外部環境適応を実現する

　さて，これまでは個人の優位不適合の認知と建設的な適応行動の重要性を述べてきたが，こうした行動を強化するのも，あるいは消滅させるのも，組織対応次第であることが本書の発見事実であった。組織との不適合を認知して，建設的な発言をしたにもかかわらず，組織から否定，無視をされた個人は諦め，燃え尽きルートに転じてしまうことが判明した。果たして，組織は不適合をいかにマネジメントしたら良いのだろうか。

　今回の研究対象である顧客接点人材に限らず，外部環境に適応した人材であれば組織との優位不適合が発生する。終身雇用を維持することが困難になった企業はキャリア自律を推進する目的で副業を認める動きも出始めており，個人が経験学習をする場が組織外部に広がっている。また，先の事例であげたように職業専門団体での学習，社会人向け大学院，あるいは海外駐在，出向，プロボノ，ボランティアなどの経験を経て個人が組織に持ち込む価値観が多様化する。さらに今後は外国人労働者や多様な雇用条件のプレイヤーが増加し，組織はますますオープン・システムとなり，外部環境からの

新しい価値観が組織内にもたらされるようになる。

このときに，従来のクローズド・システムのマネジメントで個人を組織との同質性へと押さえつけようとすると，「燃え尽きルート」が発生してしまうことが容易に想像できるだろう。そこで発生する問題は，個人の動機付けの低下や離職に留まらない。個人が外部環境に適応しており，その発言が組織の外部環境適応を促すものであるとしたら，組織は自らの外部環境への適応の機会を失うことになるのである。

もちろん，個人の発言のすべてが正しく，組織にとって有益だとは限らない。組織にも戦略や方針があり，それが個人の考える外部環境との適応とはズレが生じていることもあるだろう。だが，実際に発生している不適合の内容をよく吟味せずに同調圧力をかけるのは危険である。こうした場面において組織による不適合マネジメントを機能させることが重要であろう。具体的には，人事戦略・制度の設計から管理職のリーダーシップに至るまで，個人が持ち込んだ不適合はオープン・システム化した組織にとっての外部環境への適応の機会だと一旦は受け止め，内容を精査し，個人との話し合いを通して，組織の体制や組織文化の変革へと進めることが求められる。近年では心理的安全性やインクルージョンという概念で個人の自由な発言や存在を受け入れる体制の重要性が主張されているが，本書の立場からみれば，これらには個人の不適合による組織の外部環境への適応を促進させる効果が期待できる。

もし個人と組織の外部環境への適応スピードが同じであれば，外部環境に適応した個人－組織適合が実現する。だが，個人の外部環境適応のほうが早い場合，個人は組織に対して優位不適合を認知する。従来の日本の人材マネジメントは同質性のマネジメントであったため，優位不適合の扱いに慣れていない。だからこそ，不適合によるダイナミクスが今後の日本では重要なのだと本書は考えるのである。組織は個人を同質化するのではなく，個人の不適合を効果的にマネジメントする時代になっているのだ。

補章

先行研究詳説

　本書で行った実証研究は，数多くの先行研究によって理論的に支えられている。だが，その分量が膨大であることから第2章では要点に絞った記述にとどめたため，補章を設けることにより第2章の先行研究で議論不足の点を補完する。また，本書では直接的に引用していない研究であっても，先行研究を幅広く提示するので，同領域に関心を寄せる研究者の方など理論を深めたい方にはぜひご一読頂きたい。

　このような意図により補章では，第2章の先行研究各論をより丁寧に議論をしていく。そのため，第2章と重複する記述も出てくるがご容赦頂きたい。

　本書で議論をした個人と組織の適合（Person-Organization fit）研究は，個人と組織の関係性を論じる諸概念である EOR（employee-organization relationship）として包括されるようになった（Coyle-Shapiro & Shore, 2007）。EOR には，個人－組織適合以外にも，組織同一化，組織コミットメント，心理的契約があげられる（服部, 2016）が，それぞれの概念には次のような違いや関係性がある。組織コミットメントは個人が組織内でのメンバーシップを継続するか否かに関わる態度であることから，個人－組織適合の被説明変数となる。組織同一化は，時間を掛けて相互作用を繰り返しながら個人が組織との一体性への認知を得ていくという恒常的な調和を重視しているが，個人－組織適合では個人の価値観が先行して認知されており，組織との適合性を一時点で判断する点で異なる概念となる。そして，心理的契約は組織と従業員の間における相互期待に関する合意が成立しているか否かという従業員の知覚を議論するものであり，個人－組織適合では個人による組織への期待には言及していない。

　日本における個人－組織適合研究は，組織社会化の文脈のなかで時折用いられる程度の概念であったが，近年では非正規社員や外国人社員の増加による組織内

での価値観の多様化，副業の解禁やテレワークの進展，そしてキャリア自律など，個人が組織との関係性を見直す外的要因が増加していることから，個人－組織適合という概念を用いた研究の必要性は高まるだろう。

　ただし，本書では適合ではなく不適合を中心に議論をし，さらに組織をオープン・システムとして扱っていることから，先行研究は個人－組織適合領域に留まらない。個人がどのようにして不適合を認知し，適応行動を発生させるのかという疑問に対する理論的根拠として，組織変革，資格過剰，組織社会化，学習と熟達化，離脱・発言・忠誠といった数多くの議論が本書を支えている。さらに，外部環境への適応には戦略論であるコンティンジェンシー理論，外部環境の代理変数として顧客を扱うことからマーケティング論である市場志向性，顧客志向性について把握する必要がある。

1. 個人－組織適合・不適合研究

1.1. 個人－環境適合研究

　本書の研究関心は個人－組織適合（P-O fit）であるが，その上位概念である個人－環境適合（Person-Environment fit: P-E fit）について概観することで，個人－組織適合の位置付けを明確にする。個人－環境適合の概念は，Lewin（1951）による相互作用論（人間の行動は個人と環境の相互作用によって決定される）の考え方に基礎を置く概念とされ（Sekiguchi, 2004; 竹内，2009），組織行動論や人的資源管理論の領域において数多くの論文が発表されている。この概念を応用した初期の個人－環境適合研究では，職業選択場面における個人と職業の適合（Person-Vocation fit: P-V fit）を重要視しており，Holland（1973, 1985, 1997）によるパーソナリティと働く環境を適合させる職業選択理論はその代表的な研究である。職業選択理論では，アセスメントツールであるVPI職業興味検査をキャリアガイダンスの場で用いることで，青年や中高年の職業選択や職業的満足感の達成を援助することに貢献した。その後も，個人と多様な環境との適合が概念化され，実証研究が進展しながら個人－環境適合の下位概念が拡大したため，それらの理論的整理や態度・行動変数に与える影響についての検討が行われるようになった（Edwards & Shipp, 2007; Kristof, 1996; Kristof-Brown, Zimmerman & Johnson, 2005; Lauver & Kristof-Brown, 2001; 竹内，2009）。

　個人－環境適合の下位概念につき Edwards & Shipp（2007）の整理によれば，個人－組織（Person-Organization），個人－集団（Person-Group），個人－職務

表補-1　個人−環境適合の種類

	適合タイプ	研究の主要テーマ	時期
雇用前	P-V（個人−職業）	キャリアカウンセリング 職業選択	採用前段階
	P-J（個人−職務）	適性検査 現実的職業選択	探索段階
	P-P（個人−個人）	採用担当者の影響	
	P-J（個人−職務）	採用試験 アセスメント・センター	選択段階
	P-O（個人−組織）	文化適合 人事システム	
雇用後	P-O（個人−組織）	価値観 目標	社会化段階
	P-J（個人−職務）	職務満足 スキルトレーニング	
	P-J（個人−職務）	離転職 職務満足	長期雇用段階
	P-V（個人−職業）	キャリア満足 再教育	
	P-O（個人−組織）	在職年数 人員の自然減	
	P-G（個人−集団）	集団構造 集団人口統計	
	P-P（個人−個人）	垂直動的統合 リーダー，メンバーの相互交換	

注1：アルファベットの略号は，PはPerson，VはVocation，JはJob，OはOrgani-
zation，GはGroupを示している。
注2：Jansen & Shipss（2013）の原文では"PV"のように文字の間に"−"が挿入
されていないが，本書では"−"を入れることに統一する。
出所：Jansen & Shipp（2013）p.202

（Person-Job），個人−職業（Person-Vocation）の4種類となるが，近年の研究
では他にも適合対象が増えている。採用プロセスの時間軸による適合の内容を整
理したJansen & Shipp（2013）では，雇用前と雇用後にステージを分け，雇用
前の採用前段階では個人−職業，探索段階では個人−職務と個人−個人，選択段
階では個人−職務と個人−組織が重視されるとしている。雇用後の社会化段階で
は個人−組織と個人−職務，長期雇用段階では個人−職務，個人−職業，個人−
組織，個人−集団，そして個人−個人（Person-Person）の適合がテーマとなる
という整理を行っている（表補-1）。

既存の実証研究の多くは雇用直前と直後に集中しているが，実務的な背景として，企業にとっては雇用直後の早期離職は人事課題になるため，離職率と密接に関連する雇用直後の個人 – 組織適合に研究者の多くが着目したものと考えられる。だが，長期雇用における個人 – 組織適合の意味合いは単純に離職率だけでは議論できない問題もあろう。在職年数が長ければ組織文化に適応している可能性は高いが，その一方ですべてのベテランが自身と組織を同一化しているわけではなく，またそうした同一化が個人のみならず組織にとっても最も望ましい状態だとはいいきれないこともあるだろう。

1.2. 個人 – 組織適合の定義とモデル

個人 – 組織適合の理論的な発達過程を辿ると，組織と個人の心理的関係性を議論する系譜へとつながり，Argyris（1957）に適合理論の原型を見ることができる（Verquer et al., 2003）。Argyris（1957）によれば，「公式組織の原則が，個人に与える衝撃に関する証拠を集めると，健康なパーソナリティの成長傾向と公式組織の要件の間に，いくつかの不一致（incongruence）があると結論される。〔中略〕この避けることのできない不一致は，(1) 従業員が，ますます成熟するにつれ，(2) 公式の構造が能率性の最大化のために，より明快に，論理的になるにつれ，(3) 従業員が命令の末端にさがるにつれ，そして (4) 職務がますます機械化されるにつれ，増大する」(p.66) と，個人と組織の不適合が不可避であることを論述した。そのうえで，Argyris（1964）は「個人と組織の間の不一致は，両者の効果性を高めるための基礎にもなりえる。」(p.7) と，不一致が効果性への動機付けになることを示唆した。

このように，成熟した個人と組織との不一致は，両者の効果性につながることもあるのである。だが，この不一致は限度を超えると欲求不満や葛藤となり防衛機制が発動し，職務満足の低下や離職という結果につながるであろう。Verquer et al.（2003）は，当時の多くの理論が一方的に個人を組織の側に適合させる議論をしているのに対して，Argyris（1957, 1964）は組織が個人に近づく経営やマネジメントを提唱している点が特徴的であると述べている。

Argyris（1957）では，適応[1]（adjustment）をパーソナリティが内部でつり合いの取れている状態，順応（adapted）をパーソナリティが外部とつり合っている状態，そして適応し，かつ順応しているのが統合（integrate）だと定義 (p.22) しているが，この統合の概念こそが現在の適合（fit）の原型だと考えることがで

---

1 adjustment を適応，adapted を順応，integurate を統合とした日本語訳は，Argyris（1957）の伊吹山・中村訳（1970）に従った。

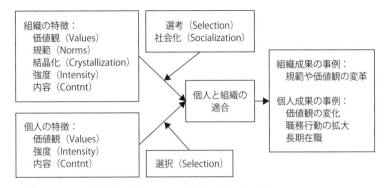

図補-1　個人－組織適合の Chatman モデル（図 2-1 再掲）
出所：Chatman（1989）p.34

きるだろう。

　その後，1980 年代後半から，組織のなかの個人や集団へのコンテクストの影響に多くの注目が集まるようになり（二村，2004; O'Reilly, Chatman & Caldwell, 1991），1980 年代後半から 1990 年代前半にかけて，個人－組織適合に焦点を当てた研究が発生するようになった。組織文化や組織風土と個人の価値観との適合を論じたモデルを最も早期に提示したのは Chatman（1989）である。Chatman（1989）は，「個人－組織適合とは，組織の規範や価値観と個人の価値観の適合（conguruence）である」（p.339）と定義し，個人と組織のそれぞれの価値観は，選考と社会化の影響を受けて個人－組織適合に影響し，その個人－組織適合は組織成果や個人成果に影響を与える，というモデルによってそれらの影響関係を説明した（図補-1）。

　このモデルが示唆しているのは，組織が組織価値観と適合する個人を選考して社会化することと同時に，個人も自身の価値観と適合する組織を選択することで，双方の個人－組織適合が高まり，組織成果や個人成果につながるとしている点である。その一方で，Chatman（1989）は組織構員の多くが過剰適合（extremely high levels of P-O fit）となることは組織，個人双方にとって望ましい結果をもたらさないと指摘している。具体的には，同調，惰性をもたらし，変革性と適応性が減少するといった現象である。「個人にとってどの程度組織と適合しているか，という視点と，組織内における高い適合者と低い適合者の割合，という 2 つの視点から，理想的な個人－組織適合の水準というものがあるだろう」と Chatman（1989, p.346）は結論付けている。

　Edwards（2008）は Chatman モデルについて，個人と組織の価値観が相互に

変化しながら個人−組織適合が高まるというダイナミック適合の視点があること，そしてある程度の不適合（misfit）は個人と組織の双方に利益があることに言及していることを評価している。だが，もしChatman（1989）が適度な不適合が成果を最大化すると結論付けるならば，適合軸の両端にピークがくるM型や，一端にピークがくる歪んだ関係性の可能性について言及すべきであった，としている。あいにく，個人−組織適合モデルを初期に構築したChatman（1989）はこの適度な不適合に関する実証研究よりも尺度化による測定へと研究を進めたため，不適合研究は2000年代後半になるまで停滞することになる。

　適合研究に数多くの実績を残しているKristofは，個人−組織適合の定義を「個人−組織適合とは，個人と組織間の職場における適合（fit）であり，(1) 一方が他方の要求するものを提供し，または，(2) 類似する基礎的な特徴を共有し合い，または，(3) その両方が成立していること」（Kristof, 1996, pp.4-5）とした。この定義では，Chatman（1989）が着目した価値観や文化に限らず，需要と供給を含めた包括的な適合を論じている。なぜここまで包括的な定義になったのかといえば，Chatman（1989）以降に実証研究が乱立し，適合の解釈や研究手法があまりに混乱したため，Kristof（1996）は既存研究の概念的整理をしようとしたのである（図補-2）。

　補充的適合（supplementary fit）は図補-2内の矢印（a）で示され，組織と個人の本質的な特徴間の関係性を示している。組織の特徴とは，組織文化や価値観，目標，規範であり，個人の特徴は人格や価値観，目標，態度に相当する。これは，Chatman（1989）に代表される考え方である。他方，相互補完的適合（complementary fit）とは，組織の需要（demands）と供給（supplies），個人の需要と供給を相互に掛け合わせたものである。具体的には，個人が望む資源や機会を組織が供給するかどうかという需要−供給適合（needs-supplies fit）の矢印（b）と，組織が個人に要求する資源や知識・スキル・能力を個人が提供できるかどうかという要求−能力適合（demands-abilities fit）の矢印（c）という2種類がある。

　Verquer et al.（2003）は，個人−組織適合の実証研究21篇のメタ分析の実施にあたり補充的適合を4分類（目標適合，価値観適合，個人欲求と組織構造，個人価値観と組織風土）したところ，価値観適合が主流を占めており，かつ職務態度（職務満足，組織コミットメント，離職意向）に対して価値観適合が最も強く影響を及ぼしていることが判明した。また，Kristof-Brown & Jansen（2007）のメタ分析でも，個人の価値観と組織文化との適合が最も個人態度に有意に影響することを支持しており，それ以降の研究では価値観による適合研究に焦点が当た

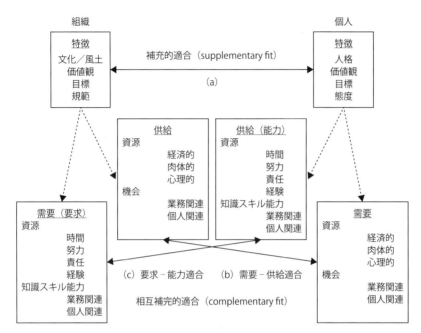

図補-2　多様な個人－組織適合の概念
出所：Kristof（1996）p.4

るようになった。

　このように，適合という概念は個人を組織に適応させるという考え方ではな
く，個人がすでに認知している自身の特徴や価値観が組織文化と合っているのか
どうか，を議論している点に特徴がある。実際，Kristof-Brown et al.（2005）は，
「個人－組織適合が強調しているのは，個人と組織の特徴を比較した際の適合性[2]
（compatibility）である」（p.285）と明示している。また，Hoffman & Woehr
（2006）も「個人－組織適合理論とは，組織には特徴があり，それは個人の特徴
と適合（congruence or fit）する可能性を秘めており，そして個人の態度や行動
は個人と組織との適合の強度に応じて影響を受ける，と主張する相互作用論であ
る」（p.390）と言及している。この適合の強度に応じて個人の態度や行動が影響
を受けるという考え方は，個人行動（behavor）は個人（person）と環境（envi-
ronment）の関数（function）であり，相互作用（interaction）によって決定する

2　compatibility の訳語には両立性，親和性，互換性などがあげられるが，fit（適合）の類義語にな
　るように適合性と訳した。

と考える Lewin（1951）の B＝F（P, E）が理論的基底になっている（Sekiguchi, 2004; 竹内, 2009）。このように，個人と組織は相互に影響し合い，適合の強度も動態的に変動することが想定されているのが個人−組織適合理論の本来の考え方であった。

1.3. 個人−組織適合の測定と分析

概念的には個人と組織の関係性は相互作用であり，適合の強度も動態的であることが想定されていた個人−組織適合研究であったが，尺度が開発され測定する段階から静態的な概念へと移行していく。

前出の Chatman（1989）は，個人の価値観と組織文化との間の適合を測定するために，O'Reilly や Caldwell と共に組織文化プロファイル（organizational culture profile: OCP）尺度を開発する（O'Reilly et al., 1991）。価値観は，意識，無意識にかかわらず，規範，シンボル，文化活動などに表出する決定的な文化要素であり，組織構成員が一旦価値観を共有すると，社会的期待や規範に沿うための基礎を構成するようになることから，個人の態度への安定した影響が確認できる（O'Reilly et al., 1991）。そこで，組織文化プロファイルでは組織文化に関する54項目（表補-2）について，個人の重視する価値観と組織の重視する価値観を別々に個人に評価させ，それらの一致度によって適合の度合いを測定しようとしている[3]。

角山・松井・都築（2001）によれば，組織文化を示す54項目の構成概念には，革新性，細部への注意，寛大さ，成果主義という4つの次元[4]が抽出されている。組織文化プロファイルは，特定のベクトルを意図せず幅広い価値観を提示することで個人と組織のそれぞれが重視する項目と度合いを評価することができる点が特徴だといえる。

この組織文化プロファイルを用いた O'Reilly et al.（1991）の研究では，個人−組織適合が認められた1年後に職務満足と組織コミットメントへの正の影響が確認され，2年後に在職意向が認められた。Verquer et al.（2003）のメタ分析でも，組織文化プロファイルは在職意向に対して強い影響を与えていた。このように，

---

3 この技法は Q-Sort Technique といわれ，カウンセリング理論の Carl R. Rogers による自己一致理論を具体的に測定するために開発され，本来はカードによって測定するものであった。現在では質問紙法を用いて順位相関係数によって変数化している（O'Reilly et al. 1991）。

4 角山他（2001）は，O'Reilly et al.（1991）が開発した組織文化プロファイル尺度の54項目にさらに独自に16項目を追加して因子分析（主因子法，バリマックス回転）を行い，固有値1.0以上の因子中，.40以上の負荷量を持った5因子を抽出したが，そのうちの1つである「実力主義」は角山他（2001）による追加項目のため，組織文化プロファイル尺度の下位次元からは削除した。

表補-2　組織文化プロファイル（OCP）項目

1	柔軟性（Flexibility）	28	行動志向（Action orientation）
2	適応性（Adaptability）	29	主導権を取る（Taking initiative）
3	安定性（Stability）	30	内省的（Being reflective）
4	予測性（Predictability）	31	達成志向（Achievement orientation）
5	変革性（Being innovative）	32	要求が多い（Being demanding）
6	機会への反応性（Being quick to take advantage of opportunities）	33	個人責任を引き受ける（Taking individual responsibility）
7	試行実験の志向性（A willingness to experiment）	34	成果への高い期待（Having high expectations for performance）
8	リスクテイク（Risk taking）	35	成長機会（Opportunities for professional growth）
9	慎重（Being careful）	36	成果連動の高い報酬（High pay for good performance）
10	自主性（Autonomy）	37	雇用保障（Security of employment）
11	規範的（Being rule oriented）	38	よい成果への称賛（Offers praise for good performance）
12	分析的（Being analytical）	39	対立しない（Low level of conflict）
13	細部へのこだわり（Paying attention to detail）	40	対立に直面（Confronting conflict directly）
14	緻密性（Being precise）	41	同僚作り（Developing friends at work）
15	チーム志向（Being team oriented）	42	順応（Fitting in）
16	自由な情報共有（Sharing information freely）	43	協働（Working in collaboration with others）
17	組織内単一文化の強調（Emphasizing a single culture throughout the organization）	44	仕事への情熱（Enthusiasm for the job）
18	人志向（Being people oriented）	45	長時間労働（Working long hours）
19	公平性（Fairness）	46	多くの規則に縛られない（Not being constrained by many rules）
20	個人尊重（Respect for the individual's right）	47	品質の強調（An emphasis on quality）
21	寛容性（Tolerance）	48	独自性（Being distinctive-different from others）
22	形式ばらない（Informality）	49	良い評判を得る（Having a good reputation）
23	気楽（Being easy going）	50	社会的責任（Being socially responsible）
24	平穏（Being calm）	51	結果主義（Being results oriented）
25	支援的（Being supportive）	52	明確な哲学（Having a clear guiding philosophy）
26	意欲的（Being aggressive）	53	競争的（Being competitive）
27	決断力（Decisiveness）	54	高度な組織化（Being highly organized）

出所：O'Reilly et al.（1991）p.516, 筆者邦訳

離職率や在職率，職務満足，組織コミットメントといった組織内態度に関する被説明変数に対して説明力がある（Kristof-Brown & Jansen, 2007; Verquer et al., 2003）ことから，その後は簡便な1時点だけで測定する実証研究が乱立するようになり，静態的な研究だと批判されるようになる。

　さらに，測定方法と分析手法についても常に議論となる（Edwards & Van Harrison, 1993; Meglino & Ravlin, 1998）。乱立した適合研究の測定と分析を整理すると，主観的適合，客観的適合，そして認知的適合の3種類に分けることができる（Hoffman & Whoehr, 2006; Kristof, 1996; Kristof-Brown & Billsberry, 2013）。

　主観的適合とは，個人に対して，組織特徴に対する認知と同時に，自分自身についても語ってもらうものであり，適合の度合いの計算は，回答者の自己認識と，組織への認識とのギャップを測定することになる。前出の組織文化プロファイル尺度（O'Reilly et al., 1991）は主観的適合の代表例である。それ以外には，個人得点と組織得点の差異スコアを独立変数とするというもの，個人得点，組織得点，交互作用項の投入をするという手法，そして個人得点，組織得点，成果指標を組み合わせた多項式回帰分析（polynomial regression）による応答曲面法（respose surface methodology）という3つの方法がある。応答局面法は，個人と組織のどちらの得点が高いのか，双方の得点が高くて適合しているのか，低くて適合しているのかを弁別できる（Ostroff, Caldwell, Chatman, O'Reilly, Edwards, Harrison & Espejo, 2007）。

　客観的適合の手法では，個人に自分の特徴を回答させた後に，他の組織メンバーに組織の特徴を回答させる。他の組織メンバーによる組織風土を集計したものと，個人が記載したものとの適合を測定する方法である。

　最後に認知的適合では，個人の特徴がどの程度彼らの所属する組織と適合しているのかを本人に直接問う。そのため，明確な測定基準を設けることは困難であるが，その代わりに組織特徴の深層部分を計り知ることができ，個人の組織に対する経験的な事実認識を把握することができるとされている（Edwards, 2008）。主観的適合，客観的適合は定量研究で用いられ，認知的適合は定性研究が適しているとされる（Billsberry, Ambrosini, Moss-Jones & Marsh, 2005）が，「あなたは，所属する組織とどの程度合っていると思うか」というシンプルな問いで測定することで定量研究が可能になる。

　このように，個人と組織の適合というテーマは多くの研究者の関心を集めたがゆえに，適合の定義，研究のアプローチ，そして測定や分析手法に至るまで個々の研究者の解釈に依存して肥大化し，体系的な整理が困難な状態に陥り「適合研究のスーパーマーケットで迷子になってしまい，未だに中に踏み込むことすらで

きない」（Harrison, 2007, p.387）と揶揄されるようになってしまった。そこで，
Kristof-Brown & Billsberry（2013）は，これまでの先行研究を個人－環境適合
パラダイムと認知的適合パラダイムの２つに分類し，それぞれの適合定義や研究
アプローチが全く異なることを示した（表補-3）。

表補-3　適合研究のパラダイム

	個人－環境適合パラダイム	認知的適合パラダイム
パラダイム	間接的。 実証主義，脱実証主義。 実証主義者は，知識は客観的であると考える。「純粋な科学」による推論であるとする。脱実証主義者は，厳密な測定環境を緩め，客観的知識を構成する人々の心理的状態を受けいれるが，そうした現象を実際は測定しない。	直接的。 （定性的な研究法では）解釈主義。 知識は人々の心の中に構成され，他者との社会的関わりに影響を受けると考える。一人ひとりにとって何が真実かを探求することが最も重要である。行動に影響を与えるのは認知であるため，解釈主義者の目標は普遍的な法則の発見ではなく，より完全で詳細な調査の下での現象を理解する。
アプローチ	態度は個人の特性（価値観，パーソナリティ，目標，態度）と状況要因（価値観，文化，風土，目標，需要）との間の相互作用の機能であるという相互作用心理学に依拠。個人の特性と外的環境を概念的に同一基準にして理解をしようとする。「厳格な一致」を論じようとする（Kristof-Brown & Guay, 2011）。	個人の環境との「適合している感覚」，もしくは「適合していない感覚」に重点を置こうとする。「一般的な適合性」を論じようとする（Kristof-Brown & Guay, 2011）。
測定	自分自身と，環境に対するデータセットに回答し，研究者が適合値を算出する。 適合性を，統計処理ができる実態のある概念化された水準として扱う。このアプローチの仮定は，２つのセットデータが適合するほど，より良い成果が出る（Ostroff, 2012）と考える。	「どの程度あなたは自分の所属組織に馴染んでいると思いますか？」「どの程度あなたのスキルは仕事で要求されるものと合っていますか？」といった適合への直接的な認知に関する質問をする。
分析と結論	仮説を立て，調査を設計し，仮説検証のデータを収集し，一般化した主張をする結論を描く。 主観的適合（subjective fit）は，対象となる個人が自分自身の内的，および外的要素に対して同時に回答するもの。例えば，自分自身の価値観と組織が持つ価値観に対する自分の認識をペアで回答し，そのペアの間の類似度（あるいは乖離度）を測定する方法。 客観的適合もしくは実態的適合（objective fit もしくは actual fit）では，個人に自分自身と組織への認識を同時に回答させるのではなく，個人と環境の特徴をそれぞれ異なる回答者から入手する手法。一般的には，個人の価値観や特徴は自己評価させ，組織価値観や風土などは別の回答者（上司など）に回答させる。	定性的な研究法では直接的な質問に続き，どのように人々が会社を辞めたいという気になるのかを理解しようとする。特に，どのように適合の感覚もしくは不適合の感覚が生まれ，時間を経て変化するのかを追求しようとする。 認知的適合（perceived fit）では，主観的な認知の世界から物事を理解しようとし，人々が適合にどのような意味があると各自が解釈しているのかを説明させる。 それらの中の共通点や相違点を見出し，法則を見出そうとする。

研究例	個人と組織の類似性によって適合を測定する組織文化プロファイル尺度の開発（O'Reilly et al., 1991）。 新入職者の個人－組織適合は現状の職務満足と組織コミットメントに有意に正の影響があり，離職意向に対しては有意に負の影響を与える（Chatman, 1991; Kristof-Brown et al., 2005; Verquer et al., 2003）。	定量的な測定では「適合している感覚の度合い」を尺度にして統計解析をする（Cable & Judge, 1996）。 定性法では解釈的アプローチが最も適している（Billsberry et al., 2005; Kammeyer-Mueller, 2007）。 個人－環境適合と認知的適合との関係性を理解しようとするアプローチもある（Edwards et al., 2006）。
限界	「厳格な一致」が最適の成果をもたらすという結果を支持する研究はほんの一握り（Jansen & Kristof-Brown, 2006）。個人と環境が高い水準で適合しているときは，低い水準で適合しているときよりも，成果への影響力がより強い。単純に一致度が高いことが最適で，どのようなタイプの不一致であろうとも同様に最適以下だという帰結は棄却される。 一人ひとりの個人の適合の経験についての洞察が少ない。人がどのように適合や不適合の感覚を経験するのか，という点がこのパラダイムでは解明できない。	認知的適合の定量分析は，職務満足や組織コミットメントに最も強く関係するため，比較的小さい研究には魅力的に映るが，個人の情動に大きく影響を受けるため「適合とは別の議論だ」との批判を受ける（Edwards et al., 2006; Harrison, 2007）。

出所：Kristof-Brown & Billsberry（2013）pp.1-8 をもとに筆者作成

　個人の特性と環境（組織や集団）を同一基準にして双方の適合の度合いを測定する個人－環境適合パラダイムと，個人の適合や不適合の感覚に重点を置く認知的適合パラダイムでは，両者の相関は高くはない（Edwards et al., 2006）。それは，適合の認知がどのように形成され，なぜ，態度や行動に影響するのかまだ不明な点が多い状態のままで実証研究が乱立したことが原因とされている（Kristof-Brown & Billsberry, 2013）。だが，Kristof-Brown & Billsberry（2013）は，研究手法をどちらかのパラダイムに偏向しすぎることなく，両者を補完的に用いるリサーチデザインを推奨している。

　さらに，個人－組織適合研究の測定と分析に新たな視点を与えたのが Edwards & Shipp（2007）である。これまで適合研究が批判されてきたのが，その仮定となっている①適合は望ましい結果をもたらす，②異なる環境の異なる個人でも効果は同じ，③個人と環境の絶対的な水準やその差の方向にかかわらず効果は同じ，という点である。こうした批判に対処するアプローチとして，①個人－環境適合の定義を明確にして既存の類型を整理，統合，拡張した枠組みを提示し，②適合による影響を説明するモデルを結果（満足感，コミットメントなど）から導きだし，③適合と結果を説明する正しい関数を見出すことが可能になるような P-E fit の統合的概念化フレームワークを提示している（図補-3）。

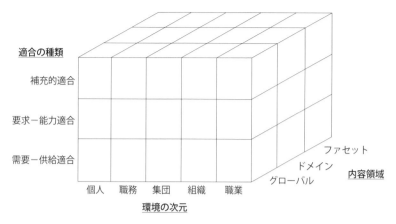

図補-3　個人－環境適合の統合的概念化フレームワーク
出所：Edwards & Shipp（2007），p.218

　ここで，環境の次元とは，個人と相対する環境を示したものである。適合の種類では，補充的適合と，相互補完的適合の下位次元である要求－能力と需要－供給がある[5]。内容領域におけるグローバルとは一般的な意味での類似性であり信念，態度，価値観などの広範な比較領域を組み合わせたものである。ドメインは，目標，性格など大まかな領域が特定されるもので，ファセットではビッグファイブの次元ごとや，人口統計学的な年齢，性別，人種，教育による類似性によって細分化される研究となる。Edwards & Shipp（2007）はこのフレームワークを土台として，多項式回帰分析（polynomial regression）による応答局面法（response surface methodology）を用いて，個人，環境そして被説明変数を3次元で説明する必要性を強調している。

1.4.　不適合への着目

　伝統的な個人－組織適合の定量研究では，適合が望ましい職務態度や定着に有意に影響する（Verquer et al., 2003）ことが前提となり，適合の被説明変数に態度，行動，職務業績を採用したり，適合による調整や媒介効果を検証しようしたりする動きがあるなかで，残念ながら不適合そのものについての研究蓄積は少なかった（Billsberry et al., 2005; Wheeler, 2010）。このようななか，Ostroff &

5　Harrison（2007）は，補充的適合は相性（affinity）であり，相互補完的適合（complementary fit）は結合（interlock）を示しており，双方の属性が釣り合っている状態が適合である，と説明している。

Schulte（2007）は，「初期の適合理論の概念化では，適合は不適合より高い成果が得られる，という仮定を立てる傾向があったが，適合の機能を正しく理解するためには適合の水準の高低にも関心を払い，不適合について適合と同様に説明できなければならない」（pp.41-42）と主張し，Harrison（2007）も「適合は望ましいことでも，望ましくないことでもなく，単なる状態を示しているだけであり，時には適合状態が静止や停滞につながり，過剰に適合すると個人は自己満足に陥り，環境に変化があっても適切な適応行動に移れないかもしれない。適合は非生産的な牡蠣を生み出し，不適合は真珠を生み出す」（p.397）と従来の仮定を批判するようになる。

　そして，Wheeler et al.（2007）は個人と組織の不適合と離職との関係性を改めて検証した。その結果，個人 – 組織不適合は職務不満足を導くとはいえ，代替可能な仕事選択の機会がなければ離職には直結しないことを定量研究によって確認した。また，不適合が燃え尽きを引き起こす心理メカニズムを研究した Tong et al.（2015）では，個人 – 組織不適合は役割葛藤に負の影響を及ぼし，役割葛藤は燃え尽きの下位次元である枯渇感に対して若干の影響を及ぼしていたことが分かった。だが，燃え尽きの他の下位次元である無関心，非効率に対して不適合の影響は確認できず，それより不適合と無関心は逆相関だという考察もしている。

　De Cooman et al.（2019）は，これまでの不適合研究では Cable & Judge（1996）や Cable & DeRue（2002）による認知的適合を測定する 3 項目のリッカート尺度[6] を用いた研究が多かったことが，不適合を正しく捉えられなかった理由だとしている。「私の価値観は，組織の価値観に合っている」という設問に対して，高得点が適合水準の高さを意味するとしても，低得点が必ずしも不適合や組織の価値観の否定とは限らず，ただ「違う」ということもあり得るからである。不適合には反感や葛藤，否定的な感覚が含まれることが多いが，適合の水準が低いことと，否定的な感覚を持つ不適合が同じ態度や行動をもたらすとはいえないからである。

1.5.　不適合の概念と定義

　不適合の現象をより詳細に理解するために，一般的な組織文化ではなく，一定の方向性を持つ概念を用いようと組織戦略への適合を説明変数にしたのが Silva

---

6　この尺度は個人 – 組織適合の被説明変数に対して予測妥当性が高いことが確認されている（Verquer et al., 2003）。質問項目は，「私の価値観は，組織の価値観に合っている」「私はこの会社で自分の価値を維持することができる」「私の価値観は，会社の価値とは違う（逆転項目）」の 3 問から構成される。

表補-4　組織と個人の倫理観の適合マトリックス

		組織の倫理志向性（P＝認知）		
		原理性 （正当性，公平性）	社会性 （社会的法律，習慣）	自己利益 （会社の興味）
個人の倫理 志向性 （E＝期待）	原理性／ ポストコンベンショナル	適合（E＝P）	相反，曖昧 不適合（E＞P）	不適合（E＞P）
	社会性／ コンベンショナル	相反，曖昧 不適合（E＜P）	適合（E＝P）	相反，曖昧 不適合（E＞P）
	自己利益／ プリコンベンショナル	不適合（E＜P）	相反，曖昧 不適合（E＜P）	適合（E＝P）

出所：Coldwell et al.（2008）p.618

et al.（2010）である。組織戦略に対する個人の認知が適合している群と不適合の群に分類したところ，適合群では高い組織コミットメントと組織に残る意向性を示し，職業選択肢を調整変数として位置付けたところ，不適合群のなかでも，選択肢が数多くある群では組織へのコミットメントが低く，組織に残る意思が低くなるという結果を導いた。このことから，調整変数によって不適合の結果が異なることを示した。

　また，倫理観という価値観によって不適合の概念モデルを提示したのがColdwell et al.（2008）である。彼らは，個人（の倫理観の次元）と組織（の倫理観の次元）をそれぞれ3分割した組み合わせから3つの適合と6つの不適合を論じた（表補-4）。

　Coldwell et al.（2008）の研究は既存研究にあるような適合の逆が不適合という単純モデルではなく，個人と組織の各々の価値観の違いから3×3のマトリックスを作り出した点が特徴的である。そして，個人の倫理的期待と，個人が認知する組織の倫理的態度との不適合（期待を上回っても，下回っても）が組織の採用力や定着率に負の影響を与えることは自明だが，価値観が相反する不適合は個人の曖昧な態度や行動を生成する（Coldwell et al., 2008）としている。

　さらに，Cooper-Thomas & Wright（2013）は，164名へのインタビューを断片化して先行研究の整理の枠組みと照会することで，不適合を認知する要因をより具体化させた。不適合を類型化したところ（a）一軸上に逆方向の両端に適合と不適合が位置付けられた連続体，（b）不適合は適合より過剰，もしくは不足，（c）不適合は個人の特性による質的に異なる領域での相違，というパターンを見出し（図補-4），不適合の定義を「個人と環境の不適合とは，個人と環境の間の不一致を意味し，次元においては一方または両方の当事者にとってその不一致が顕著であり，また組織レベルでの比較対象となる要因に関連する個人要因が過

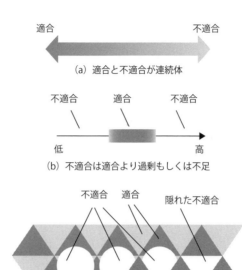

適合　　　　　　　　不適合

（a）適合と不適合が連続体

不適合　　適合　　不適合

低　　　　　　　　高

（b）不適合は適合より過剰もしくは不足

不適合　　適合　　隠れた不適合

（c）不適合との質的な相違

図補-4　不適合の3タイプ（図2-2再掲）
出所：Cooper-Thomas & Wright（2013）p.23

多，不足，もしくは質的に異なること」（p.24）とした。

　彼らの研究のなかでは個人に内在する社会的規範や価値観が，環境との適合や不適合の認知に大きく影響していることが判明している。それは，新規参入者の組織社会化以降は主観的適合より認知的適合が有意であったというCooper-Thomas et al.（2004）の研究結果と近似するものである。言い換えるなら，不適合の認知は個人の価値観形成段階と大きな関係がありそうである。

　また，個人－組織不適合の離職への影響は代替可能な仕事選択の機会が調整変数となる（Wheeler et al., 2007），や，不適合から無関心，非効率への影響は確認できなかった（Tong et al., 2015）などの研究から，不適合研究に否定的な被説明変数を用いることの限界も指摘されるようになる。

　そこで，肯定的な被説明変数も含めた検証として，個人－組織不適合とEVLN（exit：離脱，voice：発言，loyalty：忠誠，neglect：放棄）の関係性を実証した研究では，不適合は建設的な反応（発言と忠誠）に対して，仕事の代替可能性が低い場合に社会的政治的資源（sociopolitical resources）を媒介して有意となる（Zubielevitch, Cooper-Thomas & Cheung, 2021）ことが判明した。また，資源

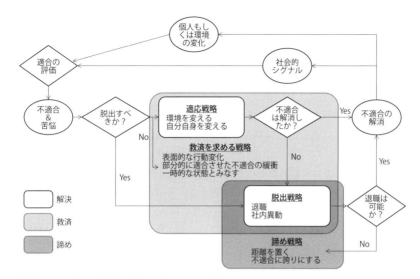

図補-5　不適合の解決，救済，諦めの相互関係
出所：Follmer et al.（2018）p.448

保存理論の対処戦略である自己開示が不適合による欠席率への影響を調整し，さらに自己開示が個人－グループ不適合が感情的コミットメントに及ぼす影響を緩和する（Doblhofer, Haas, Specht & Frey, 2019）ことも実証された。

　それにしても，人はどのように不適合を認知し，その後どのような行動を取るのか，については完全には解明しきれていない。Follmer et al.（2018）は定性的研究法を通してこれまでブラックボックスであった不適合のプロセスを探求した（図補-5）。発見事実は4点あり，①不適合の認知の誘発要因は，職場で起きた変化（組織変革など）と，職場環境における他者からの社会的シグナル（よそ者扱い）であり，②不適合を経験した個人は環境のなかで自分に適合する部分と不適合の部分を説明する能力に長けており，③不適合に対するストレス対処行動として，一次評価で脅威だと判断した後に，ストレス要因と発生する問題を最小限にするための資源として，脱出，環境変化の可能性，自己変容，変革などを二次評価しており，最後に④不適合の影響を軽減するためのアプローチとして「適応戦略」「脱出戦略」「救済を求める戦略」，そして不適合と共存する「諦め戦略」を採用していることが判明した。

　この研究からFollmer et al.（2018）は，「適合とは単に組織への参入過程で自分の居場所を見つけることではなく，むしろ，適合を維持するために認知や行動

を調整する複雑な一連の過程である。」（p.460）と主張し，個人が不適合に対して適合感を生み出すためにダイナミックな行動を取ることを観察する研究を推奨している。

そもそも，適合概念の源流を辿れば，職業心理学では適合は時間を掛けて展開されるダイナミックなプロセスであると考えられており（Ostroff & Schulte, 2007, p.49），適合理論が依拠する Lewin でも個人と環境の相互作用を認識していた。だが，後に適合研究は個人や環境の変化の可能性を無視するようになり，「特定の時点における適合の感覚の切り取られた情報」（Kristof-Brown & Jansen, 2007, p.142）によって議論がされるようになった。そのため，適合研究は個人と組織の静態的な適合状態を示す研究であるという認識が一般化してしまったが，認知的適合パラダイムでは時間を経て変化する個人の適合や不適合の感覚の発生や，それに伴う行動を解釈主義の立場で追求しようとする。ところが，「組織研究者にとって最も難易度が高いのは，ダイナミックで説明力のあるプロセスを示す実質的な個人‐組織適合モデルの提示である」（Pervin, 1989, p.357）と指摘されるように，この研究領域には多くの課題が残されている。

適合と不適合のダイナミクスを理解するための論点は 2 点あり，①個人の認知の変化をどのように説明するのか，②不適合はいかに発生し，どのような適応行動をもたらすか，である。これらの論点に対し，理論的解釈を加えながら先行研究を概観する。

1.6. 不適合発生の理論的推論
1.6.1. 適合認知の変化：組織社会化

Cooper-Thomas & Wright（2013）は，個人に内在する社会的規範や価値観が環境との適合や不適合の認知に大きく影響していることを示したが，個人の価値観が形成されるプロセスとしてまずあげられるのが組織社会化（高橋，1993; Van Maanen & Schein, 1979）であろう。組織社会化とは，個人が組織内の役割を引き受けるのに必要な社会的知識や技術を獲得するプロセスであり（Van Maanen & Schein, 1979），「組織への参入者が組織の一員となるために，組織の規範・価値・行動様式を受け入れ，職務遂行に必要な技能を習得し，組織に適応していく過程」（高橋，1993, p.2）とされる。組織社会化は，適合研究の初期段階である Chatman（1989）でも適合への影響要因としてあげられており，個人‐組織適合と親和性が高く，それゆえに混合されやすい隣接領域だといえる。

Cooper-Thomas et al.（2004）は，個人の価値観がゆっくり変化するうちに，組織との適合の認知も変化する可能性を示した実証研究を行っている。入社初期

時点から 4 か月後の個人‐組織適合の変化に影響していたのは，組織社会化と社内のサポートであり，入社して数か月の間は主観的適合が職務満足や組織コミットメントに強く影響していた。ところが，組織社会化が終わるころには，主観的適合ではなく認知的適合[7]のほうが逆転して被説明変数への影響が強くなった，という研究である。Cooper-Thomas et al.（2004）は，この結果を組織社会化が個人の価値観の変容に影響を与えたことは確かだが，その一方でその影響は新規参入から数か月間という限定的であった，と解釈している。ということは，数か月経過後は，組織社会化以外の要素が個人の価値観形成に影響していることを示している。よって，もし個人が組織外部からの影響も受けているならば，組織との価値観適合の認知に何等かの変化が発生することが暗示されるだろう。

　Cable & Parsons（2001）は個人‐組織適合が価値の内面化の代理変数として用いられている研究を代表例にあげている。Cable & Parsons（2001）では，組織社会化戦術が個人‐組織適合に及ぼす影響を定量研究しており，適合が高いほど個人は組織の価値を内面化しており，個人の組織コミットメントが高まるという結果を示している。

　組織社会化と適合概念との類似点には，組織社会化が過剰になされ個人が組織と過剰同調した場合，個人は変革行動を柔軟に取ることがなくなり（Klausner & Groves, 2002），過剰社会化が組織の存続の逆機能になる（福本, 2011）といった懸念を共有するところがある[8]。だが，相違点としてあげられるのが研究照射の期間と，個人と組織との関係性である。組織社会化は組織への新規参入時を対象としており，個人が組織に適応することを目的としているため，自ずと組織が組織社会化戦術の提供側，個人は受容側，という関係性ができている。そして，個人側が組織に適応する，個人が組織を受け入れる，馴染んでゆく，ということが議論されるであろう。だが，個人‐組織適合の対象者は新規参入時のみならず，参入前や長期雇用段階も対象範囲となる（Jansen & Shipp, 2013）。そして，個人は組織からの影響を受容するだけではなく，個人には予め自身の特徴や価値観があり，その価値観と組織文化との適合を議論すること（Chatman, 1989; Kristof, 1996; O'Reilly et al., 1991）を目的とした概念なので，個人と組織は対等であり，個人と組織の相互作用論となる。

7　主観的適合では既出の組織文化プロファイル（OCP）（O'Reilly et al., 1991）を用いているので，特定の職業価値観を問うものではなく，幅広い一般的な組織文化との適合を調査している。認知的適合は「この会社の文化にどの程度自分が適合していると思いますか？」と適合の程度を直接的に尋ねている。
8　理念浸透の議論においても，過剰適応による思考様式の均質化，同質化といった逆機能への懸念が議論されている（松岡, 2000）。

218

このように，組織社会化と適合を同義として捉えることはできないが，適合研究より先行して研究蓄積が多い組織社会化から得られる示唆は3つある。1つ目の観点が，組織社会化戦略は個人－組織適合の初期段階における促進要因となっているということである[9]。2つ目が，組織社会化の過程を動態的に捉えていることである。既存の個人－組織適合研究では認知的適合パラダイムに依拠する解釈的なアプローチの研究がかなり少なかったが，組織社会化のキャリア発達論的視点（高橋，1993）あるいはプロセス・パースペクティブ（尾形，2007）は，長期的，縦断的な連続性を強調している。この時間軸を適合研究に持ち込むことで，これまでの適合研究が踏み込めなかった，適合もしくは不適合の感覚がどのように生まれ，時間を経てどのように変化するのか，というプロセスを追う手掛かりになるであろう。そして，3つ目が個人の学習の観点である。個人の学習が組織社会化を促進している（福本，2011）という発想は新規参入時に留まらず，長期雇用段階における熟達化や外部環境からの学習の可能性も同時に議論できるだろう。

1.6.2. 適合認知の変化：学習と熟達化

学習は，個人の適合の認知の変化に影響を与える可能性があるが，これまで個人－組織適合の研究ではあまり言及されてこなかった。だが，組織との適合の認知には個人の価値観形成が鍵になる（Cooper-Thomas & Wright, 2013）ことから，組織社会化以降の個人の価値観は学習によって形成される可能性がある。もちろん，組織参入前にも個人には自身の価値観があり無色透明な状態ではない。だが，職業的な価値観については，仕事経験が不十分な状態と熟達の状態では，適合の認知が質的に異なることは，Cooper-Thomas et al. (2004) の研究で組織社会化以降は主観的適合より認知的適合のほうが個人成果への影響が大きいという研究からも推察できる。

長期雇用では成人学習が進行する。子供の学習と成人学習が異なることを議論したアンドラゴジーでは，以下の5つの仮説を設定している（Knowles, 1980, p.43）。1つ目は，人間が成熟するにつれて，自己概念は依存的なパーソナリティのものから，自己決定的な人間のものになっていく。2つ目は，ひとは経験をますます蓄積するようになるが，これが学習への極めて豊かな資源になっていく。

9 個人－組織適合では，個人のゴールや価値観は参入時から変化して所属する組織に近づく（Ostroff & Rothausen, 1997）とされ，それは組織社会化によるものだ（Cable & Parsons, 2001; Cooper-Thomas & Anderson, 2002; Schneider, Smith, Taylor, & Fleenor, 1998）とされている。また組織内の関係者との非公式的な関わりを通して新入社員が組織について学ぶことも個人－組織適合を高める（Chatman, 1991; Kristof-Brown, Bono & Lauver, 1999）などの研究がある。

3つ目は，学習へのレディネスは，ますます社会的役割の発達課題に向けられていく。4つ目は，時間的展望は，知識を得てから応用というものから応用の即時性へと変化していく。そして最後の5つ目は，成人は，外的要因よりはむしろ内的な要因によって学習が動機付けられる。これらの Knowles（1980）の主張を理論と見なすには多くの論争があるという（Merriam & Caffarella, 1999 邦訳2005）が，組織に新規参入した個人が依存的な状態から組織社会化を経て，さらに経験を豊かな資源にして自身の社会的役割を考え，職業的価値観を形成し，自己決定的な存在になるというプロセスを説明するには十分な仮説である。

　成人学習は経験の意味解釈である（Mezirow, 1996）ため，すべての経験が学習につながるわけではない。経験が学習になるには，経験に継続性と相互作用という2つの主要原則が必要（Dewey, 1938）といわれている。継続性とは，これまで経験した出来事が将来にも起きることが想定でき，修正が可能なものである。相互作用とは個人と周囲の環境を構成するものとの間の交流を示している。つまり，個人を取り巻く組織や外部環境との相互作用を継続的に経験する長期雇用段階や社内外との接点が多い職業では，学習が進むことになる。

　そこで，専門職の熟達化のプロセスからも知見を得ることができる。熟達者について，①特定領域において，②専門的なトレーニングや実践的な経験を積み，③特別な技能や知識を獲得した人を指す（Wagner & Stanovich, 1996）と松尾（2006）は定義する。その特徴は①特定の領域においてのみ優れている，②経験や訓練に基づく「構造化された知識」を持つ，③問題を深く理解し，正確に素早く問題を解決する，④優れた自己モニタリングスキルを持つ（Ericsson, 1996; 大浦, 1996）とされている。また，熟達者は意思決定や問題解決をするときに，知識，メタ知識，信念，を用いており，このうちの信念とは，個人としての理想や価値を含む主観的な概念で，一種の「個人的な理論」（松尾, 2006, p.33）として機能し，個人の行動・判断・評価を方向づける働きをする（Cameron, Alvarez, Ruble & Fuligni, 2001）とされている。同様に，金井（2005）は実践から生まれ，実践を導いている理論を「内省的実践家の持論（theory-in-practice used by a reflective practioner）」（p.97）と呼んだ。持論は実践的な経験に基づき，内省され，体系的に整理された理論なので，熟達者の域に達した実践者しか導き出すことはできないだろう。

　以上の理由により，新規参入者は信念形成が未発達なので組織社会化の影響を強く受け，それ以降は成人学習による熟達化が影響して，個人‐組織適合の認知を変化させると考えるのが妥当であろう。

　では，熟達者は知識や信念を獲得するのにどれほどの期間を要するのであろう

220

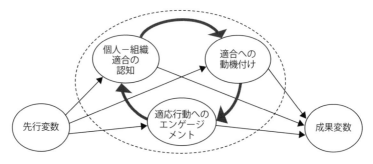

図補-6　個人と組織の適応のダイナミック・モデル
出所：Wingreen & Blanton（2007）p.648

　か。熟達には10年ルール（Ericsson, 1996; Simon & Chase, 1988）というものがあり，すべての職種が熟達のためにきっちり10年間が必要だというわけではないものの，一定期間で5段階の習熟プロセスを経ている。それらは，初心者，上級ビギナー，一人前，上級者，そして熟達者の5段階であり，その間に意思決定を含む4つの認知能力を高めてゆくとされている（Dreyfus, 1983）。最終段階である熟達者は他の4段階が合理的な意思決定をするのに対して，直観的に判断を下すという特徴がある。この意思決定に，個人的な理論として形成された信念が機能していることが明らかにされている。なお，専門職の熟達化の5段階プロセスは，組織に適応するプロセスではなく，組織外での専門領域で市場価値が出せるようになるプロセス，言い換えるなら外部労働市場という外部環境への適応プロセスだと捉えることができる。

　こうした議論を背景に，専門職の適合と不適合を学習理論から検討した数少ない事例の1つが，Wingreen & Blanton（2007）である。彼らは，高度専門技能を習得するITエンジニアのダイナミック適合を検討するにあたり，社会的学習理論[10]を個人－組織適合理論に組み込むことよって，個人が組織に適合してゆく動態的な調整過程を示そうとしている。実証研究は行われていないが，モデル化にあたっては個人が継続的に組織に適合していく状態を適応[11]（fitting in）として概念化し，理論的モデルを構築した（図補-6）。Wingreen & Blanton（2007）が依拠した社会的学習理論では，認知と環境と行動の3者がそれぞれに相互作用

---

10 社会的学習理論（Bandura, 1986）は，人間の認知と行動の関係性を説明するフレームワークで，「人と環境は相互作用しており，人は簡単に環境からの刺激に反応しているのではなく，それを認知して行動に移している」とする理論。

11 本書では不適合から適合に向かうことを適応と呼ぶが，先行研究の用語（fitting in）に合わせてここでも適応と訳した。

しているモデルを想定しているが，その考え方を「個人‐組織適合の認知」「適合への動機付け」，そして「適応行動へのエンゲージメント」に置き換えてモデル化している。

　Wingreen & Blanton（2007）の研究の特徴は3点ある。1点目に高度専門技能を必要とするIT人材の個人‐組織適合を，専門コンピテンシーによって説明しようとしたことである。従来の研究では組織への新規参入者を対象に一般的な組織文化との適合の議論に留まっていたが，専門能力を持つ人材を組織内で適合させてゆくという具体的なダイナミック・モデルを可能にした。

　2点目は，適合させていこうとする個人の動機付けに着目をした点である。ここに社会的学習理論を取り入れた理由がある。Wingreen & Blanton（2007）の理解では，動機は社会的学習理論では「行動していない行動」という重要な概念であり，目標設定理論[12]と期待理論[13]に依拠して，組織内で他者から学ぶ「モデリング行動」のような適応行動へとつながる要素となると論じている。図補-6による個人と組織の適応のダイナミック・モデルでは，適合の認知が動機付けに影響し，適応行動につながるサイクルを表している。確かに，何等かの動機付けがなければ，個人は組織と適合しようとする行動の発生や継続は期待できない。だが，Wingreen & Blanton（2007）はどの動機付け理論が最も適切であるかはまだ特定できないとしている。

　3点目に，個人が組織に適合していこうとする過程は動態的であると捉え，不適合な部分を適合に向かわせようとする動きを「適応行動へのエンゲージメント」によって示している。よって，不適合がダイナミクスを発生させるということを暗示的に示しているといえる。

　高度専門技能人材のキャリア形成を観察すると，転職を繰り返しながら専門性を高めようとするが，その理由は専門性が評価されるのは組織内部ではなく，組織外部における労働市場だからではないかと考えられる。そうであるならば，組織の外部で発生するIT技術の進展に適応した専門性を持ち続けること，すなわち外部環境に個人が適応することが職業的価値観として重要なのである。

---

12 目標設定理論（Locke & Latham, 1990）とは，意識的かつ適切に設定された「目標」がひとを動機付けるという理論。高い成果と努力を生み出す目標設定のあり方として，①目標が適度に困難であること，②具体的であること，③本人に受け入れられること，④成果のフィードバックが与えられることの4点が条件としてあげられている（金井・髙橋, 2004）。
13 期待理論（Vroom, 1964）とは，可能な選択肢の1つひとつについて，期待値の計算を行うことによって合理的に行動を選択し，主観的効用を最大限にするよう動機付けられるという理論（金井・髙橋, 2004）。

222

1.6.3. 学習不足と資格過剰による不適合

Follmer et al. (2018) による不適合の認知の誘発要因の個人側の要因は職場環境における他者からの社会的シグナル（よそ者扱い）だとしたが，なぜよそ者になるのか。まず，すでに議論をした組織社会化や組織変革が想定され，組織は個人も外部環境に適応させようと組織社会化戦術や理念浸透といった学習を促進させる対応を行う。すなわち，個人の学習不足が不適合の要因となる。

もう1つのパターンとして，成人学習や専門職の熟達化によって組織の期待を超えた能力や価値観の習得が想定される。というのも，適合研究とは全く異なる文脈から派生した資格過剰研究の領域において，2000年代以降から適合理論が引用されるようになり[14]，不適合による資格過剰の経験的研究が発表されるようになったからである。

資格過剰（overqualification: 柳澤，2004）とは，個人の教育レベルや経験が求められる仕事に比べて過剰な状態（Erdogan et al., 2011; Maynard et al., 2006; Peiro et al., 2010）のことである。個人が抜きん出たスキル，知識，能力，教育，経験，そしてそのほかの資格を満たしていたとしても，それらが組織や仕事には求められないときに，個人は組織の要求より個人の能力のほうが高いことを認知することから，資格過剰は個人－職務不適合だと説明されている（Erdogan et al., 2011; Liu et al., 2015）。

不適合による資格過剰（Luksyte et al., 2011; Maynard & Parfyonova, 2013）は，職務態度の悪さ（Bolino & Feldman, 2000; Fine & Nevo, 2008），心理的健康の低下（Anderson & Winefield, 2011），希望退職の増加（Maynard et al., 2006; Maynard & Parfyonova, 2013; McKee-Ryan & Harvey, 2011）につながるとされている。なかでも，非生産的職務行動（counterproductive work behaviors〔CWB〕田中・外島，2005）という組織やメンバーに有害な影響を与える行動（Fox & Spector, 1999）への関心は大きい。具体的には，会社の政策に対して公然と批判する（Dalal, Lam, Weiss, Welch, & Hulin, 2009），同僚の悪口を言いふらす（Dalal et al., 2009; Holtz & Harold, 2013）などである。Liu et al. (2015) は，個人が資格過剰を認知したとき，正義感の感度が高いと自尊感情が低くなり，雇用状態などへの怒りの感情が起き，非生産的職務活動のような行動が発生する，というプロセスを研究した。

その一方で，資格過剰による建設的な行動やその動機付けについて Erdogan et al. (2011) が検討したところ，資格過剰の個人は中長期的なキャリア形成を意

---

14 資格過剰の研究では主に個人－職務適合に依拠しているため，本書が主題としている個人－組織適合とは厳密には異なるが，不適合がもたらす行動や動機付けに関する豊富な研究蓄積がある。

識し（Hung, 2008），昇進が早く（Dekker, de Crip & Heijke, 2002），パフォーマンスが高く（Fine, 2007），学習スピードが速く（Fine & Nevo, 2008），営業成績が良い（Erdogan et al., 2011）という結果も得られている。そのときの調整変数となるのが，彼らが能力を発揮することを規制されず，職務充実や変革的な活動に対して組織的圧力をかけられない，という条件であることが判明した。資格過剰の従業員は，現状のシステムの生産性を高め，現状改善に努めようとチャレンジするほど，障害に出くわし，欲求不満になり離職することもある（Erdogan & Bauer, 2009, p.225）からこそ，周囲からの支援やエンパワーメント，心理的契約などが最も重要な調整変数であると Erdogan et al.（2011）は強調している。

　資格過剰人材による組織への創造的な成果に関する研究（Luksyte & Spitzmueller, 2016）では，組織的支援（perceived organizational support: POS）と職務調整（個別労働条件の取引など）が組織にポジティブな変化をもたらす創造性発揮への正の交互作用が確認された[15]。不適合の状態がギャップを解消しようとする動機付けとなり，適切な支援を行えば創造的な成果を生み出すという研究成果は，不適合そのものが創造的な成果を生み出すのではなく，不適合の状態を適合させようとする適応の過程でダイナミクスが発生するという論理である。この動機付けの考え方は，ダイナミック適合で Wingreen & Blanton（2007）が不適合を適合させようとする動機付けのモデルと近似している。

　さて，不適合や資格過剰がもたらす行動については様々な被説明変数が登場したので，整理をすることにする。まず，不適合は組織に背を向ける不適応行動をもたらすという考え方に基づいた研究を不適応アプローチとする。その逆に不適合は組織への適応行動をもたらすと考える研究を適応アプローチとすることで，先行研究を2分類にして横軸にする。さらに，組織全体に影響が及ぶ行動と，個人に留まり組織的影響が限定的な行動，という縦軸を追加することで4分割のマトリックスとなる（表補-5）。研究数としては，研究蓄積のある不適応アプローチのほうが多数となるが，近年の潮流では適応アプローチへの関心が集まっていることは確かである[16]。

---

15 組織的支援では β =.31，p<0.5，職務調整では β =.15，p<0.5 であった（Luksyte & Spitzmueller, 2016）。
16 P-E fit 研究者によるネット上のフォーラムである Global e-conference on fit の第5回が 2016 年 12 月8日に開催され，テーマは「組織の適合と不適合の実証（Experiencing Organizational Fit and Misfit）」であった。http://www.fitconference.com/（2019 年1月 31 日閲覧）

224

表補-5　不適合（資格過剰）による被説明変数の先行研究整理

	不適応アプローチ	適応アプローチ
組織全体への影響が大きい	非生産的職務行動（counterproductive work behaviors〔CWB〕: Liu et al., 2015） 会社の政策に対して公然と批判する（Dalal et al., 2009） 同僚の悪口を言いふらす（Dalal et al., 2009; Holtz & Harold, 2013） 職務態度の悪さ（Bolino & Feldman, 2000; Fine & Nevo, 2008） 組織の採用力，定着力の低下（Coldwell et al., 2008） 組織市民行動のネガティブな結果（Chen, 2009）	組織の進化的シフトと革新的シフト（Livingstone et al., 2002） 組織のポジティブな変化と成長を引き起こす創造的な成果（Luksyte & Spitzmueller, 2016） 職務イノベーション（Kiazad et al., 2014）注 自分自身や環境を変える行動（Doblhofer et al., 2016） 組織市民行動のポジティブな結果（Moorman & Harland, 2002）
組織全体への影響が限定的	職務不満足（Wheeler et al., 2007） 組織コミットメントの低さ（Silva et al., 2010） 個人の曖昧な態度（Coldwell et al., 2008） 心理的健康の低下（Anderson & Winefield, 2011） 燃え尽き（Tong et al., 2015） 組織に残る意思の低さ（Silva et al., 2010） 離職（Wheeler et al., 2007） 希望退職の増加（Erdogan & Bauer, 2009; Maynard et al., 2006; Maynard & Parfyonova, 2013; McKee-Ryan & Harvey, 2011）	パフォーマンス（Fine, 2007） 営業成績（Erdogan & Bauer, 2009） 学習スピードが早い（Fine & Nevo, 2008） 昇進が早い（Dekker de Crip & Heijke, 2002） 中長期的なキャリア形成を意識する（Hung, 2008）

注：Kiazad et al.（2014）は，説明変数が心理的契約の不履行で，個人−組織適合が調整変数となるモデル。

1.6.4. 組織変革による不適合

　Caldwell et al.（2004）は，組織側も長期安定状態ではなく実際は組織変革を繰り返しており，変革の際には個人による組織内での抵抗や，燃え尽きや批判，機能不全，離職，モラルダウンが発生していることに着目した。組織変革中の21社の34の異なる職場から，299名の個人の変化に関する調査と282名の組織の変化に関する調査の回答を得て，個人レベルとグループレベルのマルチレベル分析を行った。その結果，熟達志向性の高さは組織変革の公平性を理解すれば適切な個人−組織適合につながるという結論を得た。Caldwell et al.（2004）は，熟達志向性の高い個人は，自己制御を内面化しているので組織変革のような挑戦的で曖昧な状況であっても納得すれば働けるのではないか，としている。この結果は，長期雇用段階にある既存社員の熟達者を対象とした適合研究の重要性を同時に示唆したことになるだろう。他方，熟達者には個人的な理論（Cameron et al., 2001）として形成された信念が機能しているため，組織変革の公平性への理解が得られない場合は，熟達者は他の属性よりもより不適合が拡大することも推測される。

　さらに，Caldwell（2011）では，大病院に勤務する800名の看護師を対象に，組織変革の実施中における個人－組織適合と個人－職務適合について研究をした。変革初期においては個人－組織適合が低下するものの，概ね変化前のレベルに戻ることが判明したが，変革前の準備時期や，変革実行の中期における個人のレディネスが後期の「立ち直り」に正の影響を与えることが判明した。変化に対して自分は上手く対応できるだろうと考える変化自己効力感を持つ個人は，変化実行中のレディネスのレベルと個人－組織適合とは正の関係性を示したが，変化自己効力感が低いと個人－職務適合を悪化させるリスクになった。こうした結果から，Caldwell（2011）は，組織は社会化によって個人を組織に適合させようとする一方で，個人に組織の外部環境からのダイナミックな要求に柔軟に適応することを同時に求めるという矛盾があることを指摘した。

1.7.　不適合とダイナミクス
1.7.1.　適合と不適合のダイナミクス
　組織社会化や学習は個人の価値観の変化を説明する理論的根拠になるが，実際に組織との適合や不適合の認知が一定期間中にどの程度変化をするのかという動態的を解明したのがVleugels et al.（2018）である。Vleugels er al.（2018）は，適合の認知に3つのモデルを想定して，定点観測による2つの研究を[17]行った。第1のモデルが，自分と対象を比較して適合を認知する比較推論モデルである。測定には既存研究と同様に説明変数に適合の認知[18]を，そして一定期間経過後の被説明変数に情動[19]と職務行動[20]を設定した。第2のモデルが，職場での経験が適合の認知につながると考える論理的推論モデルである。この測定は仮説1の逆となり，情動と職務行動が説明変数，一定期間経過後の適合の認知が被説明変数となる。そして第3に設定したモデルが，情動と職務行動が適合を代弁していると帰納的に思考するというモデルであり，伝統的な適合研究とは最も異なる立場になる。情動，職務行動，適合の認知は同期しており，過去の適合が長期間保持

17　1回目は153名に対して12週間，毎週調査をしたものであり，2回目は，77名に対して10営業日，毎日調査をしている。

18　適合の測定は，価値観適合（「私の価値観は組織の価値観や文化と適合していると感じる」）と，要求－能力適合（「私の能力は私の仕事からの要求に適合していると感じる」）と，需要－供給適合（「私が仕事に求めていたものが現在の仕事によって充分に満たされていると感じる」）を設問項目としている。

19　情動の測定は，職務情動ウェルビーイング尺度（job-related affective well-being scale: Van Katwyk, Fox, Spector & Kelloway, 2000）を設問項目としている。

20　職務行動は，組織に還元する組織市民行動（OCB-O: Dalal et al., 2009）と職務成果を設問している。

され，情動や行動に影響することはない，という立場である。

　以上の実証研究では，第3のモデルである適合の認知の変化は一定期間後の情動や職務行動の変化と関連がない，を支持する結果となった。このことからVleugels et al.（2018）は以下のような指摘を行っている。1点目が，過去に起きたことが一定期間を経て適合の認知や情動に影響するのではなく，瞬間的に個人は適合を認知している，ということである。2点目は，既存研究と異なり適合の認知の変化が情動や職務行動の変化に影響しないという結果となった理由は，個人の仕事経験のなかに適合の認知が落とし込まれているから瞬間的に適合を認知できると考えるのが妥当だとしている。適合の認知には確かに感情的な要素も含まれるが，単純にそれだけではなく，より総合的な仕事経験を通して帰納的に個人は適合の認知を調整しているのだろう，と Vleugels et al.（2018）は主張している。よって，仕事経験を把握するためには，より長期間（数か月や数年間）の調査設計を Vleugels et al.（2018）は提案している。つまり，個人は職場での情動的な側面のみならず，日々の仕事経験の中で組織との適合や不適合を瞬間的に認知している，ということになるだろう。

　さらに，Vleugels et al.（2019）では，125名のホワイトカラーを対象に12週間連続の調査で個人の価値観の変化，価値観適合の平均値差，個人差，変動の頻度差を分析し，5つのタイプに分類した。第1のタイプが安定適合型で全体の30％を占め高い価値観適合と低い変動を示した。第2のタイプが変動適合型で全体の46％であり，高い価値観適合と短期周期での変動ながら下降傾向にはならないという特徴がある。第1と第2のタイプを合わせて76％が適合状態にあるといえる。そして第3のタイプが無所属型（mavericks）で，高分散の価値観適合と低い変動が特徴で5％を占めた。第4のタイプが微弱適合型で低い価値観適合と低い変動を示したのが14％である。そして最後の第5のタイプが不適合型であり，5％が低い価値観適合と高い変動を占めた。このなかで，安定適合型が最も高い職務成果と組織市民行動への影響を示しており，不適合型はその逆の結果となった。だが，変革志向行動（change-oriented behavior）と創造的業務行動（innovative work behavior）については，各群の有意差が認められなかった。適合の認知の変動に類型が見出されたことからも，個人レベルでは価値観適合の認知は安定した構成要素であるという仮定は困難であり，個人は不快な不適合を解消するために努力しているから変動するのではないかと Vleugels et al.（2019）は考察している。

1.7.2. 不適合からの適応行動

　さて，不適合の状態を継続させるのは個人にとってストレスになることから，適合を獲得，維持するために認知や行動を複雑に調整する（Follmer et al., 2018）ことになるが，それが適応行動である。福島（1989）は，適応は内的適応と外的適応に分かれるとし，内的適応とは欲求不満や心理的葛藤に対して心理的な自己防衛の態度を取ったり，思想，文化，宗教といった活動によって克服しようとしたりするものとした。一方で，外的適応には外界からの要求に自らを合わせるために自分を変化させる受動的適応と，自分の要求に外界を合わせるために外界に働きかけて変化させる能動的適応があると分類している。この分類から見ると，内的適応は表補-5 の「不適応アプローチ」に相当し，受動的適応には組織社会化が相当し，能動的適応には「適応アプローチ」が相当しそうである。

　Wingreen & Blanton（2007）は個人が組織と不適合な部分を適合に向かわせようとすることを適応（fitting in）だとしていたが，March & Simon（1993）は類似した考え方を，適応的で動機付けられた行動の一般モデル[21] によって示した（図補-7）。このモデルの前提には，人による合理的な意思決定は限定的なので，満足する意思決定を行う，という考えがある。このメカニズムは，もし人が満足を得られなかったら，代替行為を探索するようになる。代替行為の探索をすればするほど，その報酬価値への期待が高まり満足度は高まるが，その一方で報酬への期待が高まると，主観的な目標水準である要求水準（level of aspiration）が高

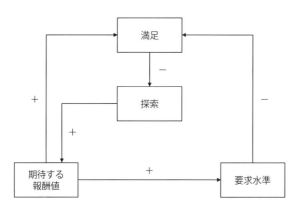

図補-7　適応的で動機付けられた行動の一般モデル
出所：March & Simon（1993）p.68

---

21 原著表記は "General model of adaptive motivated behavior" である。

まる。そして，要求水準が高まると，満足が低くなる，というものである。具体的な例で考えると，組織に対して不満足になり，何等かの代替行為を取る。この代替行為には，既存研究で扱われているような離職以外に，組織内に留まるのなら上司への相談などの探索がなされるだろう。この代替行為の探索は上司が問題を解決してくれるだろう，といった報酬値への期待を高める。よって，その期待に対する満足は上がる。だが，この期待する報酬値は同時に，自分が上司に上手に現状の問題点を説明しなくてはならない，という自分への要求水準を高めるため，それは難しいのではないか，と満足が低くなる。このように，満足の上昇と低下が同時に発生するため，結果的に不満足は解消されず，次の探索行動につながる。こうした一連の人間行動を March & Simon（1993）は，適応行動だとしたのである。よって，満足な状態ではこのサイクルが動かない。不満足の知覚と探索行動によって得られる報酬への期待が動機付けになり，適応行動が発生する。だが報酬期待が高まると要求水準が高まるため，不満足になるので，サイクルが回り続ける。

　このモデルにおいて，不満足は不適合から発生しており，期待する報酬値を適合だとすると，個人は適合を得るための探索行動を取ることになる。よって，不適合によるダイナミクスとは，適合への適応行動であり，適応プロセスだと捉えることができる。

　ただし，こうした適応行動が発生する動機やメカニズムを説明する理論については，既存の不適合研究でも多くの議論がなされている。例えば，学習による適応については，Wingreen & Blanton（2007）は目標設定理論と期待理論に依拠して，組織内で他者から学ぶ「モデリング行動」が適応行動へとつながる要素だと論じている。また，Erdogan et al.（2011）は衡平理論[22]や認知的不協和理論（Festinger, 1957）と結びつけて資格過剰による適応行動を解釈しようとしている。他にも，数多くの理論[23]が用いられてきたが，本書においても後述する離脱・発言・忠誠の理論でも用いられている認知的不協和理論を適応行動の根拠としておく。

　認知的不協和理論とは，個人が不協和（または，ギャップ，不公平ともよばれ

---

[22] 衡平理論とは，社会的関係における公正さに関する概念である。Homans（1961）は，交換関係にある人々の間での分配上の正当性は互いの利益が投資に比例しているときに得られる，という分配の正義（distributive justice）という概念を掲げた。Adams（1965）は，分配の正義と認知的不協和理論（Festinger, 1957）を結びつけて，衡平（equity）という概念を提起し，不衡平（inequity）の程度に応じて緊張が生じ，その緊張は不衡平の低減を動機付ける，と理論化した（Erdogan et al., 2011）。

[23] 公平理論（Adams, 1965），社会的認知理論（Bandura, 1986），矛盾の論理（Livingstone et al., 2002）など。

る）を認知するとそれを解消しようとする動機付けが発生し，態度や行動の変容につながるというものである。認知的不協和の基本的仮説は2つある（Festinger, 1957, p.3）。

　1つ目は，不協和の存在は心理学的に不快であるから，この不協和を低減し，協和を獲得することを試みるように人を動機付けることである。よって，個人は「職務満足を得たい」と「職務不満足な状態にいる」は不協和であり不快なので，不協和の解消へと動機付けられる。

　2つ目は，不協和が存在しているときには，人はそれを低減しようと試みるだけでなく，さらに不協和を増大させると思われる状況や情報を積極的に回避しようとすることである。よって，個人は「これ以上の職務不満足を経験したくない」ので，現在の環境から遠退く，つまり離職する，という行動を取るのだと説明できる。

　そこで，不適合からの適応行動までを整理すると，①学習不足または資格過剰が不適合を発生させる，②不適合が認知的不協和を発生させる，③不適合の状態を適合させようとする適応の過程でダイナミクスが発生する，④不適合は調整変数によっては建設的で創造的な行動につながる，ということが確認できた。

1.8.　個人 – 組織適合研究の鳥観図[24]

　本章では主に個人と組織の不適合に着目をした先行研究の整理を行っているが，不適合研究は個人 – 組織適合研究から連続した概念である。個人 – 組織適合研究は2007年ごろから自己批判的な議論が活発化し，研究の方向が大きく転換している。

　個人 – 組織適合研究の既存概念への批判は，次のようなものであった。1点目が，本書でも既述した不適合という概念の説明と実証研究の方法論が不適切であることへの批判である。Ostroff & Schulte（2007）が指摘するように，初期の適合理論の概念化では適合は不適合より高い成果が得られるという仮定を立てる傾向があったことを認め，不適合が適合の逆であるという単純な解釈をしていたことへの自己批判を行っている。そして，不適合は適合より複雑な現象であるという点に注目し，個人の内面での認知の変化のダイナミクスを意識した定性的研究が取り入れられるようになっている。

　2点目が，適合研究はスタティックな研究であるという批判であり，時間概念，相互作用を意識したダイナミクスへの関心である。適合概念の源流である職業心

---

24 本論は，山﨑（2022）の要約である。

理学では，適合は時間を掛けて展開されるダイナミックなプロセスであると考えられていた（Ostroff & Schulte, 2007, p.49）のだが，その後横断的な定量研究が増えるにつれ，適合研究は「特定の時点における適合の感覚の切り取られた情報」（Kristof-Brown & Jansen, 2007, p.142）によって議論がされるようになった。この取り残された時間概念や相互作用を研究に取り戻すために，縦断的な研究計画が立てられるようになっている。

　3点目が，上記でも言及したような不適合とダイナミクスを捉えるためのリサーチデザインの再検討の必要性を主張するものである。定性的研究法，縦断的な調査，多項式回帰分析などの研究法に加え，従来は研究パラダイムの相違として扱われてきた実証主義と解釈主義をも組み合わせたリサーチデザインが必要になると Billsberry et al.（2013）は主張している。

　4点目が，個人‐適合という概念が精緻化されておらず理論には至っていない，という基底的な批判である。適合研究は帰結を重視したプロセス理論（Campbell, Dunnette, Lawler & Weick, 1970）のため，組織科学における理論を構築し評価するための原則を適用すると理論的進歩は乏しいと指摘されている（Edwards, 2008, p.218）。特に適合よりも不適合を理論的に説明することは難しく，依拠すべき基礎理論について研究者のあいだでも統一した見解には至っていない。こうした背景から，適合・不適合はいまだ「概念」であって「理論」には到達していないとされているのである。

　上記のような最近の議論を含めた個人‐組織研究のフレームワークを描いたものが図補-8である。

　領域Aは個人‐組織適合そのものに対する議論であり，適合の種類や次元，新しい論点でもある不適合や個人の中での認知の変化などについて言及した研究である。領域Bは適合の結果であり，研究初期では離職意向，組織コミットメントが，近年では不適合研究の文脈から能動的な行動を検証する動きも出てきた。さらに，領域Cで示した適合から結果への調整要因に関する研究では，仕事の代替可能性や上司と部下の交換関係による影響も確認されている。これらのA，B，Cの領域においては，既存研究を通して適合から結果への影響関係の構造がかなり明らかになってきているといえよう。

　他方，領域Dの適合の規定要因や領域Eの調整要因の議論は不十分である。そもそも，適合という概念は「個人と組織の特徴の一致」（Chatman, 1989）という現象から議論を始めているため，何が適合をもたらすのか，という規定要因についてはいまだに不明な点が多い（De Cooman et al., 2019）。

　領域Fは既出のリサーチデザインへの批判を受けての議論であり，近年では

H　隣接領域

組織社会化 (e.g., Cable & Parsons, 2001; Cooper-Thomas & Anderson, 2002; Kammeyer-Mueller, 2007; Kammeyer-Mueller et al., 2013)
採用 (e.g., Cable & Yu, 2007), 人的資源管理 (e.g., Gerhart, 2007), 資格過剰 (e.g., Luksyte & Spitzmueller, 2016)

C　成果への調整要因

仕事の代替 (e.g., Silva et al., 2010; Wheeler et al., 2007)
認知・感情パーソナリティシステム (e.g., Resick et al., 2013), 資格過剰 (Doblhofer et al., 2019)
自己開示 (Doblhofer et al., 2019)
LMX (e.g., Boon & Biron, 2016)

B　結果（被説明変数）

態度 (e.g., Edwards & Shipp, 2007)
(e.g., Verquer et al., 2003)
パフォーマンス、ストレス (e.g., Kristof-Brown et al., 2005)
感情的、認知的、行動的、生存率 (e.g., Ellis & Tsui, 2007)
感情 (e.g., Gabriel et al., 2014)
EVLN (e.g., Zubielevitch et al., 2021)

E　適合への調整要因

文化的コンテキスト (e.g., Lee & Ramaswami, 2013)
時間的距離、解釈レベル理論 (e.g., Vanderstukken et al., 2019)
動向 (e.g., Yu, 2013)

D　既定要因（説明変数）

心理的魅力、認知バイアス、組織文化、人事施策 (e.g., Ellis & Tsui, 2007)
組織変革 (e.g., Caldwell, 2011; Caldwell et al., 2004)
感情 (e.g., Gabriel et al., 2014)

A　個人−組織適合

(e.g., Harrison, 2007; Kristof, 1996; Kristof-Brown & Jansen, 2007)
補充的適合/相互補完的適合
客観的適合/主観的適合/認知的適合 (e.g., Kristof-Brown et al., 2005; Verquer et al., 2003)
一時点測定/時間変化 (e.g., Coldwell et al., 2008; Cooper-Thomas & Wright, 2013; De Cooman et al., 2019; Follmer, 2018; Vleugels et al., 2019)
不適合 (e.g., Cable & DeRue, 2002; Jansen & Shipp, 2013)
個人内安定性 (fit) /個人内変動性 (fitting) (e.g., Vleugels et al., 2018)

F　アプローチ、リサーチデザイン

適合による直接効果　適合への調整効果　媒介効果
個人−環境適合パラダイム　認知的適合パラダイム (e.g., Kristof-Brown & Billsberry, 2013)
分析方法、多項式回帰分析と応答局面法 (e.g., Edwards & Shipp, 2007; Ostroff et al., 2007; Ostroff & Schulte, 2007)
一時点測定/時間変化 (e.g., Boon & Biron, 2016; Wheeler et al., 2007)
スタティック/ダイナミック (e.g., Cable & DeRue, 2002; Jansen & Shipp, 2013)
量的研究 (法則定立的アプローチ) /質的研究 (個性記述的アプローチ) (e.g., Billsberry et al., 2013)

G　適合の再定義、適合・不適合を説明する基礎理論

(e.g., Cable & Edwards, 2004; Edwards, 2008; Harrison, 2013; Wheeler et al., 2013)
ASA理論、解釈レベル理論、自己決定理論 (e.g., Vanderstukken et al., 2019; Van Vianen et al., 2013)
社会的・国家的文化 (e.g., Lee & Ramaswami, 2013)、中範囲の理論、RBV、HRM (e.g., Wheeler et al., 2013)
資源保存理論 (e.g., Doblhofer et al., 2019; Wheeler et al., 2013)、制御適合理論 (e.g., Higgins & Freitas, 2007)
自己整合性理論、認知的不協和理論、バランス理論、EVLN、コーピング、ストレス、プロアクティブ行動、帰属動因、社会的投影、情動的整合性、社会的情報処理、時間的距離と心理的時間、ジョブクラフティング (e.g., Yu, 2013)
職務満足、EVLN、コーピング、ストレス、プロアクティブ行動、帰属動因、社会的投影、情動的整合性、社会的情報処理 (e.g., Jansen & Shipp, 2013)

図補-8　個人−適合研究のフレームワーク
出所：山崎 (2022)

注：概念間の因果関係を示す領域 A、B、C、D、E は実線枠で、基底理論となる領域 F は点線枠で、方法論の領域 G は太点線枠で、隣接領域である領域 H は細線枠で表した。

個人と組織の相互作用というダイナミックなコンセプトに回帰するために縦断研究が増加している。また，定量的研究手法では応答局面法が提示され，定性的研究手法ではグラウンデッド・セオリー・アプローチによる概念生成など，幅広いデザインが採用されるようになっている。

そして，適合と不適合を説明する基礎理論について議論されているのが領域 G である。不適合は適合より複雑な概念であることから数多くの「不一致から均衡へ向かうダイナミクス」に関連する理論が検討される。

なお，個人−組織適合研究の隣接領域となる領域 H では，組織社会化や人的資源管理，さらに近年では資格過剰をテーマとした論文のなかで適合や不適合が扱われている。だが，こうした隣接領域においても適合研究における批判的議論を踏まえたうえでの研究が行われることが望まれるだろう。

2. 適応行動としての離脱・発言・忠誠

2.1. 離脱・発言・忠誠理論

不適合による適応行動のうち建設的で創造的な行動とは何か，を考えるにあたり，本書では離脱・発言・忠誠理論（Hirschman, 1970）に注目をした。なぜなら，不適合と発言行動は，認知的不協和理論によって結び付けられるからである。認知的不協和では，認知要素の間の不適合関係の存在は，それ自体が動機付け要因になる[25] と考える。

Hirschman（1970）は，認知的不協和の解消行動として離脱・発言・忠誠[26] 行動について，組織の質が低下した際に構成員は離脱か，発言のどちらかの行動を取るが，ある条件を満たせば忠誠は合理的理由から離脱を抑え発言を促す役割を果たす，と説明している。そして「不協和の状況だからといって信念・態度・認識のほうが変更を迫られるだけではない。現実世界のほうを変えるための行動が不協和を克服し緩和する代替的な方法である場合（とくに，そのための唯一の方法である場合），不協和の状況から，そうした行動が実際に生み出されることもある」（邦訳 2005, p.102）と主張した。

Hirschman（1970）による離脱，発言の定義は以下の通りである。「(1) 顧客

---

25 原文では次のように記している。"the existence of nonfitting relations among cognitions, is a motivating factor in its own right."

26 Hirschman（1970）の原著では，Exit, Voice, Loyalty であるが，本書では矢野による邦訳（2005）に従い，離脱・発言・忠誠という日本語で記述している。

がある企業の製品の購入をやめたり，メンバーがある組織から離れていくという
場合がある。これがすなわち離脱オプションである。離脱オプションが行使され
る結果，収益が低下したり，メンバー数が減少したりする。したがって経営陣
は，離脱をもたらした欠陥がどんなものであっても，これを矯正する方法・手段
を探索しなければならなくなる。(2) 企業の顧客や組織のメンバーが経営陣に対
して，あるいは，その経営陣を監督するほかの権威筋に対して，さらには耳を傾
けてくれる人なら誰に対してでも広く訴えかけることによって，自らの不満を直
接表明する場合がある。これがすなわち発言オプションである。発言オプション
が行使される結果，経営陣はこの場合も，顧客やメンバーの不満の原因をつきと
め，可能な不満解消策を模索しなければならなくなる。」(邦訳 2005，p.4)

　そして，忠誠については下記のような説明をしている。「離脱が可能な場合，
発言が実際に行使されるかどうかを決定づける主な要因には，次の2つがある。
(1) 顧客・メンバーが離脱の確実性を目の前にしながら，品質の低下した製品の
改善という不確実性をどれだけ積極的に引き受けようとするか。(2) 顧客・メン
バーが組織に対する自らの影響力をどの程度のものと考えているか。ここで，忠
誠として知られる，組織に対する特別な愛着に関係しているのは明らかである。
〔中略〕こうして一般に，忠誠は離脱を寄せ付けず，発言を活性化させる。〔中
略〕だが事態を改善するために誰かが行動する，あるいは何かが起こると期待で
きない場合には，忠誠を維持することなど，まずありえない。〔中略〕純粋な信
仰という行為に比べ，忠誠に基づく行動がいかに合理的打算に満ち溢れたもので
あるかが分かる。」(邦訳 2005，pp.86-87)

　ただし，忠誠についてはもう1つのタイプ，無意識の忠誠 (unconscious loya-
list behavior) がある。「組織の質が低下していく際，無意識の忠誠者行動が生じ
ることにもなる。無意識の忠誠者行動は，定義上，不満を感じることによって生
ずるものではないので，それが発言につながることはない。」(邦訳 2005，p.99)

　このように，Hirschman (1970) は，組織の構成員がなぜ離脱もしくは発言行
動を取るのか，そして忠誠が離脱を抑え発言を促す機能があることを明快に説明
した。本書では不適合によって説明される変数を表補-5のように不適応アプロー
チと適応アプローチに分類したが，離脱と発言はまさしくこれらの分類に類似す
る概念といえよう。

　Hirschman (1970) の理論を受けて，Farrell (1983) は，職務不満足の際の従
業員行動を説明するために，離脱，発言，忠誠に，さらに放棄 (neglect) 行動を
加えて理論化を行った。放棄は，Hirschman (1970) では言及されていないが，
労働者の間で無断欠勤，ミスが増えるなど，無責任で役割を無視したふるまいを

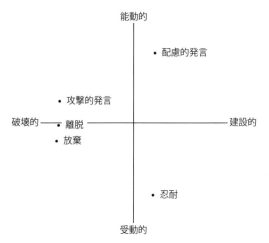

図補-9　能動的 - 受動的，建設的 - 破壊的の 2 軸による行動
出所：Hagedoorn et al. (1999) p.317

もたらし，組織成果への悪影響を及ぼすというものである。よって，これら 4 つ
の行動である離脱・発言・忠誠・放棄（Exit, Voice, Loyalty, Neglect: EVLN[27]）
こそが，職務不満足による行動を分析する際の概念的フレームワークに最適であ
る，としている。

　Hagedoorn, van Yperen, van de Vliert & Buuk (1999) は，発言を 2 つに分
類し，配慮的発言を問題解決のために当事者意識を持って臨み納得がいくまで上
司と話す姿勢と定義し，攻撃的発言を組織への考慮なく自身の勝利に固執して上
司に対して好戦的に自身の希望を訴える姿勢だと定義した。さらに，嵐が過ぎる
のを待つだけの受動的な忠誠については，先行研究の内容を吟味したところ組織
を楽観的に信じている姿勢であり，ただ時間を過ごしている人物であるとして，
忠誠というラベルから忍耐（patience）へと変更した[28]。こうした新しい定義に
従った尺度を用いて 2 次因子分析を行い，5 つの行動である，離脱，配慮的発言，
攻撃的発言，忍耐，放棄を Farrell (1983) の能動的 - 受動的，建設的 - 破壊的
の 2 軸に配置した（図補-9）。

---

27 離脱・発言・忠誠・放棄と 4 つすべてを表記すると長くなり，文章内容との混合が発生するため，
　原著に従い EVLN としている。
28 Hagedoorn et al. (1999) では忠誠（loyalty）を忍耐（patience）へと名称変更をしているが，
　EVLN 理論として広く知れ渡っていることからその後も忠誠（loyalty）という名称が使用され続
　けていることが多い。なお，Hirschman (1970) が言及した忠誠は，忠誠は離脱を抑え発言を促
　す機能がある，としていることから個人の行動ではなく，組織に対する愛着の感情であり，組織
　コミットメントと類似する概念である（Luchak, 2003），とする文献もある。

　忍耐は他の行動と比較して職務満足との相関が強くはなく，楽観的に物事が好転するのを待つだけであり，最も受動的であった。

2.2.　適応行動としての発言

　これらの研究より，不適合という認知的不協和を解消し，個人－組織適合の方向へのダイナミクスを起こさせるものは配慮的発言行動だといえよう。職場の発言に関する研究は数多く積み重ねられてきており（Brinsfield et al., 2009），Klaas et al. (2012) は過去に発表された発言研究を体系的に整理し，発言を決定する7つの要因[29]と発言の形態を説明する3つの側面[30]を抽出した。Klaas et al. (2012) によって提示された発生要因と形態に関する既存研究数は膨大なので，一部を抜粋[31]した一覧表を作成し，表補-6，表補-7 とした[32]。

表補-6　発言を決定する7要因

決定要因	内容と研究者（Klaas et al., 2012 の解釈含む）	共通点と相違点
(a)　個人の習慣的な特徴	・向社会的なことへの関心（Grant & Mayer, 2009）。 ・非公式な向社会的発言と，快適な状態や神経質との負の関係性（LePine & Van Dyne, 2001）。 ・非公式な向社会的発言と自己効力感との正の関係（LePine & Van Dyne, 1998; Premeaux & Bedeian, 2003）。 ・忠実性（LePine & Van Dyne, 2001; Thomas, Whitman & Viswesvaran, 2010）。 ・外向性（LePine & Van Dyne, 2001）。 ・責任感（Fuller, Marler & Hester, 2006; Parker & Collins, 2010）。 ・積極的な性格（Parker & Collins, 2010）。 ・変化への開放性（Lipponen, Bardi & Haapamaki, 2008）。 ・自己俯瞰力（Fuller, Barnett, Hester, Relyea & Frey, 2007; Premeaux & Bedeian, 2003）。 ・目的志向性への成果（Parker & Collins, 2010）。	【共通点】 　発言の形態は異なれど，積極性，主張性，自尊心といった個人的特徴に発言は影響される。発言は必然的に個人の見解や考えに対して周囲の注意を促す裁量的な活動であるため，その内容にかかわらず，積極性，断言性，自尊心に関連する質的な特性が重要である可能性が高い（Klaas et al., 2012）。

29 発言を決定する7要因（表補-6）は，(a) 個人の習慣的な特徴，(b) 満足感，コミットメント，忠誠，(c) 発言のリスクと安全性，(d) 発言の正当性，(e) 発言の有用性，(f) 嫌悪する状況，(g) 文化である。
30 発言形態を説明する3側面（表補-7）は，(a) 発言メカニズムの形式，(b) 発言の焦点，(c) 発言の認識のされ方である。
31 Klaas et al. (2012) にはあらゆる種類の Voice が含まれているため，本書では議論を想定していないテーマ（内部告発など）については割愛し，本書テーマに沿う研究のみを扱った。
32 一覧表（表補-6, 7）に掲載されているすべての論文を本書の参考文献に記載はしてはいない。掲載なき文献については Klaas et al. (2012) を参照されたい。

236

(b) 満足感，コミットメント，忠誠	• 非公式で向社会的な発言は心理的な離脱傾向の人々には見受けられない。会社に対する関心が一度失われ離職を考えると，組織の改善を求める向社会的で非公式な声が減少する。（Burris, Detert & Chiaburu, 2008）。 • 会社が心理的契約を違反していると認知しているときは，マネージャーは向社会的や非公式の発言に対して受け身になる（Si, Wei & Li, 2008）。 • LMXの状態がいいときに向社会的で非公式の発言が活性化する（Botero & Van Dyne, 2009; Liu, Zhu, & Yang, 2010; Van Dyne, Kamdar & Joireman, 2008）。 • 提案システムの活用は，会社との同一化と関係している（Ekvall, 1976; Hatcher, Ross & Collins, 1991; Lipponen et al., 2008; Pizam, 1974）。 • 不満足な従業員が多いほど，より攻撃的な非公式の発言を上げる傾向がある（Hagedoorn, Van Yperen, Van De Vliert, & Buunk, 1999）。 • 不当な扱いに対する正式な発言は，従業員の職務満足がより低いときに発生する（Olson-Buchanan, 1997）。 • 上司がより否定的な態度を取るような役割を演じたときに，不当な扱いを感じた際により正式な発言をするようになる（Gordon & Bowlby, 1989）。 • 不平不満な態度は，より不満足な従業員に見受けられる（Allen & Keaveny, 1985）。 • 組織への忠誠や愛着的コミットメントは，不満な態度と負の関係がある（Boroff & Lewin, 1997; Olson-Buchanan & Boswell, 2002）。 • 職場状況が悪化しているときの反応としての非公式な発言を用いることは，職務満足との正の関係がある（Olson-Buchanan, 1997）。 • 会社における満足感や投資されている実感が高いほど，嫌悪する状況を非公式の発言によって浮かび上がらせる（Rusbult, Farrell, Rogers & Mainous, 1988）。 • 従業員の間で不当な扱いがなされたときに非公式の声が形成されるのは，愛着的コミットメントが高く（Luchak, 2003; Mellahi, Budhwar & Li, 2010），プロフェッショナル・コミットメントが高い（Tangirala & Ramanujam, 2008a）とき。	【相違点】 　提案制度や非公式の発言は職務満足やコミットメントと正の関係があるという研究と，組織や職務にコミットしている従業員は正式な場で上司や組織への不満を発言にするのを避ける（Olson-Buchanan, 1997），という結果の間で相違がある（Klaas et al., 2012）。
(c) 発言のリスクと安全性	• 内部告発は，組織内でのサポートがなされるだろうと個人が信じているほど発生する（Lee, Heilmann & Near, 2004; Miceli & Near, 1984, 1985, 1988; Near & Miceli, 1996）。 • 非公式で個人的な発言には心理的安全性に関心が集まる（Detert & Burris, 2007; Walumbwa & Schaubroeck, 2009）。	【共通点・相違点】 　着目する発言のタイプ（内部告発か，非公式かなど）による違いはあるが，調査の視点は，不愉快な状態を突き返して表沙汰にできる自由度，自由裁量権に関するもの（Klaas et al., 2012）。

(d) 発言の正当性	• グループレベルでの信念が発言の価値を強調したときに，発言は強化される（Morrison, Wheeler-Smith & Kamdar, 2011）。 • 発言が正当かどうかは，非公式で向社会的であることと，自分の役割の1つとして建設的な提案をしているという認識があるかどうかとの関係性がある（Van Dyne et al., 2008）。	【共通点・相違点】 　発言することは，権威や確立された手順に対する挑戦的な行動にもなりえる。なぜなら個人に与えられた役割ではないことが一般的であり，だからその行動を取るかどうかは，その努力に見合う妥当性をもたらすのか否かに依存する（Klaas et al., 2012）。
(e) 発言の有用性	• 個人の制御能力と発言の間に曲線的な関係性があり，職場における個人の制御が重要（Tangirala & Ramanujam, 2008b）。 • 個人の制御がより低いときに発言は多くなる（職場改善への影響が欠けているといった不満足が理由）が，最も頻度が高まるのは，発言のような能動的な行動が意味ある変革を導くという信念が個人にあるとき（Tangirala & Ramanujam, 2008b）。 • 職場内で自分に影響力があると認知しているときの非公式の発言（Venkataramani & Tangirala, 2010）。 • 提案システムを使用する意欲は，マネジメントへの無関心と応答が遅れがちな状態で低くなる（Gorfin, 1969）。 • 学習文化が発言の使用と正の関係がある（Leach, Stride & Wood, 2006）。 • 苦情を発言にする意欲は，本人が市場レベル以上の報酬を受け取っているが，労働市場における選択肢が少なくなったときに最大化する。従業員が解雇や離職を避けようとする（Cappelli & Chauvin, 1991）。	【共通点・相違点】 　発言を発するということは，単なる改善提案や不当な扱いに対する自動反応という意味だけではなく，重要な打算的要素が含まれている（Klaas, 1989）。 　従業員が職場内で認知している自身の影響力が，プロセス改善に焦点を当てた非公式な発言の決定的な要因（Venkataramani & Tangirala, 2010）。 　個別チームによって体系的に評価される正式な発言システムの場合は，管理職のシステムに対する信頼性が決定的な要因（Gorfin, 1969; Leach et al., 2006）。
(f) 嫌悪する状況	• 内部告発は，問題の行動が，影響を受ける人々にとって，また作業グループの利益のために，より重大であると考えられる場合になされる（Lee et al., 2004; Miceli & Near, 1984, 1985, 1988; Near & Miceli, 1996; Trevino & Victor, 1992）。	
(g) 文化	• 水平な個人主義は，非公式で向社会的発言をもたらし，また水平的な個人主義と代替的な職業選択肢の間の相互関係が発言を予測する（Thomas & Au's, 2002）。 • 文化的な違いは，発言を予測する際の職務満足度や役割に対して重要ではない（Thomas & Pekert, 2003）。 • 権力への距離が非公式発言にも内部告発にも負の関係性が見いだせる（Botero & Van Dyne, 2009; Tavakoli, Keenan & Crmjak-Karnovic, 2003）。	

出所：Klaas et al.（2012）を元に筆者抜粋，邦訳

238

表補-7　発言形態の3側面

側面	内容と研究者（Klaas et al. の解釈含む）
(a) 発言メカニズムの形式	• 正式な発言は，命令の連鎖に関する規範に違反するという点で挑発的と見なされる（Greenberger, Miceli & Cohen, 1987）。 • 悪化した状態が発生した際に，発言は離脱か放棄かという反応の代替として使われる（Farrell, 1983）。 • 正式な発言は，問題提起，挑発的行為，潜在的な政治的動機と見なされる可能性が高いため，正式な発言を手順化することは，発言を選択するプロセスを変えることになる（Klaas et al., 2012）。 • 非公式の発言はすでに関係性のある上司に訴える（Botero & Van Dyne, 2009）。 • 発言と忠誠は両立する（Hirschman, 1970）。 • 発言はより忠誠のある従業員が用いる（Boroff & Lewin, 1997）。 • 正式な発言を使用することは，マネージャーとの仕事上の関係が貧弱な人である可能性が高い。満足度やコミットメントの高い従業員は，提案や不当な扱いについて正式な手順を用いることは，上司や組織との関係に影響が起るであろうと認識しているので，その手法を取ることにメリットを感じていない（Klaas et al., 2012）。 • 非公式の発言に対応する正式な手続きがないことから，受取側が発言を取り扱う上での誠実性や能力や信念といった要素が関係すると考えられる（Klaas et al., 2012）。 • 発言の仕組みが，建設的で関係が強化されるような方法で問題点を表現できたとき，忠誠と発言は正の関係になる。だが，発言が挑発行為と見なされる可能性が高くなる場合は，発言は忠誠を裏切る可能性が高い。発言のあげ方がどのように見られるか（Greenberger et al., 1987）によっては，葛藤解決の建設的な努力より，挑発的な行動が取り上げられる（Klaas et al., 2012）。
(b) 発言の焦点	• 発言による，作業単位または組織の機能またはパフォーマンスの改善への影響（Van Dyne, Ang & Botero, 2003）。 • 組織を手助けしたいという欲求による発言は，組織市民行動の一部（Van Dyne & LePine, 1998）。 • 向社会的発言は，職務満足，愛着的コミットメント，忠誠度に関連する変数によって強く影響される（Burris et al., 2008; Olson-Buchanan & Boswell, 2002; Tangirala & Ramanujam, 2008a）。 • 発言は意思決定の公平さに影響を与える（Blancero & Dyer, 1996）。 • 発言をあげる機会がグループ内の自分の地位を肯定する（Lind, Kanfer, & Early, 1990; Lind & Tyler, 1988; Tyler, 1987）。 • リーダーがインプットへの開放性を見せると，従業員はより向社会的な発言を出したがる（Detert & Burris, 2007）。 • 向社会性と正義感の発言の違いを認識することは重要。正義感による発言は，その影響を受けるマネージャーに何らかの負担を課すような状態や特徴が含まれている。（Bemmels & Foley, 1996）。向社会的な発言は影響を受けるマネージャー対してメリットを提供するような内容である（Van Dyne et al., 2003）。 • リーダーのオープン性は，心理的安全性への認識を促す役割と，組織内プロセスと機能を改善するために発言が実際に活用されている実感の提供という両方の側面がある（Klaas et al., 2012）。

	• 正義志向の発言は（宗教的発言に比べて），経営サイドからの否定的な対応から身を守る雇用の選択肢や社内手続き的の保護といった要因からの影響を受けるが，正義感による発言は，疑わしい決定に対して注意を向けることでマネージャーを困らせるなど，マネージャーや会社には少なくとも短期的なコストをかける可能性がある。また，過去の行動をやり直させることで価値ある時間と資源を消費する（Klaas et al., 2012）。
(c) 発言の認識のされ方	• 匿名発言は，実名発言の代替案である（Miceli & Near, 1988）。 • 匿名発言は，従業員への不適切な扱いの行為に賠償してもらう効力は限られている（Klaas et al., 2012）。 • 匿名発言は，アイデアや知識共有の機会があるとは限らず，よって自分のアイデンティティを明らかにせずに複雑な提案を共有することは困難（Klaas et al., 2012）。 • 実名発言は，困難な提案や組織リーダーの意思決定を，個人としてミーティングや人前でプレゼンテーションすることを求める（LePine & Van Dyne, 1998）。 • 発言をすることに対する否定的な反応への脆弱性が，匿名発言を積極的に用いることに影響する（Klaas et al., 2012）。

出所：Klaas et al.（2012）を元に筆者抜粋，邦訳

　例えば，組織を手助けしたいという欲求による発言は組織市民行動の一部（Van Dyne & LePine, 1998）なので，発言は自発的な組織改善の発生を意味している。こうした発言行動ができるのは，職場内で自分に影響力があると認知している従業員（Venkataramani & Tangirala, 2010）であり，自分の役割の1つとして建設的な提案をしているという認識があり，発言が非公式[33]で向社会的であるときにそれは正当な行為だと考える（Van Dyne et al., 2008）。どのような場面で発言が発生するのかといえば，職場状況が悪化しているときに非公式な発言を用いるのは職務満足との正の関係がある（Olson-Buchanan, 1997）ときで，従業員の間で不当な扱いがなされたときに非公式の発言をするのは，愛着的コミットメントが高く（Luchak, 2003; Mellahi, Budhwar & Li, 2010），プロフェッショナル・コミットメントが高く（Tangirala & Ramanujam, 2008a），会社における満足感や投資されている実感が高いほど嫌悪する状況を非公式の発言によって浮かび上がらせようとする（Rusbult, Farrell, Rogers & Mainous, 1988）といった研究がある。

　また，組織や上司との関係性も建設的な発言には重要な要素となる。Luchak（2003）は，発言とは個人的に，もしくは集団として行使され，経営者に直接請願したり，あるいは世論やその他の形態の抗議を動員したりして，より高い権限に対して強く訴えることによって，組織を変革させようとする行動だと捉えた。

---

33 非公式な発言とは，第三者機関などに決定を委ねるような公式の発言とは異なり，自身の周辺ネットワークに対して改革や変革を働きかけるような発言を指す。後述のLuchak（2003）では非公式な発言を直接的発言，公式の発言を代表的発言と呼んでいる。

そこで，まずは発言行動の類型として直接的発言と代表的発言の2つに分類した。直接的発言とは，従業員が職場内の他のメンバーと双方向コミュニケーションを通して変革をもたらそうとする行為（個人が上司や同僚と直接問題点を議論するなど）である。直接的発言は，問題が拡大化する前に会社に問題対応の機会を提供する。当事者が共通して認識している課題に対する安定的な解決方法を促進させる力があるため，合意形式で，柔軟に問題解決ができ，紛争を事前に予防するアプローチである。他方，代表的発言とは組織外の第三者機関や手続きを用いて間接的にコミュニケーションを取る行為（組合活動や不正通告など）である。代表的発言は問題が発生した後に起きることが多いためプロセス改善より問題そのものに焦点が当たるうえ，第三者機関が問題解決にあたるので決定的な紛争へと発展する可能性があり，事前解決への配慮が期待できない反応的なアプローチである。

　Luchak（2003）の研究[34] では，従業員の忠誠や愛着的な絆は，代表的発言（組合活動，不正通告など）を用いることを好まず，直接的発言（提案，変化の推進）を好むことが判明した。ただし，忠誠が合理的，計算的な理由に基づくものである場合は，代表的発言である不正通告の手段を好む。直接的発言は，自主的で柔軟性があり，問題解決への潜在力が高く，高い成果を出したいと考えるときに用いられる。だが，上司が部下の発言を聞き入れるかどうかという善意に大きく依存していることが，弱みにもなり得るといえる（Luchak, 2003）。

　また，Zhou & George（2001）は，従来の研究で用いられた忠誠を表す愛着的コミットメントではなく合理的な判断で組織に残る継続的コミットメント（Allen & Meyer, 1996）を調整変数にして創造性との関係性を分析[35] した結果，職務不満足でも高い創造性をもたらすのは，継続的コミットメントが高く，かつ①同僚からの日常的なフィードバックがある，②同僚の支援がある，③創造性への組織からのサポートが認知できる，ときであることが判明した。

　発言行動における個人の認知スタイルと上司の関わりに着目したのがJanssen, De Vries & Cozijnsen（1998）である。Janssen et al.（1998）は，変革者の認知スタイルは創造性に直接的な影響がある（Amabile, 1996）ことから，適応者－変革者理論[36]（adaption-innovation theory: Kirton, 1976, 1980）に基づき，個人

---

34 15,000人の従業員を抱えるカナダの資源企業で無作為抽出法による1,250名がサンプル。
35 石油関連製品を製造する企業の149名がサンプル。
36 適応者－変革者理論とは，個人の創造性，問題解決，意思決定に対する認知スタイルには2種類あり，適応者は問題が発生したときにガイドラインに従った行動を好み，変革者はパラダイムシフトへのチャレンジを行おうとするものである。この認知スタイルは，適応者と変革者が両端にある二極連続体を想定しており，適応者は与えられたパラダイムと手順の妥当性に疑問を持たず，その通りに動く傾向にあるが，対極の変革者はリスクを冒してでも従来のやり方とは質的に異なる方法論を導く傾向がある。

の認知スタイルが発言行動を規定すると考えた。さらに，認知スタイルに対応して組織変革の際に組織パラダイムを推し進める提言を行う慣習的アイデアの発言と，組織変革のために既成概念に挑む提言を行う革新的アイデアの発言という2つに分類して分析[37]した。その結果，適応者は，職務不満足のときに上司の発言マネジメントが機能していると，慣習的アイデアの発言行動を取り，変革者は，職務満足なときに上司の発言マネジメントが機能していると，革新的アイデアの発言行動を取る，というものであった。つまり，職務満足，不満足に関係なく，変革者は慣習的なやり方への挑戦によって組織変革のための声を上げ続ける，というものである。

　これらの研究以外にも，LMX（leader-member exchange）の状態が良いときに向社会的で非公式の発言が活性化する（Botero & Van Dyne, 2009; Liu et al., 2010; Van Dyne et al., 2008），リーダーがインプットへの開放性を見せると従業員はより向社会的な発言を出したがる（Detert & Burris, 2007），といった発見事実からは，建設的な発言の発生には組織や上司との関係性が調整変数になっているという特徴があり，資格過剰の研究成果と類似の傾向が見られる。

　数多くの発言行動に関する実証研究から本書が押さえておくべきことは以下の2点である。第1に，発言行動にも様々な種類があるが，建設的な発言が発生するのは，職場環境が悪化している場面で，自身の影響力を自覚している個人が組織を手助けしたいという意図があり，発言内容の正当性に自信があるときである。この状況を本書の適合理論の立場から解釈すると，職場環境の悪化とは，組織が外部環境に適応していないと個人が認知したときであり，認知的不協和を感じた個人は快適な職場環境を取り戻すために発言行動を取る。この発言行動は，組織の健全性を取り戻そうとする適応行動の一種だといえる。

　第2にあげられるのは，建設的な発言行動は上司や組織との良い関係性が調整変数になっている，ということである。たとえ個人が組織の健全化のために発言を試みようとしても，非受容的な環境ではその発言行動は抑制され，破壊的な発言へと転化することもあるだろう。

3.　外部環境としての顧客市場

　本節では，既存の個人－組織適合研究では言及されない外部環境の存在を検討

---

37 初級管理職の警察官17名と77名の巡査がサンプル。

する。Chatman（1989）は個人 – 組織適合に外部環境の存在を視野に入れていたと考えられるが，Chatman（1989）以降の研究では個人 – 組織適合の測定に関心が集まったため，外部環境を含めた議論については置き去りにされてきたことは既述のとおりである。本節では，オープン・システムとして捉えた組織にとっての外部環境を定義し，研究可能な概念として操作化するための論理展開を行う。

3.1. 外部環境への適応：コンティンジェンシー理論

　外部環境に関する議論は，個人ではなく，組織との関係性の中で表現されることが多い。組織と外部環境を分ける境界にはいくつかの立場があるが，経営組織として一般的に用いられる境界は，意識的調整が及ぶ範囲が内部環境，その範囲外にある諸要因を外部環境とする考え方である（桑田・田尾，1998）。意識的調整とは，組織が目的達成のために組織を統括し，人々から活動を引き出し，それらの諸活動を1つの体系にさせることである。組織にとってのステイクホルダーで考えると，投資家，顧客，供給業者，そして労働者があげられるが，労働者は雇用契約のある場合と，一般的な労働市場にいる潜在的な労働者に分かれる。このなかで，雇用契約関係のある労働者のみが組織の意識的調整が及ぶので内部環境に相当し，それ以外はすべて外部環境の構成員に位置付けられる。さらに，これらのステイクホルダーを取り巻く政治，経済，文化，技術といった環境要因もすべて外部環境に相当する。

　外部環境から資源をインプットし，それを消費することを通して，再び環境に何かしらの資源をアウトプットするシステムをオープン・システム（open system）と呼び，外部環境とは遮断されたシステム内部で自給自足をしているシステムのことをクローズド・システム（closed system）と呼ぶ（桑田・田尾，1998）。オープン・システムとしての組織は，外部環境に適応しなくては生存，存続，成長ができないのだが，外部環境には数多くの要因が混在し，複雑で，競争が激しく，変化のスピードも速いため，組織が環境適応することは重要な経営課題になる。そこで，コンティンジェンシー（contingency）理論では，組織の環境適応が組織の有効性を決定すると考え，条件が異なれば有効な組織化の方法も異なるという視点を持つ（加護野，1980）。加護野（1980）は，コンティンジェンシー理論の固有変数と鍵概念を図補-10のように示した。

　状況変数に相当するのが，環境，技術，規模などの組織を取り巻く環境の特性を示す変数であり，組織特性変数は組織の構造，管理システム，形態，組織過程などの組織の内部特性を示す。この両者に対する適合が鍵概念となり，適合の高

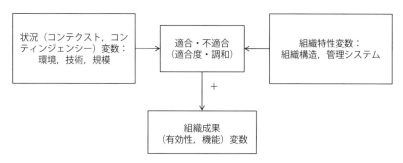

図補-10　コンティンジェンシー理論の固有変数と鍵概念
出所：加護野（1980）p.25

さは組織成果変数である組織パフォーマンス，有効性，機能を導くとしている。このように，コンティンジェンシー理論は外部環境と組織の適合による成果を測定し，組織の外部環境への適応を促している。

　Donaldson（2001）は，コンティンジェンシーの変化によりこれまで適合していた組織が不適合へと移行することは自然なことであるが，不適合では成果が期待できないことから，組織は適合を回復するためにコンティンジェンシーの水準に適応した戦略を適用する，と述べた。こうしたコンティンジェンシーの変化が組織変革を促すことを「適合回復への構造的適応（SARFIT: structural adaptation to regain fit）」（Donaldson, 2001, p.11）と呼び，適応プロセスによって機能的に組織変革を促すことを説明した。

　ここで，組織の内部環境について考えると，その構成要員には労働者，すなわち個人が存在している。コンティンジェンシー理論の変数に個人を加えて，外部環境，組織，そして個人という3変数を議論したのがLorsch & Morse（1974）である。オープン・システムとしての組織は，絶えず外部環境と相互作用しており，個人は組織成果に貢献をしているので，個人と組織と外部環境は強く相互作用をしていると考え，図補-11のような概念モデルをイメージした。

　ここで，Lorsch & Morse（1974）の特徴的な考えとなるのが，図補-11では個人は組織の中で閉じられているが，実際は組織メンバーが組織のゴールを達成するために習得し実践しなくてはならない知識体系と情報は外部環境にあると考えた点である。Lorsch & Morse（1974）が意図する内部環境とは組織の部門を示しており，個人が専門的な仕事をするときに，その知識や情報（例えば，生産技術，科学実験，市場調査データ）がたとえ内部にあったとしても，それらは外部環境から収集したものであり，その外部環境を考慮しながら意思決定や行動を

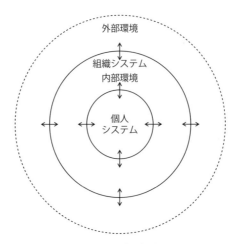

図補-11　システムと環境の概念図
出所：Lorsch & Morse（1974）p.14（邦訳 p.14）

取っていることから，個人は外部環境との適合も重要だと考えたのである。

そして，その個人は自身の特性と釣り合う企業に参入するのだが，その均衡は静態的ではなく，一定の期間の中で相違したり，複雑化したり，より統合されたりする動態的な均衡関係であると考えた。こうして，個人と組織と外部環境という 3 者の適合（fit）モデルとして描いたのが図補-12 である。

組織メンバーと外部環境，内部環境と外部環境，そして内部環境と組織メンバーという 2 者間の適合を実証研究した結果，内部環境（部門）と外部環境と個人特性が適合しているときは，個人はより情報処理や意思決定を効率的にこなしており有能感も高く，部門の成果も高い，という結果を得た。

Lorsch & Morse（1974）の研究が行われたのは，Chatman（1989）が個人-組織適合理論を発表するより 15 年も早い[38]が，この時点で組織-外部環境，個人-組織，だけではなく個人-外部環境の適合についても同時に考えられていた，という点は特筆できる。現代では技術革新によって専門技能の陳腐化も早いため，個人はより組織外部からの情報収集や学習が求められている。よって，個人が外部環境に適応するという視点は今後ますます求められるだろう。

このように，Lorsch & Morse（1974）はオープン・システムとしての組織に着目し，コンティンジェンシー理論に個人変数を加えてモデルを展開した。コン

---

[38] Chatman（1989）の参考文献に Lorsch & Morse（1974）は掲載されていない。

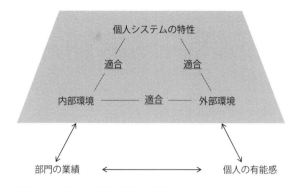

図補-12　個人と組織の関係の概要
出所：Lorsch & Morse（1974）p.115（邦訳 p.120）に加筆修正

ティンジェンシー理論は，複雑で変化の激しい外部環境に組織を適応させるという動態的なモデルではあるが，断片的な事実から得られた特殊理論を少しずつ統合していくことでより一般的な概念図式を生み出そうとする志向[39] がある（加護野，1980）ので，研究の際には調査単位の絞り込みが重要になる。特に外部環境変数はあまりに無限大なので，個人との適合というミクロなシステムへの落とし込みが難しい。そこで，本書では企業が経営戦略として必ず掲げる顧客満足の志向性から，外部環境を顧客市場として代理変数化する。さらに，この顧客市場への志向性の高さは，個人にも同時に求められ，ベクトルを揃えることが重視されていることから，外部環境を顧客市場と読み替えるための議論を次項より行う。

3.2.　顧客市場への適応：市場志向と顧客志向

　顧客からの支持は営利組織にとっては存続の条件になるため，顧客満足度を高めるために組織は商品やサービスの品質を向上し，市場調査を行う。よって顧客市場は組織の重要な外部環境になる。

　操作化として必要となるのが，組織は顧客市場を外部環境としてどのように位置付けているのか，という点である。Deshpandé et al.（2012）は，戦略志向の下位概念として顧客志向，技術志向，そして生産志向の 3 種類に分類し，顧客志向は市場成長と競争の著しい環境，技術志向は技術革新と競争の激しい環境，そして生産志向は成長が鈍く競争が激しい環境で，選択されやすい戦略であるとした。顧客志向の戦略とは，経営の中心に顧客価値を据えることで長期的収益性を

---

39 加護野（1980）はコンティンジェンシー理論を中範囲の理論（Merton, 1957）として説明している。

獲得できる企業として発展するための方策であり，外部環境がコンティンジェンシーな状況下で選択される戦略だといえよう。よって，個人と組織の顧客市場に対する志向性[40] は外部環境への適応を示す代理変数となると考える。

　本項では，マーケティング論の顧客志向研究の成果より知見を得ることを目的とする。顧客の存在はマーケティング論の中核的な議論であるため膨大な研究実績があるが，本書の研究目的に沿って以下の4つのテーマについて概観することにする。すなわち，①組織の外部環境への適応に相当する組織の顧客志向性について，②個人の外部環境への適応に相当する個人の顧客志向性について，③マーケティング領域における個人‐組織適合研究について，④マーケティング領域における個人と組織と顧客をつなぐフレームワークについて，である。

3.2.1. 組織の外部環境適応：組織の顧客志向性

　顧客志向とは顧客の価値を創造するために顧客を組織の中心に位置付けて行動すること（Day & Wensley, 1983），と定義されている。

　Kotler（2001）によれば，マーケティング活動にはこれまでに5つのビジネス・コンセプトがあったとされている。最も古いコンセプトが生産コンセプトであり，消費者は安易に入手でき価格も手ごろな商品を好むので，経営者は生産性を高めコストを下げ，大量に商品を流通させることに専念をすればよい，という考え方である。2番目に登場するのが製品コンセプトであり，製品間の競争が激しくなると消費者は品質も性能も良く，目新しい特徴のある製品を好むので，経営者は常に優秀な製品を作り改良していくことを重視する，というものである。ところが製品の品質に差別化ができなくなると，3番目に販売コンセプトが登場する。企業側が販売とプロモーションの努力をしないと消費者は製品を買ってくれないという考え方であり，経営者は消費者の購買意欲をあおるための効果的な販売ツールやプロモーション・ツールを用意する，という考え方である。ここまでの3つのコンセプトは，企業はいかに自社商品を顧客に押し込んでいくかに焦点が当たり，顧客不在である点が共通している。

　ここから，コンセプトのパラダイムシフトが発生する。4番目に登場するマーケティング・コンセプトは，これまでの3つのコンセプトに対して対立的な考えを持っている。それは，選択した標的市場に対して競合他社よりも効果的に顧客

---

40 志向性（directedness）とは，持続的な動機付け，連続性，そして未来への志向性を，成熟した個人に与えるような統一された目的の感覚のこと（G.R. ファンデンボス監修，繁桝算男・四本裕子監訳『APA 心理学大辞典』培風館，p.344）とされている。本書では志向性を，特定の目的への方向性が内包された意思や信念である，と定義する。

価値を生み出し，供給し，コミュニケーションすることが企業目標を達成するための鍵となる，という考え方である。ここで初めて顧客満足という考え方が生まれる。同業他社との競争が激しくなると，顧客側に選択権が渡る。顧客に支持される商品や企業でなければ，競争に敗北するのである。また，顧客満足によって顧客を引き留めたほうが，新規顧客を獲得する努力やコストよりも効率的に収益性を上げることができる，という発見事実の影響も大きい。こうして，顧客満足はマーケティングや経営の重要な要素になってきた。

　そして最後5番目に登場するのは，ソサイエタル・マーケティングという長期的な社会の発展を志向したコンセプトである。企業の役割は，標的市場のニーズ，欲求，関心を正しく判断し，顧客のみならず社会の幸福を維持・向上させるやり方によって，顧客要望に沿う満足を効果的かつ効率的に提供することだ，と考える。顧客のみならず社会にスコープを広げている点でマーケティング・コンセプトとは差別化されているが，顧客価値に対する関心が消滅したわけではない。こうして，2007年に更新されたアメリカマーケティング協会でのマーケティングの定義は，「顧客，得意先，パートナー，そして社会全体にとって価値ある提供物を，創造し，伝達し，配達し，交換するための活動であり，一連の機能であり，プロセスである[41]」としている。

　こうしたマーケティング活動におけるコンセプトの変換は，1990年代以降のマーケティング論の基礎概念となっている組織の市場志向（Market Orientation: MO）研究の発展と共にある。市場志向という概念は，MARKOR（Kohli & Jaworski, 1990; Kohli et al., 1993）と MKTOR（Narver & Slater, 1990）という2つの測定尺度がほぼ同時期に発表されたことで確立したとされる。これらの測定尺度は，マーケティング的な思想や発想が組織内にどの程度浸透しているのかを表したものであり，個人による評価の集積ではなく，社内のマネージャーやキーパーソンが組織について評価する方法を採用している。

　これまで概念的な理解に留まっていた組織の市場志向の経営成果への影響が，尺度開発によって検証できるようになったことから大きな関心の的となった。この2つの論文は，同じ年（1990年）に同じ雑誌（*Journal of Markething*）に掲載されたことから，両者の比較や統合の試みが幾度となく行われながらも，両者の概念を統合することは困難な状態で今日に至っている。その理由は，MARKORが組織の行動を，MKTORが組織文化を測定しており，次元の異なる概念だか

---

41 原文は次の通り。"Marketing is the activity, set of institutions, and processes for creating, communicating, delivering, and exchanging offerings that have value for customers, clients, partners, and society at large."

らである。この両者の比較検討を行いながら，本書における組織の顧客志向の定義を明確にする。

　2つの市場志向性尺度のうちのひとつである MARKOR[42] は，理念としてのマーケティング・コンセプトを実行に落とし込んでいる主体が市場志向だと位置付けられている。Kohli & Jaworski（1990）は，市場志向とは，全組織的に既存，および潜在顧客のニーズに関する市場情報を生成し，その情報を部門横断的に普及

表補-8　MARKOR 尺度

1.	顧客が将来どのような製品またはサービスを必要とするのかを調べるために，少なくとも年に1度は顧客と会っている。
2.	自前の市場調査を数多く行っている。
3.	製品に対する顧客の嗜好が変化したことに気づくのに手間取る。（R）
4.	製品とサービスの品質を評価するために，少なくとも年に1度はエンドユーザーに聞き取り調査を行っている。
5.	業界における根本的変化（例えば，競争，技術，規制）に気づくのに手間取る。（R）
6.	事業環境の変化（例えば，規制）が顧客に対して与えうる影響を定期的に検討している。
7.	市場のトレンドと発展について議論するために，4半期に1度は部門間会議を行っている。
8.	マーケティング要員は，他の機能部門と顧客の将来的なニーズについて話し合うのに時間を費やしている。
9.	主要な顧客または市場に重要なことが発生したら，すぐに事業単位全体にそのことが知れ渡る。
10.	顧客満足に関するデータは事業単位のあらゆるレベルに定期的に広められている。
11.	ある部門が競合他社について何か重要なことを発見しても，他の部門に注意を喚起するのに手間取る。（R）
12.	競合他社の価格変更にどのように対応するかを決定するのに大変な時間がかかる。（R）
13.	なにかしらの理由で，顧客の製品またはサービスに対するニーズの変化をないがしろにする傾向がある。（R）
14.	製品開発の取組みが顧客の要求に沿っていることを確認するために，定期的に見直しを行っている。
15.	事業環境で起こっている変化への対応を計画するために，いくつかの部門が定期的に集まっている。
16.	もし主要な競合他社が自社の顧客に向けて集中的なキャンペーンを打とうとしていれば，すぐさま対応策を実行するだろう。
17.	異なる部門の活動はよく調整されている。
18.	顧客の苦情は聞き流されてしまう。（R）
19.	素晴らしいマーケティング・プランを考えついたとしても，おそらくタイミングよくそれを実行することができないだろう。（R）
20.	顧客がある製品またはサービスの一部を変更したいことがわかったら，関連する部門はその対応のために一丸となって取り組む。

注：（R）は逆転項目
出所：Kohli et al.（1993）p.476，小菅（2007）p.252

---

42 MARKOR の尺度一覧は表補-8 に掲載している。

し，全組織的にそれに反応すること，と定義して組織のプロセスや行動を強調した。この定義における市場情報とは，新商品の市場規模，顧客ニーズや欲求，市場セグメントの性質，競合他社に関する情報のことである。測定にあたっては，顧客理解の仕組み作り，他部門との市場情報の相互伝達，従業員の反応という3つの活動を軸にして，マーケティング・コンセプトを概念としてだけではなく実行として組織内に落とし込むことを目的としている。

　もうひとつの尺度であるMKTOR[43]を主張するNarver & Slater（1990）は，市場志向を既存および潜在顧客に対して優れた価値を創造するために必要な行動を最も効果的かつ効率的に作り出す組織文化と定義した。組織文化は，顧客志向，競争志向，機能横断的統合という3つの要素から構成される一次元の概念とし，その中核に長期的な利益と収益性という意思決定基準を初期仮説として設定している（図補-13）。この中で顧客志向という言葉が登場するのだが，それは顧客に対して優れた価値が提供できるように，より顧客のことを理解して長期的に顧客への価値創造を維持するという概念を示している。競争志向とは競合情報を積極的に収集し，それらの短期的な強みや弱み，長期的な組織能力を把握すること，そして機能横断的統合とはターゲットとする顧客に対して優れた価値が提供できるように，自社の持つ資源を組織的に活用してゆくという概念を表している。

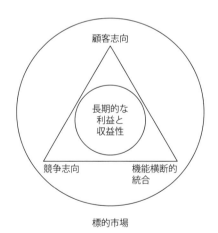

図補-13　MKTOR による市場志向の構成要素
出所：Narver & Slater（1990）p.23

---

43 MKTOR の尺度一覧は表補-9 に掲載している。

表補-9　MKTOR 尺度

1.　顧客に対するコミットメント（Customer commitment）
2.　顧客価値の創造（Create customer value）
3.　顧客ニーズの理解（Understand customer needs）
4.　顧客満足の目標化（Customer satisfaction objectives）
5.　顧客満足の測定（Measure customer satisfaction）
6.　アフターサービスの充実（After-sales service）
7.　競合情報の営業担当者間での共有（Salespeople share cometitor information）
8.　競合の施策への素早い対応（Respond repidlyto competitors' actions）
9.　経営陣による競合戦略の議論（Top managers discuss to competitors' stragegies）
10.　競合優位性のための機会創出（Target opportunities for competitive advantage）
11.　部門の垣根を超えた顧客要求への対応（Interfunctional customer calls）
12.　部門間での情報共有（Information shared among functions）
13.　戦略における部門間の統合（Functional intergration in strategy）
14.　全部門による顧客価値への貢献（All functions contribute to customer value）
15.　部門間での資源の共有（Share resouces with other business units）

出所：Narver & Slater（1990）p.24, 筆者邦訳

　MKTOR が組織文化に着目した理由は，競合他社から模倣されずに持続的競争優位性を維持できるのは組織文化だという理論的背景によるものである。組織文化は組織行動論の領域でも中心的な議論テーマであり，その定義は多岐にわたるが[44]，共通しているのは個人を含む組織全体で共有化された規範や価値や行動として説明されていることである。そこで組織行動論との親和性も高く，Narver & Slater（1990）の MKTOR に代表される組織文化アプローチは，北居（2005）による組織文化と経営成果の関係性を定量的，経験的に実証した研究のレビュー論文の中でも，マーケティング領域における市場志向，あるいは顧客志向が組織に高い業績をもたらす要因として近年注目されている[45]，と言及されている。こ

[44] 組織文化の定義には次のようなものがある。共有された価値観と集合としての行動規範である（Kotter & Heskett, 1992）。組織の成員に意味を与え行動のルールを提供する，共有された信念および価値のパターンである（加護野, 1998）。ある特定のグループが外部への適応や内部統合の問題に対処する際に学習した，グループ自身によって，創られ，発見され，または発展させられた基本的仮定のパターンであり，それはよく機能して有効と認められる。したがって，新しいメンバーに，そうした問題に関しての知覚，思考，感覚の正しい方法として教え込まれる（Schein, 1985）。
[45] 例えば，アメリカ中西部の 134 の銀行に勤務するマーケティング担当の中間管理職を対象とした研究では顧客志向がイノベーションに強く影響していた（Han, Kim & Srivastava, 1998）。アメリカの副社長以上の管理者対象の研究では市場志向は市場シェアの向上，新製品の成功，全体的成果に対して主効果を持つ（Baker & Sinkula, 1999），そして香港のサービス企業マーケティング責任者を対象とした研究では 3 つの組織文化尺度（サービス品質志向，顧客志向，革新性志向）のすべてがマーケティング有効性に影響していた（Sin & Tse, 2000），など。

うした議論から，本書では資源依存モデルや組織文化など組織行動論からの援用が多いとされる MKTOR のほうが近い立場にあるといえる。

　顧客志向を組織文化と捉えるアプローチは，サービス組織では特に重視されている。サービスには無形性，同時性，異質性，消滅性という 4 つの特性（Fisk, Grove & John, 2004）があるため，サービスをマネジメントするためには，全体的なアプローチが必要であると Normann（1984）は主張し，規範的な哲学である組織文化を中心概念に位置付けたサービス・マネジメント・システムを市場志向（MO）が登場する以前より提示している。

　サービス・マネジメントに特化した組織文化の類似概念には，Schneider（1990）が主張するサービス風土[46] がある。サービス風土とは，経営理念である顧客満足を実践するために「社外への適応」をすることと，「社内の内部統合」を行うことを目的とした組織文化にするものである。サービス風土があることによって，従業員は素晴らしいサービスを提供することを組織から期待され，報酬が与えられることを理解するようになり，より上位のサービスを提供するようになるとされている。Schneider（2004）の研究では，企業の人的資源管理施策のなかでも組織風土が職務態度に対して有意な影響を与えている点が明らかになっている。そして，個人が認知する組織のサービス風土によって，顧客満足度が有意に予測できるとしている。サービス風土に影響する因子は，サービスに焦点を当てたリーダーシップ，秀でたサービスに対する賞賛と報酬，社内の間接部門からのサポート，サービスを提供するためにふさわしいツール，有能な同僚，最高のサービスを提供するための感性などがあげられる。Liao & Chuang（2004）の研究では，サービス風土は従業員個人によるサービス・パフォーマンスを高め，それが店舗レベルでのパフォーマンスにつながり，最終的にサービス品質，顧客満足，顧客ロイヤリティを高めるという関係性が追跡研究によって実証されている。

　このように組織の顧客志向は，Narver & Slater（1990）の MKTOR では「機能横断的統合」，Schneider（2004）では「社外への適応」と「社内の内部統制」，そして Normann（1984）では「サービス・マネジメント・システム」という表現で表され，社内外を有機的に結びつけることに着目をしている。これらの議論から，本書における組織の顧客志向とは「組織が，顧客ロイヤリティを長期的に維持するために，顧客に優れた価値を創造し提供しようとする組織文化や組織マ

---

46 組織文化とサービス風土の表現について，文化とは自分たちが行っていることをなぜ行うのかに答え，風土とは我々が行っていることが何かを示すものだ，と Deshpandé & Webster（1989）は定義している。Narver & Slater（1998）は，文化と風土は顧客志向という信条の上で強い結びつきがあることは自明であり，そうした強い信条，つまり文化によってのみ，顧客志向の言動や成果は継続すると主張している。

ネジメント行動」と定義する。そして，組織の顧客志向性の水準は，組織の外部環境への適応の代替変数になると考える。

3.2.2. 個人の外部環境適応：個人の顧客志向性

　マーケティング論では，個人の顧客志向と組織の顧客志向は全く異なる文脈で研究が発生し，双方が独立して並行的に研究が蓄積されてきた経緯がある。個人の顧客志向は，既出の販売コンセプト（企業は消費者の購買意欲をあおって商品を売り込むという考え方）とマーケティング・コンセプト（顧客価値の提供）の違いを販売員や営業員の態度や行動で比較する研究によって尺度化されたことがきっかけとなり，研究が発展した。個人の顧客志向としてまずあげられる研究は，Saxe & Weitz（1982）の販売志向顧客志向（sales orenteation customer orientation: SOCO）である。販売員や営業員の職種には売上目標の達成と顧客ロイヤリティの獲得という，セールス（販売）とサービス（顧客）の二重の使命が与えられている複雑性があることに Saxe & Weitz（1982）は着目し，販売員の販売志向と顧客志向を測定しようとして販売志向顧客志向（SOCO）を開発した。この尺度は，顧客ニーズを満たす購買意思決定ができるように支援することによって，マーケティング・コンセプトを実践する度合いである，と定義され，次のような6つの特徴が顧客志向性の高い販売行動であるとしている。①顧客が満足のゆく購買ができるようにしてあげたいと願う，②顧客が自分のニーズを把握できるように援助する，③彼らのニーズを満たすような商品を提供する，④商品説明を正確にする，⑤虚偽的で操作的な販売手法を望まない，⑥高いプレッシャーを与えたがらない。こうした特徴を測定する尺度が販売志向顧客志向であり，24項目（12項目が顧客志向，12項目が逆転項目である販売志向）によって構成されている[47]。Saxe & Weitz（1982）の研究では，顧客志向の高い販売員は，長期的な顧客満足を意図した行動を取る一方で，顧客の利益を犠牲にしてまでも販売することで顧客不満足になる行動を避けることが判明した。こうした販売員は，他者への配慮が高く，顧客に対して圧力をかけずにニーズを満たす行動や，顧客の課題解決を図ろうとするとされている。

---

[47] 販売志向顧客志向（SOCO）の尺度一覧は表補-10 に掲載している。

表補-10　販売志向顧客志向（SOCO）尺度

1. 私は顧客が自らの目標を達成することを支援しようとしている。
2. 私は顧客を満足させることで自分の目標を達成しようとしている。
3. 良いセールス・パーソンは顧客の最良の利益となることを心に留めておかなければならない。
4. 私は，顧客が自らのニーズについて私に議論してもらえるようにしている。
5. 私は圧力よりも情報で顧客に影響を与えようとしている。
6. 私は顧客の問題にもっとも適した製品を提供している。
7. 私は顧客に最も役に立つ製品はどのような製品なのかを理解しようとしている。
8. 私は出来るだけ正確に顧客の製品に関する質問に答えている。
9. 私は，顧客が問題解決をもたらしてくれるような製品と同時に問題自体を提示してもらうようにしている。
10. 私は顧客により優れた意思決定をしてもらえるためなら顧客とも積極的に対立する。
11. 私は顧客にとってためになる製品について彼らが正しい期待をするようにさせている。
12. 私は顧客ニーズが何かを理解しようとしている。

以下は逆転項目（販売志向の項目）。

13. 私は，たとえそれが賢い購買量以上であったとしても，彼に買わせることができると確信しているものは全て売ろうとする。（R）
14. 私は顧客が満足する以上に，できるだけ大量に販売しようとする。（R）
15. 私は顧客に購入圧力をかけるのに利用するために顧客の性格上の弱みを突こうとする。（R）
16. もし私がその製品が顧客にとって適切であると確信できなくても，顧客に購入するよう圧力をかける。（R）
17. 私は，顧客に長期的な満足を与えられるものをベースとするのではなく，彼らに買わせることができると確信できるものをベースに，提供する製品を決めている。（R）
18. 私は，製品をできるだけよく見せるために，製品の色を明るくみせる。（R）
19. 私は顧客のニーズを発見するよりも，顧客の購入を説得させることに多くの時間を費やしている。（R）
20. 製品を顧客に説明するときは真実を誇張する必要がある。（R）
21. 私は顧客を喜ばせるために彼らの話に同意をするふりをする。（R）
22. 私は，実際にはそうではないのに，自分の職域の範囲を超えていると顧客に示したりする。（R）
23. 私は顧客ニーズを探索する前に製品に関するセールストークをはじめている。（R）
24. 私は顧客をライバルとして捉えている。（R）

出所：Saxe & Weitz. (1982) pp.345-346, 伊藤（2009b）p.84

254

　この尺度を用いたその後の研究では，顧客志向は，革新的技術の受容，職務態度，転職意向，従業員革新，適応的販売，上司との人間関係，組織市民行動（Boles, Babin, Brashear & Brooks, 2001; Dadzie, Johnston, Dadzie & Yoo,1999; O'hara, Boles & Johnston, 1991），職務満足，動機付け，組織コミットメント（Pettijohn, Pettijohn & Parker, 1997; Siguaw, Brown & Widling, 1994），顧客関係性開発，顧客満足とロイヤリティ（Goff, Boles, Bellenger & Stojack, 1997; Pettijohn et al., 1997）という被説明変数に対して有意に影響することが明らかになった。また，Jaramilo et al. (2007) は，販売志向顧客志向（SOCO）とセールス人材の職務成果との関係性について17本の論文のメタ分析から，顧客志向と職務成果，具体的には販売量，売上高，販売成績順位，との関係には強い相関があることを確認した。それは，対事業所セールスだけではなく，対個人セールスでも効果があり，主観的成果尺度でも客観的成果尺度でも顧客志向と成果の関係性に顕著な違いは現れないことを明確に示した。

　販売志向顧客志向（SOCO）がセールス人材の行動を測定しているのに対して，顧客志向の態度を測定する尺度[48]（Stock & Hoyer, 2005）や，顧客マインドセットの尺度（customer mind set: CMS）尺度[49]の議論もある（Kennedy et al., 2002）。顧客志向マインドセット（CMS）の設問内容は，「私の信条は次の通りである」から始まり，「私は自社の顧客のニーズを理解しなくてはならない」といった，個人の仕事上の信条を質問している。特徴的なのは，対人接客を行う従業員のみならず全従業員を調査対象としており，さらに社外の顧客のみならず社内の顧客に対する信条も測定している点である。

---

48 質問項目は「私は自分自身が顧客志向だと思う」「顧客との相互関係性はこの企業での私の個人的成長に役立っていると思う」「私は接客を楽しんでいる」「顧客志向は私の個人的な目標の1つである」「顧客志向は私の仕事において非常に重要である」「私は常に顧客にとっての最良の利益を心がけている」などであり，個人の態度や志向性を直接的に尋ねている。
49 顧客マインドセット（customer mind set: CMS）の尺度一覧は表補-11に掲載している。

表補-11　顧客マインドセット（CMS）尺度

External CMS（ECMS：外部顧客マインドセット）

私の信条は次の通りである。（I believe that...）

1. 私は自社の顧客のニーズを理解しなくてはならない。
   （I must understand the needs of my company's customers.）
2. 自社の顧客に価値を提供することが何より重要である。
   （It is critical to provide value to my company's customers.）
3. 私は自社の顧客を知っている。
   （I know my company's customers.）
4. 私は何より自社の顧客を満足させることを大切にしている。
   （I am primarily interested in satisfying my company's customers.）
5. 自社の顧客を理解することは自分の仕事にとって重要である。
   （Understanding my company's competitors is important to doing my job.）
6. 私は自社の商品・サービスと競合他社の商品・サービスとの違いが分かる。
   （I know the difference between my company's products/services and its competitor's products/services.）
7. 私は自社の商品・サービスがどのように販売されるかを理解している。
   （I understand how my company's products/services are sold.）
8. 私は自社の商品・サービスを誰が購入するかを理解しなくてはならない。
   （I must understand who buys my company's products/services.）
9. 我々は顧客を幸せにするための改善活動を速やかに行う。
   （We take corrective action immediately to make customers happy.）
10. 顧客満足を得るために各部門は協働している。
    （The departments here work together to meet customer specifications.）
11. 自社の顧客ニーズを理解することができれば，自分の仕事の成果をより高められる。
    （I can perform my job better if I understand the needs of my company's customers.）
12. 私の会社は顧客にサービスを提供するために存在している。
    （My company exists primarily to serve its customers.）
13. 自社の顧客を理解することで私はより良い仕事ができる。
    （Understanding my company's customers will help me do my job better.）
14. 市場を知れば知るほど，会社で何が起きているかをより理解できる。
    （The more I know the marketplace, the more I understand what's going on in the company.）
15. 私の仕事は自社の顧客の満足に影響している。
    （My work affects customer satisfaction of my company's customers.）
16. 自社の成功は，顧客を満足させる能力に大きく左右される。
    （The success of my company is largely determined by its ability to satisfy its customers.）

Internal CMS（ICMS：内部顧客マインドセット）

私の信条は次の通りである（I believe that...）

1. 私の部門は顧客満足のために他の部門と協力しなくてはならない。
   （My work group must cooperate with other work groups to satisfy customers.）
2. 従業員のコミュニケーションが活性化すれば，会社はより成果を上げられるだろう。
   （Companies would perform a lot better if employees communicated more.）

3. 全従業員は自身の仕事がどのように全体業務と関わっているかを理解すべきである。
   (All employees need to understand how their job 適合 s into the overall operation.)
4. 私の仕事の後工程にいる従業員は私の顧客である。
   (Employees who receive my work are my customers.)
5. 私の仕事の後工程にいる従業員のニーズを理解することは重要である。
   (It is important to understand the needs of employees who receive my work.)
6. フィードバックを頻繁に与えられたら，従業員は自分の仕事をより向上できる。
   (Employees could do their job better if feedback was given more often.)
7. 私の仕事の後工程にいる従業員のニーズに応えることは，良い仕事をするうえで何より重要である。
   (Meeting the needs of employees who receive my work is critical to doing a good job.)
8. 私の仕事の後工程にいる従業員からフィードバックをもらうことは重要である。
   (It is important to receive feedback from employees who receive my work.)
9. 私の仕事の後工程にいる従業員の私に対する期待を理解することは重要である。
   (It is important to understand what is expected of me by employees who receive my work.)
10. 私は，私の仕事の成果から影響を受ける従業員とコミュニケーションを確実に行う。
    (I ensure that employees who depend on my work output communicate with me.)
11. 私が自身の仕事の成果に何を期待されているかを理解するためにプロセスが存在する。
    (A process exists to help me understand what's expected from my work output.)
12. 私の仕事の後工程にいる従業員を満足させることが重要である。
    (It is important to satisfy employees who receive my work.)
13. 私の仕事の後工程にいる従業員からのフィードバックをありがたいと思う。
    (I value feedback from employees who receive my work output.)
14. 他の従業員の仕事がやりやすくなるためなら自分の業務を変えられる。
    (I would change my job task to help other employees do their job better.)
15. 私の仕事の後工程にいる人の要望を重視している。
    (I focus on the requirements of the person who receives my work.)

出所：Kennedy et al.（2002）pp.168-169，筆者邦訳

　これらの尺度は，定量的に個人の顧客志向を把握しようとした研究であるが，松尾（2006）は，定性的なインタビュー手法によって個人の顧客志向概念を見出した。不動産営業，自動車営業，IT コーディネータを対象とした「学習を方向づける信念」の中に，「目的達成志向」と「顧客志向」の2つの次元があり，顧客志向の要素には「誠意」「顧客の立場で提供」「顧客満足，信頼を得る」「顧客からの学習」という要素を見出した。松尾（2006）は，新たな発見として「信念」としての顧客志向はメタ認知的知識[50]である点が既存研究とは異なる，とし

---

50 松尾（2006）は，メタ認知的知識を広範囲にわたる個人の意思決定やプランニング活動を方向づける役割を果たす高次の知識（Morris, 1990）であると定義している。そして，信念は個人としての理想や価値を含む主観的な概念（Abelson, 1979）であるため，世界をどのように見るかを決定するフィルターの役割を果たすことから，信念はメタ知識としての特性を持つ，と説明している（松尾, 2006, p.31）。

ている。

　さらに，サービス従業員の顧客志向（customer orientation of service employees: COSE）では，現場の文脈に合わせて顧客のニーズに応えようとする個人の傾向もしくは素質が顧客志向だと定義している（Brown et al., 2002）。そして，自分が顧客の期待に応えることができるという信念を意味する側面と顧客との交流を楽しみにするという喜びの側面という2次元を構成した。「信念」は松尾（2006）でも見出されている概念であり，また「交流」も松尾（2006）では「顧客からの学習」という要素があげられている。これらのことから，サービス提供者は，顧客に対して価値を提供するだけではなく，顧客からも満足感や自己成長を享受できることが動機付けとなって個人の顧客志向が育まれているようである。

　Hennig-Thurau（2004）は，サービス従業員の顧客志向（COSE）の2つの次元を4次元（テクニカル・スキル，社会的スキル，動機付け，権限委譲）に再構成して独立変数とし，顧客満足とコミットメント，顧客リテンションへの影響を実証したところ，従業員の社会的スキル[51]と顧客ニーズに応えようとする動機付け[52]が，顧客満足と顧客コミットメントに強く影響しており，その結果として顧客の安定した引き留めにつながっていることが判明した。

　これらの議論より，本書における個人の顧客志向の定義を「個人が，顧客満足のために誠意を尽くして顧客価値を提供し，顧客から長期的な信頼を得ようとする態度や信念」とした。

　ちなみに，顧客にサービスを提供する個人は顧客と直接対話をすることから，顧客接点人材（Hartline & Ferrell, 1996; Hartline et al. 2000）とも呼ばれている。本書がこの顧客接点人材に着目する理由は，組織のなかで最も外部環境に近い存在だからである。Lorsch & Morse（1974）はコンティンジェンシー理論で個人と外部環境との適合について言及しているが，本書でも顧客接点人材は顧客市場という外部環境に最も近く，顧客との交流を通した学習による信念（松尾, 2006）を形成する可能性が高いと考えた点は既述のとおりである。個人の顧客志向の信念形成は個人の顧客市場への適応であり，つまり外部環境への適応として操作化が可能である。

---

51 社会的スキルに用いた設問は，「スタッフは幅広い社会的スキルを持っている」「スタッフは顧客の視点に配慮することができる」「スタッフは顧客にどのように対応したらよいかを知っている」という3問である。
52 動機付けに用いた設問は，「スタッフは自分の仕事をしっかりこなしている」「スタッフは顧客のニーズを満たすために最善を尽くしている」「スタッフはいつも強く動機付けられている」という3問である。

　また，サービス・エンカウンター（Bitner et al., 1990）研究では，顧客接点人材が顧客の反応を引き出すことに非常に大きな役割を果たしているということが分かっている。それは，第一線の従業員の接客態度が顧客満足を左右するという真実の瞬間（Carlzon, 1985）として知られているとおり，研究領域に留まらず経営活動にも深く浸透している。サービスの劇場アプローチ（Fisk et al., 2004; Grove & Fisk 1983; Grove et al., 2000）では，サービスを劇場にたとえ，役者（顧客接点人材）は観客（顧客）のためにサービスを共同で創り出すと考える。舞台装置（サービスの設備環境）の設計や見え方は，役者と観客の双方のサービス経験を決定付け，表舞台で行う上演は，舞台裏からのサポートに依存する。このアプローチによって説明していることは，役者（顧客接点人材）は技術水準のみならず，その存在そのものや行動を通して顧客の知覚に影響を与えているのである。よって，顧客接点人材は顧客市場に適応しなくては業務が遂行できないのである。よって，組織が外部環境に適応するよりも早く個人が外部環境に適応する可能性を示唆している。

　以上の議論より，個人の顧客志向性の水準の高さは，個人の外部環境への適応の代替変数になるといえよう[53]。

　上記のとおり，個人と組織のそれぞれの顧客志向の概念を明確化したことで，個人と組織の外部環境への適応について整理ができた。外部環境を顧客市場として操作化するうえで最後に残されたのが，顧客志向による個人－組織適合の先行研究である。

3.2.3.　マーケティング領域における個人－組織適合研究

　これまでのマーケティング領域における顧客志向研究を振り返ると，尺度の開発が研究の中核となり，組織業績との関係性を議論しようとしていることが明らかになった。だが，個人の顧客志向と組織の顧客志向の研究はそれぞれ分離しており，お互いの成果を引用し合うことは稀であることへの指摘もされるようになってきた（小菅，2007）。そこで，個人と組織の顧客志向性の高低をマトリックスにして整理したのが伊藤（2009b）の表補-12である。横軸である組織の市

---

[53] なお，顧客を外部環境の代理変数とした際に，「組織の顧客志向性の水準の高さは外部環境への適応を示す」という論理が理解できても，「個人の顧客志向性の水準の高さは外部環境への適応を示す」となると違和感を持つ可能性がある。その理由は，前者では顧客を市場として捉えているが，後者では顧客を個人として捉えているからだろう。確かに顧客には一人ひとり，という個人の要素もあるが，実際は「一人ひとりが異なる価値観や多様なニーズで形成される顧客市場」である。よって，顧客志向性の高い人材には市場価値があり，外部環境に適応しているといえるのである。

表補-12　市場志向の組織レベルと個人レベルのギャップによる類型

個人レベル ＼ 組織レベル		組織レベルの市場志向性（上級管理者の評価）	
		高い	低い
個人レベルの顧客志向性（従業員自身あるいは顧客の評価）	高い	①	②
	低い	③	④

出所：伊藤（2009b）p.77 に加筆修正

場志向は，従来通り上級管理者層に対して MARKOR や MKTOR などで測定を行い，その数値の高低で分類する。縦軸である従業員の顧客志向性は販売志向顧客志向性（SOCO）や顧客マインドセット（CMS）尺度などで測定を行い，その高低で分類をする。こうしたマトリックスによって4象限が出来上がる。そして表の②や③に該当する組織レベルの市場志向と個人レベルの顧客志向性にギャップのある企業の存在を明らかにし，それらと①の象限に該当する両方が高い企業との業績の差を検討したり，さらに，組織と個人との間にギャップが生じている原因を明らかにしたりしていくことを提案している。

　この組織レベルと個人レベルのギャップとして示している②と③こそが，個人－組織不適合に相当する。伊藤（2009b）は，組織と個人のギャップ（不適合）があると成果の阻害要因になる，という前提を持つ[54]。これは，個人－組織不適合が組織コミットメントの低下や離職意向の促進要因になるという現象と同じことを示している。ギャップ（不適合）の解明は市場志向の研究を非常に豊かなものにさせる可能性を持つ（伊藤，2009b）とされているが，この点では組織行動の適合理論が貢献できることは多いだろう。こうした経緯からか，これまでは組織行動論のテーマであった個人－組織適合の研究が，マーケティング研究でも展開されるようになってきた。

　Farrell & Oczkowski（2009）は，サービス業に従事する個人の顧客志向性の高さが職務成果につながることは既存研究でも明らかになっていることを踏まえ，採用段階で顧客志向性の高い従業員を採用しても，組織内で職務や組織との適合が低ければ職務態度に結びつかないだろうと考えた。そして，個人の顧客志向性を説明変数におき，組織市民行動，職務満足，組織コミットメントという被

---

54 ちなみに伊藤（2009b）は，横軸である組織レベルの市場志向の測定対象を従業員本人ではなく上級管理職に調査することを提案している。その理由について，従業員が認知する組織の市場志向と従業員自身の顧客志向の間にギャップはあまり想定できないため，としている。この点については，既出の個人－組織不適合の議論とは理解が異なるといえよう。また，縦軸の個人の顧客志向性は従業員による自己評価ではなく，近年増えてきている顧客による評価を取り入れても良いかもしれない，としている点が，組織行動学の研究デザインとの違いである。

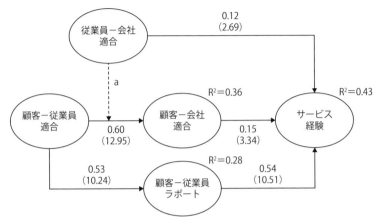

CFI＝0.975, TLI＝0.968, RMSEA＝0.069

図補-14　サービス環境における適合研究
注：図中の a は，従業員－会社適合の高群と低群に分類して顧客－従業員適合と顧客－会社適合の
　　調整効果を比較したことを示している。従業員－会社適合が高群のほうが低群より顧客－会社
　　適合への調整効果が高かった。
出所：Anderson & Smith（2016）p.309

説明変数へのパスに対して，調整変数として個人－組織適合と個人－職務適合を
配置した仮説モデルを作成し，個人－組織適合の調整変数としての影響力を検証
した[55]。

　Anderson & Smith（2016）は，顧客と会社（外部環境－組織），顧客と従業
員（外部環境－個人），そして従業員と会社（個人－組織）の適合に対する顧客
の認知（個人の認知ではない）を調査し，これらの適合が顧客のサービス体験に
どのような影響を与えるかを測定することを目的として，447 名の顧客サンプル
で測定した。その結果，従業員と会社（個人－組織）の適合が顧客にとって感動
的なサービス経験につながる調整変数の役割を果たしていることが判明した（図
補-14 内の a）。

　Anderson & Smith（2016）による適合モデルは，顧客に測定を依頼している
点でサービス体験という最終成果変数への信頼性は高い。その一方で，従業員－
会社適合（個人－組織適合）の測定も顧客が行っているため，従業員の志向性や
価値観といった内面的な動きには踏み込むことはできない。このように，個人，

---

55 Farrell & Oczkowski（2009）が用いた尺度は，認知的適合尺度として最も用いられる Cable &
　Judge（1996）によるものであった。

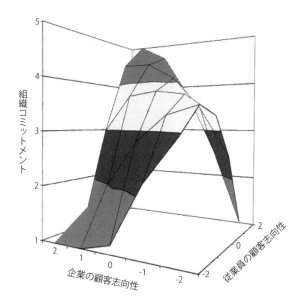

図補-15　従業員と企業の顧客志向性と組織コミットメント
出所：Life（2014）p.709

　組織，そして顧客の適合の研究デザインでは，個人の認知と顧客の認知を同時に
成り立たせることの難しさがある。
　Life（2014）の研究では，個人が自分と組織の双方の顧客志向性を評価してい
るので，より組織行動の方法論に近づけている。従業員（個人）の顧客志向性
と，勤務先企業（組織）の顧客志向性をそれぞれ測定し，双方の関係性をバラン
ス理論[56]（Heider, 1958）と個人‐環境適合理論に依拠しながら実証研究[57]を行い，
応答曲面法を用いて分析結果を図示した（図補-15）。個人‐組織適合のほうが，
不適合よりも組織コミットメントが高く，さらに，個人の顧客志向性が組織を越
えていたときのほうがその逆よりも組織コミットメントが若干高いという結果を
得た。さらに，従業員と企業の双方が高い状態のほうが，双方が低いときよりも
組織コミットメントが高いことも実証した。
　あいにくLife（2014）が使用した測定尺度は個人と組織の設問が対応していな

---

56 バランス理論（Heider, 1958）は，態度変容を促す個人の動機を説明した理論であり，心理的な
　バランスを取るために個人は一貫した動機を維持しようとする，というもの。個人が3者間のバ
　ランスを取るために自分の態度に一貫性を求めたい，という心理的な欲求を説明している（Life,
　2014）。
57 リテール銀行の40支店に勤務するカスタマーサービス担当者525名を対象にした調査。

いため[58]，厳密には適合理論の手法[59]ではないが，個人－組織適合への関心，並びに研究手法が組織行動論とマーケティング論が近似してきたことを示す研究であることに違いはない。

3.2.4. 個人と組織と顧客市場をつなぐフレームワーク

　既存のマーケティング研究では，組織の顧客志向と個人の顧客志向との間には強いつながりがあり，さらに個人レベルの顧客志向が組織と業績との関係を媒介するという考え方が主流になっている（伊藤，2009b）。

　そして，組織という上流から下流の個人へと顧客志向は浸透し，顧客接点人材が顧客に対して組織の代表としての役割を果たすことになると考える。「組織の目的である価値創造のために，顧客とコミュニケーションし，コミットメントを構築し，顧客のニーズを理解し，満足させたいと考えるならば，顧客接点人材であるセールス・パーソン抜きには達成困難である」（Cross et al., 2007, p.830）という認識が一般化している。

　Heskett（2014）によれば，既存研究[60]の限界は，サービス文化や，顧客満足，従業員満足，エンゲージメント，ロイヤリティ，オーナーシップ，などとサービス行動の関係性が部分的な実証に留まり，全体のつながりが議論しきれていなかった，としている。そこで，データを再分析[61]し，さらに効果的な組織文化に関するインタビューと先行研究に基づいて整理をした概念フレームワークを描いた（図補-16）。ここでも，上流（組織）から下流（個人）への影響の構図をより鮮明に示している。図内には描かれていないが，「最終的な影響」のなかの「効

---

58 従業員の顧客志向性尺度（Brown et al., 2002; Stock & Hoyer, 2005）:「自分には非常に高い顧客志向性がある」「私は顧客とのやり取りを楽しむ」「私は顧客に尽くすことを心から楽しんでいる」「私は常に顧客の利益を心掛けている」「自分の顧客を幸せにすることが私の喜びになる」。
　企業の顧客志向性尺度（Evans et al., 2007）:「私の組織は顧客志向性がある」「私の組織のビジネスの目的は顧客満足に立脚している」「私の組織は顧客サービスに細心の注意を払う」「私の組織は常に顧客の利益を心掛けている」「私の組織が持つ競合力は顧客ニーズの理解に基づいている」。

59 先行研究としては O'Reilly et al.（1991）の組織文化プロファイル（organizational cultureral profile: OCP）のように，個人側も組織側も同じ設問内容にすることで，個人と組織の次元を同じにするもの。

60 引用された参考文献の一部：組織文化（Schein, 1985），サービススケープ（Booms & Bitner, 1981; Bitner, 1992），経営ブランディング（Barrow & Mosley, 2005），選別，採用，教育，従業員への期待水準における過程品質（Buckingham & Coffman, 1999），従業員の職務期待（Hackman & Oldham, 1980; Schlesinger & Zornitsky, 1992），期待が満たされずサービスギャップが生じたときに満足度に与える影響（Parasuraman, Zeithaml & Berry, 1985）など。

61 再分析により成果と強い相関があったのは，個人が現在の会社にあと12か月間残りたい（組織ロイヤリティ），職務満足，この会社で仕事ができることの誇り（企業ブランド品質），働き甲斐のある会社として他者に紹介する意向があるか（エンゲージメント）であり，それらすべてを Heskett（2014）は効果的な組織文化の要素とした。

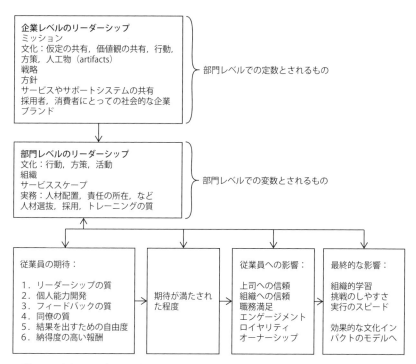

図補-16　文化インパクトに対する部門影響の仮説地図
出所：Heskett（2014）p.306

果的な文化インパクトのモデルへ」の先に顧客変数（顧客ロイヤリティ，顧客離脱コスト，新規顧客の獲得）へと連鎖し，最終的に高い利益率でモデルが終結している。このように，組織から個人を媒介して顧客へ，というトップダウンの方向性が明確に示されている。

　これに対して，顧客接点から逆流してボトムアップからの組織変革のモデルを提示したのが Andreassen et al.（2016）によるサービス・デザイン[62] である。サービス・デザインとは，サービス品質やサービス提供者と顧客間の相互関係を向上するために，人々やインフラ，コミュニケーション，構成要素などを，計画化し組織化する活動（Mager, 2009）と定義されている。Andreassen et al.（2016）は，サービス変革のためには組織変革そのものを成功させるための意識改革を

---

[62] サービス・デザインの要素は 3 点あり，（1）サービス研究の中心テーマとなるべき完結したコンセプトであること，（2）価値の協働創造のための顧客との協調を包含するコンセプトであること，そして（3）顧客のワークライフバランスを向上させること，である。

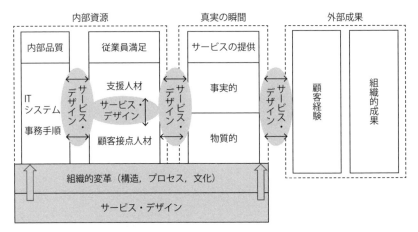

図補-17　サービス変革と組織変革に支えられたサービス・デザイン
出所：Andreassen et al.（2016）p.25

促すようなサービス・デザインの設計が求められている，と主張する。既出の
Heskett（2014）との違いは，上流から下流へという考え方ではなく，顧客起点で
サービス変革のための組織変革を意図している点である（図補-17）。変革は組織
の内部からは発生しにくいので，顧客という変数が重要な意味を果たすことにな
る。サービス・デザインはマーケティング論でも新しい研究概念[63]だが，顧客の
社会活動との関係性という内面性まで理解したうえで，サービス変革を組織のシ
ステムに反映させようとする動きもある（Patrício, Fisk, e Cunha & Constantine,
2011）。これまでの市場志向研究のモデルは，組織から個人を介して顧客側に一
方的に情報やサービスが流れるプロセスであった。だが，サービス・デザイン
では組織は顧客と価値を協働で創造する[64]という考え方を基準にしているため，
サービス提供が行われる「真実の瞬間」を起点に逆算して組織変革を行うという
発想が，既存モデルからのパラダイムシフトだといえよう。
　サービス・デザインを構築するうえでキープレイヤーになるのが顧客接点人材
であろう（Cross et al., 2007）。Andreassen et al.（2016）の主張では，顧客接点
人材と，顧客接点を支援する人材が，サービス提供における事実的，物質的な感
動をどのように顧客に演出できるのかを設計するのがサービス・デザインであ

---

63 サービス・デザインの専門誌である *Journal of Service Design* の第1巻の発刊は2009年である。
64 顧客側から見ると，顧客はサービスを受容するだけの存在ではなく，自ら経験価値を形成するこ
　　とと，組織との価値の共同制作者になることの双方の役割を果たす（McColl-Kennedy, Vargo,
　　Dagger, Sweeney & Kasteren, 2012）ことになる。

り，組織的変革はこうした設計を支えるものであるとしている。この概念では，顧客接点人材は顧客と組織を媒介するために，顧客の世界と組織の世界を自由に往来し，ときには既存の組織の秩序や構造への疑問を呈するトリックスターのような役割を果たすのかもしれない。

　このサービス・デザインにおいて何より重要なのは，アウトサイド・インのパースペクティブである。つまり，従来のように一方的に組織が顧客にサービスを提供するというより，組織内のプロセスは顧客経験における価値創造を実現できるように変革し続けるべきであると Andreassen et al.（2016）は主張する。顧客の発想や提案はときには社内での提案よりもより創造的で価値があるとされているので，これまでもサービス企業ではサービス革新プロセスの過程で顧客を共同制作者として関与を促すことがあったが，サービス・デザインではそれをより体系的に示したといえよう。

　本書は組織行動論の研究領域である個人－組織適合・不適合を扱っているものの，外部環境の代理変数として顧客市場を取り上げているため，マーケティング領域における顧客志向研究を概観してきた。これらの先行研究から，サービス・マーケティング研究においても個人と組織の顧客志向というレベルの異なる概念をどのようにモデル化すべきなのか，また顧客接点を起点にした組織的変革とはどのようなプロセスなのか，が論点になっていることが判明した。よって，本書は組織行動論とサービス・マーケティング論を架橋する研究でもあるといえるだろう。

謝辞

　本書は 2019 年 3 月に神戸大学大学院経営学研究科を修了した筆者の博士論文を改稿したものである*。このたび立教大学出版助成の支援により，学術書として多くの読者の手に取って頂けるようになった。社会人 23 年目に筑波大学大学院ビジネス科学研究科博士前期課程に足を踏み入れてから，神戸大学大学院の博士課程後期課程を修了し，勤務校である立教大学での出版助成に採択されるまで，気の遠くなるような長い歳月を過ごし，難産の末に本書をこの世に送り出すことができた。それゆえにお世話になった方々への心からの感謝を記さずにはいられない。

　誰よりもまず感謝を申し上げたいのが，神戸大学大学院経営学研究科時代の指導教官の金井壽宏先生（神戸大学名誉教授，立命館大学食マネジメント学部教授）である。仕事や家庭と研究の両立に苦しむ筆者の立場をご理解下さり，指導者としてのみならず，応援者でいて下さったからこそ，諦めずに今日まで辿り着くことができた。ここに深く御礼を申し上げたい。副指導教官の鈴木竜太先生には，休学から復帰して論文の立て直しが難しくなっていた時期から最終仕上げに至るまで，筆者に不足している研究の視点を何度も具体的にご指導頂いた。本書の審査を頂いた松嶋登先生には，俯瞰的な視点から本書の主張をご理解頂き，本質的な議論に発展させるための気付きのみならず，論文執筆の基本もご教授頂いた。両先生のご指導がなければ，本書を仕上げることは不可能であった。心から感謝申し上げる。

　さらに，休学前までの副指導教官である松尾睦先生（北海道大学大学院経済学研究院教授），髙橋潔先生（立命館大学総合心理学部教授）が，研究の初期段階で長い時間を掛けてご指導下さったからこそ，本書の方向性が定まったと言っても過言ではない。さらに，松尾先生には最終仕上げ前の筆者の迷いにも適切なご助言を頂いた。また，筆者が神戸大学大学院に博士課程後期課程から進学できたのは，筑波大学大学院博士課程前期課程で永井裕久先生（明治学院大学経済学部教授）に修士論文をご指導頂いたからに他ならない。直接ご指導を下さった先生方に心からの感謝をお伝えしたい。

　さらに，学習院大学名誉教授の今野浩一郎先生は，公私ともに常に筆者の

精神的な支柱でいて下さった。筑波大学大学院ビジネス科学研究科時代からの恩師である筑波大学名誉教授の河合忠彦先生も，筆者の研究が停滞したときにはいつも背中を押してくださった。金井ゼミの同期入門である山口大学経済学部教授の内田恭彦先生は，筆者が困ったときは常に親身に相談に乗って下さり，効果的な助言をして下さった。神戸大学大学院経営学研究科准教授の森村文一先生は，本書のサブテーマであるマーケティングの論点をご教示下さった。学会発表では，学習院大学経済学部教授の守島基博先生，愛知淑徳大学グローバル・コミュニケーション学部教授の渡辺直登先生，福井県立大学経済学部教授の北島啓嗣先生をはじめ，多くの先生方より有益なコメントを頂戴することができた。感謝の意を表したい。

　共に切磋琢磨をしてきた研究仲間は何よりの心の支えであった。金井ゼミ，鈴木ゼミ，松嶋ゼミ，松尾ゼミの諸氏にはすべてのお名前を挙げきれないほど多くの方々からのご支援を頂いたが，特に大阪女学院大学国際・英語学部准教授の船越多枝先生，岡山大学学術研究院ヘルスシステム統合科学学域教授の渡邉豊彦先生，熊本学園大学商学部准教授の松尾健治先生，東洋大学経営学部准教授の中西善信先生は，博士論文をもとにした書籍をすでに出版されており，筆者に大いなる刺激を与えてくれた大切な学友である。感謝を申し上げる。

　また，神戸大学に東京から通う筆者にとって，筑波大学大学院ビジネス科学研究科修了後に博士課程に進学した仲間との定期的な勉強会でのご支援と絆は何より大きな支えであった。発起人である東京理科大学経営学部国際デザイン経営学科准教授の森本千佳子先生，苦悩した時期に応援して下さった事業創造大学院大学事業創造研究科教授の浅野浩美先生に謝意をお伝えしたい。

　そして，研究調査にお力添え下さった企業のご担当者とインタビュー協力者の皆様には最も感謝しなくてはならないだろう。研究報告では社名を伏せているため実名を挙げることができないが，仕事上でのお付き合いのあった方々が，筆者の頼みなら，と快く調査を引き受けて下さったことに心からのお礼を申し上げたい。

　本書の出版をお引き受け下さった白桃書房の平千枝子氏と後任の金子歓子

氏は，学術色の濃い博士論文が多くの読者に読んでいただけるようになるための有益なアドバイスを数多くご教示下さった。深く感謝申し上げる。

　紙面の都合上，お世話になったすべての方々を記すことができず残念である。

　最後に，家族への感謝を述べたい。外資企業での人材開発マネージャーの職を辞して個人事業主として独立すると同時に博士前期課程のアカデミックの世界に足を踏み入れたとき，長女は中学生，次女は小学生になったばかりであった。多感な少女期に，筆者は JICA 業務での年間 3 か月を超えるアジア諸国への海外出張に加え，論文執筆にも追われ，どれほど母親業が手抜きだったことだろう。その間，子供達を常に気に掛けてくれた両親が，どんな時でも娘を信じて応援してくれたからこそ最後まで走り切ることができた。これからは家族に恩返しをしていきたい。

　ここに挙げたすべての方々のご指導・ご助言・ご支援にもかかわらず，筆者の力及ばずして発生した本書に存在しうる一切の誤謬はすべて筆者の責任に帰するべきものであることを，最後に記す。

2023 年 2 月

著　　者

＊ 博士論文は山崎京子（2019）「個人と組織の適合と不適合のダイナミクス－顧客志向による外部環境への適応－」であり，神戸大学学術成果リポジトリにて閲覧可能である。URL：https://irdb.nii.ac.jp/01257/0005622181

参考文献

【外国語文献】

Abelson, R. P.(1979)"Differences between belief and knowledge systems," *Cognitive Science*, Vol. 3, No. 4, pp. 355-366.

Adams, J. S.(1965)"Inequity in social exchange," *Advances in Experimental Social Psychology*, Vol. 2, No. 1, pp. 267-299.

Albrecht, K.(1988)*At America's Service: How Corporations Can Revolutionize the Wathey Treat Their Customers*, Dow Jones-Irwin(『逆さまのピラミッド―アメリカ流サービス革命とは何か―』鳥居直隆監訳, 西田英一・和田正春訳, 日本能率協会マネジメントセンター, 1990年).

Allen, N. J., & Meyer, J. P.(1990)"The measurement and antecedents of affective, continuance and normative commitment to the organization," *Journal of Occupational Psychology*, Vol. 63, No. 1, pp. 1-18.

Allen, N. J., & Meyer, J. P.(1996)"Affective, continuance, and normative commitment to the organization: An examination of construct validity," *Journal of Vocational Behavior*, Vol. 49, No. 3, pp. 252-276.

Allen, R. E., & Keaveny, T. J.(1985)"Factors differentiating grievants and nongrievants," *Human Relations*, Vol. 38, No. 6, pp. 519-534.

Allport, G. W.(1935)"Attitudes," In C. Murchison(Ed.), *Handbook of Social Phychology*, Worcester, pp. 798-844.

Amabile, T. M.(1996)*Creativity in Context: Update to the Social Psychology of Creativity*, Routledge.

Anderson, S. T., & Smith, J. S.(2016)"An empirical examination of the impact of tridyadic fit on the service experience," *Journal of Service Management*, Vol. 27, No. 3, pp. 299-319.

Anderson, S., & Winefield, A. H.(2011)"The impact of underemployment on psychological health, physical health, and work attitudes," In D. C. Maynard & D. C. Feldman(Eds.), *Underemployment*, Springer, pp. 165-185.

Andreassen, T. W., Kristensson, P., Lervik-Olsen, L., Parasuraman, A., McColl-Kennedy, R. J., Edvardsson, B., & Colurcio, M.(2016)"Linking service design to value creation and service research," *Journal of Service Management*, Vol. 27, No. 1, pp. 21-29.

Appiah-Adu, K., & Singh, S.(1999)"Marketing culture and performance in UK service firms," *The Service Industries Journal*, Vol. 19, No. 1, pp. 152-170.

Argyris, C.(1957)*Personality and Organization: The Conflict Between System and The Individual*, Harper Torchbooks(『新訳 組織とパーソナリティー―システムと個人との葛藤―』伊吹山太郎・中村実訳, 日本能率協会, 1970年).

Argyris, C.(1964)*Integrating the Individual and the Organization*, John Wiley & Sons(『新しい管理社会の探求―組織における人間疎外の克服―』三隅二不二・黒川正流

272

訳, 産業能率短期大学出版部, 1969年).

Auh, S., & Menguc, B. (2007) "Performance implications of the direct and moderating effects of centralization and formalization on customer orientation," *Industrial Marketing Management*, Vol. 36, No. 8, pp. 1022-1034.

Baker, W. E., & Sinkula, J. M. (1999) "The synergistic effect of market orientation and learning orientation on organizational performance," *Journal of the Academy of Marketing Science*, Vol. 27, No. 4, pp. 411-427.

Bandura, A. (1971) *Psychological Modeling: Conflicting Theories*, Aldine-Atherton (『モデリングの心理学—観察学習の理論と方法—』原野広太郎・福島脩美共訳, 金子書房, 1975年).

Bandura, A. (1977) *Social Learning Theory*, Prentice-Hall (『社会的学習理論—人間理解と教育の基礎—』原野広太郎監訳, 金子書房, 1979年).

Bandura, A. (1986) *Social Foundations of Thought and Action: A Social Cognitive Theory*, Prentice-Hall.

Bandura, A. (1989) "Social cognitive theory of self-regulation," *Organizational Behavior and Human Decision Processes*, Vol. 50, No. 2, pp. 248-287.

Barnard, C. I. (1938) *The Functions of the Executive*, Harverd University Press (『新訳 経営者の役割』山本安次郎・田杉競・飯野春樹訳, ダイヤモンド社, 1968年).

Barrow, S., & Mosley, R. (2005) *The Employer Brand: Bringing the Best of Brand Management to People at Work*, John Wiley & Sons.

Bauer, T. N., Morrison, E. W., & Callister, R. R. (1998) "Organizational socialization: A review and directions for future research," In G. R. Ferris & K. M. Rowland (Eds.), *Research in Personnel and Human Resource Management*, Vol. 16, JAI Press, pp. 149-214.

Bemmels, B., & Foley, J. R. (1996) "Grievance procedure research: A review and theoretical recommendations," *Journal of Management*, Vol. 22, No. 3, pp. 359-384.

Bernard, J. (1988) "Toward a theory of marketing control: Environmental context, control types, and consequences," *Journal of Marketing*, Vol. 52, No. 3, pp. 23-45.

Bettencourt, L. A., & Brown, S. W. (1997) "Contact employee: Relationship among workplace fairness, job satisfaction and prosocial service behaviors," *Journal of Retailing*, Vol. 73, No. 1, pp. 39-61.

Bigné, E., Küster, I., & Torán, F. (2003) "Market orientation and industrial salesforce: Diverse measure instruments," *Journal of Business & Industrial Marketing*, Vol. 18, No. 1, pp. 59-81.

Billsberry, J., Ambrosini, V., Edwards, J. A., Moss-Jones, J., Marsh, P. J. G., van Meurs, N., & Coldwell, D. A. L. (2008) "Three empirical studies exploring multidimensional fit," Paper presented at the British Academy of Management annual conference, Harrogate (paper available upon request).

Billsberry, J., Ambrosini, V., Moss-Jones, J., & Marsh, P. (2005) "Some suggestions for mapping organizational members' sense of fit," *Journal of Business and Psychology*,

Vol. 19, No. 4, pp. 555-570.

Billsberry, J., van Meurs, N., Coldwell, D. A., & Marsh, P. J. (2006) "Towards explanatory model of fit," *Academy of Management Annual Meeting*, Atlanta, GA.

Billsberry, J., Talbot, D. L., & Ambrosini, V. (2013) "Mapping fit: Maximizing idiographic and nomothetic benefits," In A. Kristof-Brown & J. Billsberry (Eds.), *Organizational Fit: Key Issues and New Directions*, Wiley-Blackwell, pp. 124-141.

Bitner, M. J. (1992) "Servicescapes: The impact of physical surroundings on customers and employees", *Journal of Marketing*, Vol. 56, No. 2, pp. 57-71.

Bitner, M. J., Booms, B. H., & Tetreault, M. S. (1990) "The service encounter: Diagnosing favorable and unfavorable incidents," *Journal of Marketing*, Vol. 54, No. 1, pp. 71-84.

Blake, R., & Mouton, J. (1964) *The Managerial Grid*, Gulf Publishing.

Blancero, D., & Dyer, L. (1996) "Due process for non-union employees: The influence of system characteristics on fairness perceptions," *Human Resource Management*, Vol. 35, No. 3, pp. 343-359.

Boles, J. S., Babin, B. J., Brashear, T. G., & Brooks, C. M. (2001) "An examination of the relationships between retail work environments, salesperson selling orientation-customer orientation and job performance," *Journal of Marketing Theory and Practice*, Vol. 9, No. 3, pp. 1-13.

Bolino, M. C., & Feldman, D. C. (2000) "The antecedents and consequences of underemployment among expatriates," *Journal of Organizational Behavior*, Vol. 21, No. 8, pp. 889-911.

Booms, B. H., & Bitner, M. J. (1981) "Marketing strategies and organisation structures for service firms" In J. Donnelly & W. R. George (Eds.), *Marketing of Services*, American Marketing Association, pp. 47-51.

Boon, C., & Biron, M. (2016) "Temporal issues in person-organization fit, person-job fit and turnover: The role of leader-member exchange," *Human Relations*, Vol. 69, No. 12, pp. 2177-2200.

Boon, C., & Den Hartog, D. N. (2009) "Managing the Fit Process," Paper presented at the 3rd Global e Conference on fit. Retrieved from http://www.conference.fit/images/2009arch/thu05.pdf (December 28, 2017).

Boroff, K. E., & Lewin, D. (1997) "Loyalty, voice, and intent to exit a union firm: A conceptual and empirical analysis," *Industrial & Labor Relations Review*, Vol. 51, No. 1, pp. 50-63.

Botero, I. C., & Van Dyne, L. (2009) "Employee voice behavior: Interactive effects of LMX and power distance in the United States and Colombia," *Management Communication Quarterly*, Vol. 23, No. 1, pp. 84-104.

Brehm, J. W. (1966) *A Theory of Psychological Reactance*, Academic Press.

Brinsfield, C. T., Edwards, M. S., & Greenberg, J. (2009) "Voice and silence in organizations: Historical review and current conceptualizations," In J. Greenberg & M. S. Edwards (Eds.), *Voice and Silence in Organizations*, Emerald group publishing, pp. 3-33.

274

Brown, T. J., Mowen, J. C., Donavan, D. T., & Licata, J. W. (2002) "The customer orientation of service workers: personality trait influences on self and supervisor performance ratings," *Journal of Marketing Research*, Vol. 39, No. 1, pp. 110-119.

Buckingham, M., & Coffman, C. (1999) *First, Break All the Rules*, Simon & Schuster.

Burris, E. R., Detert, J. R., & Chiaburu, D. S. (2008) "Quitting before leaving: The mediating effects of psychological attachment and detachment on voice," *Journal of Applied Psychology*, Vol. 93, No. 4, pp. 912-922.

Cable, D. M., & DeRue, D. S. (2002) "The convergent and discriminant validity of subjective fit perceptions," *Journal of Applied Psychology*, Vol. 87, No. 5, pp. 875-884.

Cable, D. M., & Edwards, J. R. (2004) "Complementary and supplementary fit: A theoretical and empirical integration," *Journal of Applied Psychology*, Vol. 89, No. 5, pp. 822-834.

Cable, D. M., & Judge, T. A. (1996) "Person-organization fit, job choice decisions, and organizational entry," *Organizational Behavior and Human Decision Processes*, Vol. 67, No. 3, pp. 294-311.

Cable, D. M., & Parsons, C. K. (2001) "Socialization tactics and person-organization fit," *Personnel Psychology*, Vol. 54, No. 1, pp. 1-23.

Cable, D. M., & Yu, K. Y. T. (2007) "How selection and recruitment practices develop the beliefs used to assess fit," In C. Ostroff & T. A. Judge (Eds.), *Perspectives on Organizational Fit*, Lawrence Erlbaum Associates, pp. 155-182.

Cadwallader, S., Jarvis, C. B., Bitner, M. J., & Ostrom, A. L. (2010) "Frontline employee motivation to participate in service innovation implementation," *Journal of the Academy of Marketing Science*, Vol. 38, No. 2, pp. 219-239.

Caldwell, D. F., & O'Reilly, C. A. (1990) "Measuring person-job fit with a profile-comparison process," *Journal of Adapted Psychology*, Vol. 75, No. 6, pp. 648-657.

Caldwell, S. D. (2011) "Bidirectional relationships between employee fit and organizational change," *Journal of Change Management*, Vol. 11, No. 4, pp. 401-419.

Caldwell, S. D., Herold, D. M., & Fedor, D. B. (2004) "Toward an understanding of the relationships among organizational change, individual differences, and changes in person-environment fit: A cross-level study," *Journal of Applied Psychology*, Vol. 89, No. 5, pp. 868-882.

Cameron, J. A., Alvarez, J. M., Ruble, D. N., & Fuligni, A. (2001) "Children's lay theories about ingroups and outgroups: Reconceptualizaing research on prejudice", *Personality and Social Psychology Review*, Vol. 5, No. 2, pp. 118-128.

Campbell, J. J., Dunnette, M. D., Lawler, E. E., & Weick, K. E. (1970) *Managerial Behavior, Performance, and Effectiveness*, McGraw-Hill.

Caplan, R. D. (1987) "Person-environment fit theory and organizations: Commensurate dimensions, time perspectives, and mechanisms," *Journal of Vocational Behavior*, Vol. 31, No. 3, pp. 248-267.

Cappelli, P., & Chauvin, K. (1991) "A test of an efficiency model of grievance activity" *Industrial & Labor Relations Review*, Vol. 45, No. 1, pp. 3-14.

Carlzon, J.（1985）*Riv Pyramiderna!: en bok om den nya människan, chefen och ledaren*, Albert Bonniers Forlag AB（『真実の瞬間―SAS のサービス戦略はなぜ成功したか―』堤猶二訳，ダイヤモンド社，1990 年）.

Chatman, J. A.（1989）"Improving interactional organizational research: A model of person-organization fit," *Academy of Management Review*, Vol. 14, No. 3, pp. 333-349.

Chatman, J. A.（1991）"Matching people and organizations: Selection and socialization in public accounting firms," *Administrative Science Quarterly*, Vol. 36, No. 1, pp. 459-484.

Chen, Y. J.（2009）"Associations of perceived underemployment with in-role and organisational citizenship behaviours: The beneficiary perspective," *Global Business and Economics Review*, Vol. 11, No. 3-4, pp. 317-331.

Chesbrough, H.（2011）"Bringing open innovation to services," *MIT Sloan Management Review*, Vol. 52, No. 2, pp. 85-90.

Chuang, A.（2016）"Qualitative research in PE fit and misfit," Paper presented at the 5th Global e conference on fit. Retrieved from http://www.conference.fit/images/2016/key01.pdf（December 28, 2017）.

Colbert, B. A.（2004）"The complex resource-based view: Implications for theory and practice in strategic human resource management," *Academy of Management Review*, Vol. 29, No. 3, pp. 341-358.

Coldwell, D. A., Billsberry, J., van Meurs, N., & Marsh, P. J. G.（2008）"The effects of person-organization ethical fit on employee attraction and retention: Towards a testable explanatory model," *Journal of Business Ethics*, Vol. 78, No. 4, pp. 611-622.

Cooper-Thomas, H. D., & Anderson, N.（2002）"Newcomer adjustment: The relationship between organizational socialization tactics, information acquisition, and attitudes," *Journal of Occupational and Organizational Psychology*, Vol. 75, No. 4, pp. 423-437.

Cooper-Thomas, H. D., van Vianen, A., & Anderson, N.（2004）"Changes in person-organization fit: The impact of socialization tactics on perceived and actual P-O fit," *European Journal of Work and Organizational Psychology*, Vol. 13, No. 1, pp. 52-78.

Cooper-Thomas, H. D., & Wright, S.（2013）"Person-environment misfit: The neglected role of social context," *Journal of Managerial Psychology*, Vol. 28, No. 1, pp. 21-37.

Coyle-Shapiro, J. A., & Shore, L. M.（2007）"The employee-organization relationship: Where do we go from here?" *Human Resource Management Review*, Vol. 17, No. 2, pp. 166-179.

Cross, M. E., Brashear, T. G., Rigdon, E. E., & Bellenger, D. N.（2007）"Customer orientation and sales person performance," *European Journal of Marketing*, Vol. 41, No. 7/8, pp. 821-835.

Dadzie, K. Q., Johnston, W. J., Dadzie, E. W., & Yoo, B.（1999）"Influence in the organizational buying center and logistics automation technology adoption," *Journal of Business & Industrial Marketing*, Vol. 14, No. 5/6, pp. 433-444.

Dalal, R. S., Lam, H., Weiss, H. M., Welch, E. R., & Hulin, C. L.（2009）"A within-person approach to work behavior and performance: Concurrent and lagged citizenshipcounterproductivity associations, and dynamic relationships with affect and overall job performance," *Academy of Management Journal*, Vol. 52, No. 5, pp. 1051-1066.

Day, G. S., & Wensley, R. (1983) "Marketing theory with a strategic orientation," *Journal of Marketing*, Vol. 47, No. 4, pp. 79-89.

Day, G. S., & Wensley, R. (1988) "Assessing advantage: A framework for diagnosing competitive superiority," *Journal of Marketing*, Vol. 52, No. 2, pp. 1-20.

Dean, A. M. (2007) "The impact of the customer orientation of call center employees on customers' affective commitment and loyalty," *Journal of Service Research*, Vol. 10, No. 2, pp. 161-173.

De Cooman, R., Mol, S. T., Billsberry, J., Boon, C., & Den Hartog, D. N. (2019) "Epilogue: Frontiers in person-environment fit research," *European Journal of Work and Organizational Psychology*, Vol. 28, No. 5, pp. 646-652.

Dekker, R., de Grip, A., & Heijke, H. (2002) "The effects of training and overeducation on career mobility in a segmented labour market," *International Journal of Manpower*, Vol. 23, No. 2, pp. 106-125.

DeRue, D. S., & Morgeson, F. P. (2007) "Stability and change in person-team and person-role fit over time: The effects of growth satisfaction, performance, and general self-efficacy," *Journal of Applied Psychology*, Vol. 92, No. 5, pp. 1242-1253.

Deshpandé, R., & Farley, J. U. (2004) "Organizational culture, market orientation, innovativeness, and firm performance: An international research odyssey," *International Journal of Research in Marketing*, Vol. 21, No. 1, pp. 3-22.

Deshpandé, R., Grinstein, A., & Ofek, E. (2012) "Strategic orientations in a competitive context: The role of strategic orientation differentiation," *Marketing Letters*, Vol. 23, No. 3, pp. 629-643.

Deshpandé, R., & Webster Jr., F. E. (1989) "Organizational culture and marketing: Defining the research agenda," *Journal of Marketing*, Vol. 53, No. 1, pp. 3-15.

Detert, J. R., & Burris, E. R. (2007) "Leadership behavior and employee voice: Is the door really open?" *Academy of Management Journal*, Vol. 50, No. 4, pp. 869-884.

Dewey, J. (1938) *Experience and Education*, Collier Books (『経験と教育』市村尚久訳, 講談社, 2004 年).

Dickson, P. R. (1992) "Toward a general theory of competitive rationality," *Journal of Marketing*, Vol. 56, No. 1, pp. 69-83.

Dixon, M., Ekaterina, V., Karniouchina, V. E., Rhee, B., Verma, R., & Victorino, L. (2014) "The role of coordinated marketing-operations strategy in services: Implications for managerial decisions and execution," *Journal of Service Management*, Vol. 25, No. 2, pp. 275-294.

Doblhofer, D., Haas, K., Specht, J., & Frey, D. (2016) "A perfect match is hard to find: Dealing with misfit at work from a conservation of resource perspective," Paper presented at the 5th Global e conference on fit. Retrieved from http://www.conference. fit/images/2016/fit01.pdf (December 28, 2017).

Doblhofer, D. S., Hauser, A., Kuonath, A., Haas, K., Agthe, M., & Frey, D. (2019) "Make the best out of the bad: Coping with value incongruence through displaying facades of conformity, positive reframing, and self-disclosure," *European Journal of Work and Organizational Psychology*, Vol. 28, No. 5, pp. 572-593.

Donaldson, L. (2001) *The Contingency Theory of Organizations*, Sage.

Donavan, D. T., Brown, T. J., & Mowen, J. C. (2004) "Internal benefits of service worker customer orientation: Job satisfaction, commitment, and organizational citizenship behaviors," *Journal of Marketing*, Vol. 68, No. 1, pp. 128-146.

Dreyfus, S. E. (1983) "How expert managers tend to let the gut lead the brain," *Management Review*, September, pp. 56-61.

Edwards, J. R. (2008) "Person-environment fit in organizations: An assessment of theoretical progress," *Academy of Management Annals*, Vol. 2, No. 1, pp. 167-230.

Edwards, J. R., Cable, D. M., Williamson, I. O., Lambert, L. S., & Shipp, A. J. (2006) "The phenomenology of fit: Linking the person and environment to the subjective experience of person-environment fit," *Journal of Applied Psychology*, Vol. 91, No. 4, pp. 802-827.

Edwards, J. R., & Shipp A. J. (2007) "The relationship between person-environment fit and outcomes: An integrative theoretical framework," In C. Ostroff & A. Judge (Eds.), *Perspectives on Organizational Fit*, Lawrence Erlbaum Associates, pp. 209-258.

Edwards, J. R., & Van Harrison, R. (1993) "Job demands and worker health: Three-dimensional reexamination of the relationship between person-environment fit and strain," *Journal of Applied Psychology*, Vol. 78, No. 4, pp. 628-648.

Ekvall, G. (1976) "Creativity at the place of work: Studies of suggestors and suggestion systems in industry" *Journal of Creative Behavior*, Vol. 10, No. 1, pp. 52-70.

Elfenbein, H. A., & O'Reilly III, C. A. (2007) "Fitting in: The effects of relational demography and person-culture fit on group process and perfomance," *Group & Organization Management*, Vol. 32, No. 1, pp. 109-142.

Ellis, A., & Tsui, A. S. (2007) "Survival of the fittest or the least fit? When psychology meets ecology in organizational demography," In C. Ostroff & T. A. Judge (Eds.), *Perspectives on Organizational Fit*, Lawrence Erlbaum Associates, pp. 287-316.

Erdogan, B., & Bauer, T. N. (2009) "Perceived overqualification and its outcomes: The moderating role of empowerment," *Journal of Applied Psychology*, Vol. 94, No. 2, pp. 557-565.

Erdogan, B., Bauer, T. N., Peiro, J. M., & Truxillo, D. M. (2011) "Overqualified employees: Making the best of a potentially bad situation for individuals and organizations," *Industrial and Organizational Psychology*, Vol. 4, No. 2, pp. 215-232.

Ericsson, K. A. (1996) "The acqusition of expert performance: An introduction to some of the issues," In K. A. Ericsson (Ed.), *The Road to Excellence*, Mahwah, pp. 1-50.

Ericsson, K. A., Krampe, R. T., & Tesch-Römer, C. (1993) "The role of deliberate practice in the acquisition of expert performance," *Psychological Review*, Vol. 100, No. 3, pp.

363-406.

Evans, J. S. B. T. (2008) "Dual-processing accounts of reasoning, judgment, and social cognition," *Annual Review of Psychology*, Vol. 59, pp. 255-278.

Evans, K. R., Landry, T. D., Li, P. C., & Zou, S. (2007) "How sales controls affect job-related outcomes: The role of organizational sales-related psychological climate perceptions," *Journal of the Academy of Marketing Science*, Vol. 35, No. 3, pp. 445-459.

Fang, S. R., Chang, E., Ou, C. C., & Chou, C. H. (2014) "Internal market orientation, market capabilities, and learning orientation," *European Journal of Marketing*, Vol. 48, No. 1/2, pp. 170-192.

Farrell, D. (1983) "Exit, voice, loyalty, and neglect as responses to job dissatisfaction: A multidimensional scaling study," *Academy of Management Journal*, Vol. 26, No. 4, pp. 596-607.

Farrell, M. A., & Oczkowski, E. (2009). "Service worker customer orientation, organization/job fit and perceived organizational support," *Journal of Strategic Marketing*, Vol. 17, No. 2, pp. 149-167.

Festinger, L. (1957) *A Theory of Cognitive Dissonance: Row*, Peterson and Company (『認知的不協和の理論』末永俊郎監訳, 誠信書房, 1965 年).

Fisk, R. P., Grove, S. J., & John J. (2004) *Interactive Services Marketing* (2nd ed.), South-Western (『サービス・マーケティング入門』小川孔輔・戸谷圭子監訳, 法政大学出版局, 2005 年).

Fine, S. (2007) "Overqualification and selection in leadership training," *Journal of Leadership & Organizational Studies*, Vol. 14, No. 1, pp. 61-68.

Fine, S., & Nevo, B. (2008) "Too smart for their own good? A study of perceived cognitive overqualification in the workforce," *The International Journal of Human Resource Management*, Vo. 19, No. 2, pp. 346-355.

Follmer, E. H., Talbot, D. L., Kristof-Brown, A. L., Astrove, S. L., & Billsberry, J. (2018) "Resolution, relief, and resignation: A qualitative study of responses to misfit at work," *Academy of Management Journal*, Vol. 61, No. 2, pp. 440-465.

Fox, S., & Spector, P. E. (1999) "A model of work frustration-aggression," *Journal of Organizational Behavior*, Vol. 20, No. 6, pp. 915-931.

Fuller, J. B., Barnett, T., Hester, K., Relyea, C., & Frey, L. (2007) "An exploratory examination of voice behavior from an impression management perspective," *Journal of Managerial Issues*, Vol. 19, No. 1, pp. 134-151.

Fuller, J. B., Marler, L. E., & Hester, K. (2006) "Promoting felt responsibility for constructive change and proactive behavior: Exploring aspects of an elaborated model of work design," *Journal of Organizational Behavior: The International Journal of Industrial, Occupational and Organizational Psychology and Behavior*, Vol. 27, No. 8, pp. 1089-1120.

Gabriel, A. S., Diefendorff, J. M., Chandler, M. M., Moran, C. M., & Greguras, G. J. (2014) "The dynamic relationships of work affect and job satisfaction with perceptions of fit," *Personnel Psychology*, Vol. 67, No. 2, pp. 389-420.

Gerhart, B. (2007) "Horizontal and vertical fit in human resource systems," In C. Ostroff & T. A. Judge (Eds.), *Perspectives on Organizational Fit*, Lawrence Erlbaum Associates, pp. 317-348.

Glaser, B., & Strauss, A. (1967) *The Discovery of Grounded Theory: Strategies for Qualitative Research*, Aldine-Atherton.

Goff, B. G., Boles, J. S., Bellenger, D. N., & Stojac, C. (1997) "The influence of salesperson selling behaviors on customer satisfaction with products," *Journal of Retailing*, Vol. 73, No. 2, pp. 171-183.

Goodman, S. A., & Svyantek, D. J. (1999) "Person-organization fit and contextual performance: Do shared values matter," *Journal of Vocational Behavior*, Vol. 55, No. 2, pp. 245-275.

Gordon, M. E., & Bowlby, R. L. (1989) "Reactance and intentionality attributions as determinants of the intent to file a grievance," *Personnel Psychology*, Vol. 42, No 2, pp. 309-329.

Gorfin, C. C. (1969) "The suggestion scheme: A contribution to morale or an economic transaction?" *British Journal of Industrial Relations*, Vol. 7, No 3, pp. 368-384.

Grant, A. M., & Mayer, D. M. (2009) "Good soldiers and good actors: Prosocial and impression management motives as interactive predictors of affiliative citizenship behaviors," *Journal of Applied Psychology*, Vol. 94, No. 4, pp. 900-912.

Greenberger, D. B., Miceli, M. P., & Cohen, D. J. (1987) "Oppositionists and group norms: The reciprocal influence of whistleblowers and co-workers," *Journal of Business Ethics*, Vol. 6, No. 7, pp. 527-542.

Grimm, L. G., & Yarnold, P. R. (1994) *Reading and Understanding Multivariate Statistics*, American Psychological Association (『研究論文を読み解くための多変量解析入門 基礎篇—重回帰分析からメタ分析まで—』小杉考司監訳, 北大路書房, 2016 年).

Grizzle, J. W., Zablah, A. R., Brown, T. J., Mowen, J. C., & Lee, J. M. (2009) "Employee customer orientation in context: How the environment moderates the influence of customer orientation on performance outcomes," *Journal of Applied Psychology*, Vol. 94, No. 5, pp. 1227-1242.

Grove, S. J., & Fisk, R. P. (1983) "The dramaturgy of service exchange: Analytical framework for services marketing," In L. L. Berry, L. G. Shostack & G. D. Upah (Eds.), *Emerging Perspectives on Services Marketing*, American Marketing Association, pp. 45-49.

Grove, S. J., Fisk, R. P., & John, J. (2000) "Services as theater: Guidelines and Implications," In T. A. Swartz & D. Iacobucci (Eds.), *Handbook of Services Marketing and Management*, Sage Publication, pp. 21-35.

Hackman, J. R., & Oldham, G. R. (1980) *Work Redesign*, Addison-Wesley Publishing.

Hagedoorn, M. T., van Yperen, N. W., van de Vliert, E., & Buuk, B. P. (1999) "Employees' reactions to problematic events: a circumplex structure of five categories of responses, and the role of job satisfaction," *Journal of Organizational Behavior*, Vol. 20, No. 3, pp. 309–321.

Han, J. K., Kim, N., & Srivastava, R. K. (1998) "Market orientation and organizational performance: Is innovation a missing link?" *Journal of Marketing*, Vol. 62, No. 4, pp. 30–45.

Harris, L. C. (1998) "Barriers to market orientation: The view from the shop floor," *Marketing Intelligence & Planning*, Vol. 16, No. 3, pp. 221–228.

Harrison, D. A. (2007) "Pitching fits in applied psychological research: Making fit methods fit theory," In C. Ostroff & A. Judge (Eds.), *Perspectives on Organizational Fit*, Lawrence Erlbaum Associates, pp. 389–416.

Hartline, M. D., & Ferrell, O. C. (1996) "The management of customer–contact service employees: An empirical inverstigation," *Journal of Marketing*, Vol. 60, No. 4, pp. 52–70.

Hartline, M. D., Maxham, J. G., & McKee, D. O. (2000) "Corridors of influence in the dissemination of customer–oriented strategy to customer contact service employees," *Journal of Marketing*, Vol. 64, No. 2, pp. 35–50.

Hatch M. J., & Ehrlich S. B. (1993) "Spontaneous humour as an indicator of paradox and ambiguity in organizations," *Organization Studies*, Vol. 14, No. 4, pp. 505–526.

Hatcher, L., Ross, T. L., & Collins, D. (1991) "Attributions for participation and nonparticipation in gainsharing–plan involvement systems," *Group & Organization Studies*, Vol. 16, No. 1, pp. 25–43.

Haueter, J. A., Macan, T. H., & Winter, J. (2003) "Measurement of newcomer socialization: Construct validation of a multidimensional scale," *Journal of Vocational Behavior*, Vol. 63, No. 1, pp. 20–39.

Heider, F. (1958) *The Psychology of Interpersonal Relations*, Wiley.

Hennig-Thurau, T. (2004) "Customer orientation of service employees: Its impact on customer satisfaction, commitment, and retention," *International Journal of Service Industry Management*, Vol. 15, No. 5, pp. 460–478.

Hertog, P. D., Van der Aa, W., & De Jong, M. W. (2010) "Capabilities for managing service innovation: Towards a conceptual framework," *Journal of Service Management*, Vol. 21, No. 4, pp. 490–514.

Heskett, J. L. (2014) "Notes from the search for deep indicators in services," *Journal of Service Management*, Vol. 25, No. 3, pp. 298–309.

Heskett, J. L., Jones, T. O., Loveman, G. W., Sasser, W. E., & Schlesinger, L. A. (1994) "Putting the service profit chain to work," *Harvard Business Review*, Vol. 72, No. 2, pp. 164–174.

Heskett, J. L., Sasser, Jr., W. E., & Schlesinger, L. A., (1997) *The Service Profit Chain: How Leading Companies Link Profit and Growth to Loyalty, Satisfaction and Value*, The Free Press.

Heskett, J. L., Sasser, Jr., W. E., & Schlesinger, L. A. (2003) *The Value Profit Chain: Treat*

Employees Like Customers and Customers Like Employees, Simon and Schuster（『バリュー・プロフィット・チェーン』山本昭二・小野讓司訳，日本経済新聞社，2004年）.

Higgins, E. T.（2005）"Value from regulatory fit," *Current Directions in Psychological Science*, Vol. 14, No. 4, pp. 209-213.

Higgins, E. T., & Freitas, A. L.（2007）"Regulatory fit: Its natrure and consequences," In C. Ostroff & T. A. Judge（Eds.）, *Perspectives on Organizational Fit*, Lawrence Erlbaum Associates, pp. 71-98.

Hirschman, A. O.（1967）*Development Project Observed*, Brookings Institudion.

Hirschman, A. O.（1970）*Exit, Voice, and Loyalty; Responses to Decline in Firms, Organizations and States*, Harvard University Press（『離脱・発言・忠誠—企業・組織・国家における衰退への反応—』矢野修一訳，ミネルヴァ書房，2005 年）.

Hoffman, B. J., & Woehr, D. J.（2006）"A quantitative review of the relationship between person-organization fit and behavioral outcomes," *Journal of Vocational Behavior*, Vol. 68, No. 3, pp. 389-399.

Holland, J. L.（1959）"A theory of vocational choice," *Journal of Counseling Psychology*, 6, No. 1, pp. 35-45.

Holland, J. L.（1973）*Making Vocational Choices: A theory of Careers*（1st ed.）, Prentice-Hall.

Holland, J. L.（1985）*Making Vocational Choices: A Theory of Vocational Personalities and Work Environments*（2nd ed.）, Prentice-Hall.

Holland, J. L.（1997）*Making Vocational Choices: A Theory of Vocational Personalities and Work Environments*（3rd ed.）, Prentice-Hall（『ホランドの職業選択理論—パーソナリティと働く環境—』渡辺三枝子・松本純平・道谷里英共訳，雇用問題研究会，2013年）.

Holtom, B. C., Lee, T. W., & Tidd, S. T.（2002）"The relationship between work status congruence and work-related attitudes and behaviors," *Journal of Applied Psychology*, Vol. 87, No. 5, pp. 903-915.

Holtz, B. C., & Harold, C. M.（2013）"Effects of leadership consideration and structure on employee perceptions of justice and counterproductive work behavior," *Journal of Organizational Behavior*, Vol. 34, No. 4, pp. 492-519.

Homans, G. C.（1961）*Social Behaviour: Its Elementary Forms*, Brace & World.

Hsiung, H. H., & Yang, K. P.（2012）"Employee behavioral options in problematic working conditions: Response pattern analysis," *The International Journal of Human Resource Management*, Vol. 23, No. 9, pp. 1888-1907.

Hung, C. Y.（2008）"Overeducation and undereducation in Taiwan," *Journal of Asian Economics*, Vol. 19, No. 2, pp. 125-137.

Jansen, K. J., & Kristof-Brown, A.（2006）"Toward a multidimensional theory of person-environment fit," *Journal of Managerial Issues*, Vol. 18, No. 2, pp. 193-212.

Jansen, K. J., & Shipp A. J.（2013）"A review and agenda for incorporating time in fit research," In A. L. Kristof & J. Billsberry (Eds.), *Organizational Fit: Key Issues and New Directions*, Wiley-Blackwell, pp. 195-221.

Janssen, O., De Vries, T., & Cozijnsen, A. J. (1998) "Voicing by adapting and innovating employees: An empirical study on how personality and environment interact to affect voice behavior," *Human Relations*, Vol. 51, No. 7, pp. 945-967.

Jaramilo, F., Ladik, D. M., Marshall, G. W., & Mulki, J. P. (2007) "A meta-analysis of the relationship between sales orientation-customer orientation (SOCO) and salesperson job performance," *Journal of Business & Industrial Marketing*, Vol. 22, No. 5, pp. 302-310.

Johnson, R. E., Taing, M. U., Chang, C., & Kawamoto, C. K. (2013) "A self-regulation approach to person-environment fit," In A. Kristof-Brown & J. Billsberry (Eds.), *Organizational Fit: Key Issues and New Directions*, Wiley-Blackwell, pp. 74-98.

Jones, G. R. (1986) "Socialization tactics, self-efficacy, and newcomers' adjustments to organizations," *Academy of Management Journal*, Vol. 29, No. 2, pp. 262-279.

Kammeyer-Meuller, J. D. (2007) "The dynamics of newcomer adjustment: Dispositions, context, interactions and fit," In C. Ostroff & A. Judge (Eds.), *Perspectives on Organizational Fit*, Lawrence Erlbaum Associates, pp. 99-122.

Kammeyer-Mueller, J. D., Schilpzand, P., & Rubenstein, A. L. (2013) "Dyadic fit and the process of organizational socialization," In A. Kristof-Brown & J. Billsberry (Eds.), *Organizational Fit: Key Issues and New Directions*, Wiley-Blackwell, pp. 50-73.

Kennedy, K. N., Lassk, F. G., & Goolsby, J. R. (2002) "Customer mind-set of employees throughout the organization," *Journal of the Academy of Marketing Science*, Vol. 30, No. 2, pp. 159-171.

Khazanchi, S., & Masterson, S. S. (2011) "Who and what is fair matters: A multi-foci social exchange model of creativity," *Journal of Organizational Behavior*, Vol. 32, No. 1, pp. 86-106.

Kiazad, K., Seibert, S. E., & Kraimer, M. L. (2014) "Psychological contract breach and employee innovation: A conservation of resources perspective," *Journal of Occupational and Organizational Psychology*, Vol. 87, No. 3, pp. 535-556.

Kilduff M., Angelmar R., & Mehra A. (2000) "Top management-team diversity and firm performance: Examining the role of cognitions," *Organization Science*, Vol. 11, No. 1, pp. 21-34.

Kirton, M. J. (1976) "Adaptors and innovators: A description and measure," *Journal of Applied Psychology*, Vol. 61, No. 5, pp. 622-629.

Kirton, M. J. (1980) "Adaptors and innovators in organization," *Human Relations*, Vol. 33, No. 4, pp. 213-224.

Klaas, B. S. (1989) "Determinants of grievance activity and the grievance system's impact on employee behavior: An integrative perspective," *Academy of Management Review*, Vol. 14, No. 3, pp. 445-458.

Klaas, B. S., Olson-Buchanan, J. B., & Ward, A. K. (2012) "The determinants of alternative forms of workplace voice: An integrative perspective," *Journal of Management*, Vol. 38, No. 1, pp. 314-345.

Klausner, M., & Groves, M. A. (2002) "Organizational socialization," In A. Farazmand (Ed.), *Modern Organizations: Theory and Practice* (2nd ed.), Praeger, pp. 207-230.

Knowles, M. S. (1980) *The Modern Practice of Adult Education: From Pedagogy to Andragogy*, Cambridge Books.

Kohli, A., & Jaworski, B. (1990) "Market orientation: The construct, research proposition, and managerial implications," *Journal of Marketing*, Vol. 54, No. 2, pp. 1-18.

Kohli, A., Jaworski, B., & Kumar, A. (1993) "MARKOR: A measure of market orientation," *Journal of Marketing Research*, Vol. 30, No. 4, pp. 467-477.

Kolb, D. A. (1984) *Experiential Learning: Experience as the Source of Learning and Development*, Prentice-Hall.

Kotler, P. (2001) *A Framework for Marketing Management* (1st ed.), Prentice-Hall（『コトラーのマーケティング・マネジメント　基本編』恩藏直人監修，月谷真紀訳，ピアソン・エデュケーション，2002 年）.

Kotter, J. P., & Heskett, J. L. (1992) *Corporate Culture and Performance*, Macmillan.

Kristof, A. L. (1996) "Person-organization fit: An integrative review of its conceptualizations, measurement, and implications," *Personnel Psychology*, Vol. 49, No. 1, pp. 1-49.

Kristof-Brown, A. L., & Billsberry, J. (Eds.) (2013) *Organizational Fit: Key Issues and New Directions*, Wiley-Blackwell.

Kristof-Brown, A. L., Bono, J. E., & Lauver, K. J. (1999) "Learning to fit in: How socialization affects perceived and actual person-environment fit," In *14th Annual Conference of the Society for Industrial and Organizational Psychology*, Atlanta, GA.

Kristof-Brown, A. L., & Guay, R. P. (2011) "Person-environment fit", In S. Zedeck (Ed.), *APA Handbook of Industrial and Organizational Psychology Vol. 3*, American Psychological Association, pp. 3-50.

Kristof-Brown, A. L., & Jansen, K. J. (2007) "Issues of person-organization fit," In C. Ostroff & T. A. Judge (Eds.), *Perspectives on Organizational Fit*, Lawrence Erlbaum Associates, pp. 123-153.

Kristof-Brown, A. L., Zimmerman, R. D., & Johnson, E. C. (2005) "Consequences of individual's fit at work: A meta-analysis of person-job, person-organization, person-group, and person-supervisor fit," *Personnel Phycology*, Vol. 58, No. 2, pp. 281-342.

Lam, S. K., Kraus, F., & Ahearne, M. (2010) "The diffusion of market orientation throughout the organization: A social learning theory perspective," *Journal of Marketing*, Vol. 74, No. 5, pp. 61-79.

Lauver, K. J., & Kristof-Brown, A. (2001) "Distinguishing between employees' perceptions of person-job and person-organization fit," *Journal of Vocational Behavior*, Vol. 59, No. 3, pp. 454-470.

Lazarus, R. S., & Folkman, S. (1984) "Coping and adaptation," In W. D. Gentry (Ed.), *The Handbook of Behavioral Medicine*, Guilford, pp. 282-325.

284

Leach, D. J., Stride, C. B., & Wood, S. J. (2006) "The effectiveness of idea capture schemes," *International Journal of Innovation Management,* Vol. 10, No. 3, pp. 325-350.

Lee, J. H., Heilmann, S. G., & Near, J. P. (2004) "Blowing the whistle on sexual harassment: Test of a model of predictors and outcomes, *Human Relations,* Vol. 57, No. 3, pp. 297-322.

Lee, Y. T., & Ramaswami, A. (2013) "Fitting person-environment fit theories into a national cultural context," In A. Kristof-Brown & J. Billsberry (Eds.), *Organizational Fit: Key Issues and New Directions,* Wiley-Blackwell, pp. 222-240.

LePine, J. A., & Van Dyne, L. (1998) "Predicting voice behavior in work groups," *Journal of Applied Psychology,* Vol. 83, No. 6, pp. 853-868.

LePine, J. A., & Van Dyne, L. (2001) "Voice and cooperative behavior as contrasting forms of contextual performance: Evidence of differential relationships with Big Five personality characteristics and cognitive ability," *Journal of Applied Psychology,* Vol. 86, No. 2, pp. 326-336.

Lewin, K. (1935) "A dynamic theory of personality" *The Journal of Nervous and Mental Disease,* Vol. 84, No. 5, pp. 612-613.

Lewin, K. (1943) "Defining the 'field at a given time,'" *Psychological Review,* Vol. 50, No. 3, pp. 292-310.

Lewin, K. (1947) "Frontiers in group dynamics: Concept method and reality in social science," *Human Relations,* Vol. 1, No. 1, pp. 5-41.

Lewin, K. (1951) *Field Theory in Social Science,* Harper & Row.

Liao, H., & Chuang, A. (2004) "A multilevel investigation of factors influencing employee service performance and customer outcomes," *Academy of Management Journal.* Vol. 47, No. 1, pp. 41-58.

Life, K. (2014) "Customer orientation of frontline employees and organizational commitment," *The Service Industries Journal,* Vol. 34, No. 8, pp. 699-714.

Liljegren, M., Nordlund, A., & Ekberg, K. (2008) "Psychometric evaluation and further validation of the Hagedoorn et al. modified EVLN measure," *Scandinavian Journal of Psychology,* Vol. 49, No. 2, pp. 169-177.

Lind, E. A., Kanfer, R., & Early, P. C. (1990) "Voice, control, and procedural justice: Instrumental and noninstrumental concerns in fairness judgments," *Journal of Personality and Social Psychology,* Vol. 59, No. 5, pp. 952-959.

Lipponen, J., Bardi, A., & Haapamäki, J. (2008) "The interaction between values and organizational identification in predicting suggestion-making at work," *Journal of Occupational and Organizational Psychology,* Vol. 81, No. 2, pp. 241-248.

Liu, S., Luksyte, A., Zhou, L., Shi, J., & Wang, M. (2015) "Overqualification and counterproductive work behaviors: Examining a moderated mediation model," *Journal of Organizational Behavior,* Vol. 36, No. 2, pp. 250-271.

Liu, W., Zhu, R., & Yang, Y. (2010) "I warn you because I like you. Voice behavior, employee identification, and transformational leadership," *The Leadership Quarterly,*

Vol. 21, No. 1, pp. 189-202.

Livingstone, L. P., Palich, L. E., & Carini, G. R. (2002) "Promoting creativity through the logic of contradiction," *Journal of Organizational Behavior*, Vol. 23, No. 3, pp. 321-326.

Locke, E. A., & Latham, G. P. (1990) *A Theory of Goal Setting & Task Performance*, Prentice-Hall.

Looy, B. V., Gemmel, P., & Van Dierdonck, R. V. (2003) *Service Management: An Integrated Approach*, Pearson Education (『サービス・マネジメント—統合的アプローチ—（上・中・下）』白井義男監修，平林祥訳，ピアソン・エデュケーション，2004 年).

Lorsch, J. W., & Morse, J. M. (1974) *Organizations and Their Members: A Contingency Approach*, Harper & Row (『組織・環境・個人—コンティンジェンシー・アプローチ—』馬場昌雄・服部正中・上村祐一訳，東京教学社，1977 年).

Lovelock, C., & Wright, L. (2002) *Principles of Service Marketing and Management*, Prentice-Hall (『サービス・マーケティング原理』小宮路雅博監訳，高畑泰・藤井大拙訳，白桃書房，2002 年).

Luchak, A. A. (2003) "What kind of voice do loyal employees use?" *British Journal of Industrial Relations*, Vol. 41, No. 1, pp. 115-134.

Luksyte, A., & Spitzmueller, C. (2016) "When are overqualified employees creative? It depends on contextual factors," *Journal of Organizational Behavior*, Vol. 37, No. 5, pp. 635-653.

Luksyte, A., Spitzmueller, C., & Maynard, D. C. (2011) "Why do overqualified incumbents deviate? Examining multiple mediators," *Journal of Occupational Health Psychology*, Vol. 16, No. 3, pp. 279-296.

Mager, B. (2009) "Touchpoint," *Journal of Service Design*, Vol. 1, No. 1, pp. 20-29.

March, J. G., & Simon, H. A. (1958) *Organizations*, Wiley.

March, J. G., & Simon, H. A. (1993) *Organizations* (2nd ed.), Cambridge (『オーガニゼーションズ—現代組織論の原典—（第 2 版）』高橋伸夫訳，ダイヤモンド社，2014 年).

Matsuda, Y., Pierce, J. L., & Ishikawa, R. (2011) "Development and validation of the Japanese version of organization-based self-esteem scale," *Journal of Occupational Health*, Vo. 53, No. 3, pp. 188-196.

Matsuno, K., & Mentzer, J. T. (2000) "The effects of strategy type on the market orientation-performance relationship," *Journal of Marketing*, Vol. 64, No. 4, pp. 1-16.

Matsuno, K., Mentzer, J. T., & Ozsomer, A. (2002) "The effects of entrepreneurial proclivity and market orientation on business performance," *Journal of Marketing*, Vol. 66, No. 3, pp. 18-32.

Matsuno, K., Mentzer, J. T., & Rentz, J. O. (2000) "A refinement and validation of the MARKOR scale," *Journal of the Academy of Marketing*, Vol. 28, No. 4, pp. 527-539.

Maynard, D. C., Joseph, T. A., & Maynard, A. M. (2006) "Underemployment, job attitudes, and turnover intentions," *Journal of Organizational Behavior*, Vol. 27, No. 4, pp. 509-536.

Maynard, D. C., & Parfyonova, N. M. (2013) "Perceived overqualification and withdrawal

286

behaviours: Examining the roles of job attitudes and work values," *Journal of Occupational and Organizational Psychology*, Vol. 86, No. 3, pp. 435-455.

McKee-Ryan, F. M., & Harvey, J. (2011) "'I have a job, but...': A review of underemployment," *Journal of Management*, Vol. 37, No. 4, pp. 962-996.

McColl-Kennedy, J. R., Vargo, S. L., Dagger, T. S., Sweeney, J. C., & Kasteren, Y. V. (2012) "Health care customer value cocreation practice styles," *Journal of Service Research*, Vol. 15, No. 4, pp. 370-389.

Meglino, B. M., & Ravlin, E. C. (1998) "Individual values in organizations: Concepts, controversies, and research," *Journal of Management*, Vol. 24, No. 3, pp. 351-389.

Mellahi, K., Budhwar, P. S., & Li, B. (2010) "A study of the relationship between exit, voice, loyalty and neglect and commitment in India," *Human Relations*, Vol. 63, No. 3, pp. 349-369.

Merriam, S. B., & Caffarella, R. S. (1999) *Learning in Adulthood: A Comprehensive Guide*, John Willey & Sons（『成人期の学習―理論と実践―』立田慶裕・三輪建二監訳，鳳書房，2005 年）.

Merton, R. K. (1957) *Social Theory and Social Structure* (rev. ed.), The Free Press.

Meyer, J. P., & Allen, N. J. (1997) *Commitment in the Workplace: Theory, Research, and Application*, Sage.

Mezirow, J. (1996) "Contemporary paradigms of learning," *Adult Education Quarterly*, Vol. 46, No. 3, pp. 158-172.

Miceli, M. P., & Near, J. P. (1984) "The relationships among beliefs, organizational position, and whistle-blowing status: A discriminant analysis," *Academy of Management Journal*, Vol. 27, No. 4, pp. 687-705.

Miceli, M. P., & Near, J. P. (1985) "Characteristics of organizational climate and perceived wrongdoing associated with whistleblowing decisions," *Personnel Psychology*, Vol. 38, No. 3, pp. 525-544.

Miceli, M. P., & Near, J. P. (1988) "Individual and situational correlates of whistleblowing," *Personnel Psychology*, Vol. 41, No. 2, pp. 267-281.

Miles, M., & Huberman, M. (1994) *Qualitative Data Analysis: Methods Sourcebook*, Sage.

Moorman, R. H., & Harland, L. K. (2002) "Temporary employees as good citizens: Factors influencing their OCB performance," *Journal of Business and Psychology*, Vol. 17, No. 2, pp. 171-187.

Morgan, G. (1997) *Images of Organization* (2nd ed.), Sage.

Morris, P. E. (1990) "Metacognition," In M. W. Eysenck (Ed.), *The Blackwell Dictionary of Cognitive Psychology*, Blackwell Publishers.

Narver, J. C., & Slater, S. F. (1990) "The effect of a markent orientation on business profitability," *Journal of Marketing*, Vol. 54, No. 4, pp. 20-35.

Narver, J. C., & Slater, S. F. (1998) "Additonal thoughts on the measurement of market orientation," *Journal of Market-Focused Management*, Vol. 2, No. 1, pp. 233-236.

Normann, R. (1984) *Service Management: Strategy and Leadership in Service Business*,

John Wiley & Sons.

O'hara, B. S., Boles, J. S., & Johnston, M. W. (1991) "The influence of personal variables on salesperson selling orientation," *Journal of Personal Selling and Sales Management*, Vol. 11, No. 1, pp. 61-67.

Oliver, R. (1980) "A cognitive model of the antecedents and consequences of satisfaction decisions," *Journal of Marketing Research*, Vol. 17, No. 4, pp. 460-469.

Olson-Buchanan, J. B. (1997) "To grieve or not to grieve: Factors related to voicing discontent in an organizational simulation," *International Journal of Conflict Management*, Vol. 8, No. 2, pp. 132-147.

Olson-Buchanan, J. B., & Boswell, W. R. (2002) "The role of employee loyalty and formality in voicing discontent," *Journal of Applied Psychology*, Vol. 87, No. 6, pp. 1167-1174.

O'Reilly III, C. A. (1991) "Organizational behavior: Where we've been, where we're going," *Annual Review of Psychology*, Vol. 42, No. 1, pp. 427-458.

O'Reilly III, C. A., Chatman, J., & Caldwell, D. F. (1991) "People and organizational culture: A profile comparison approach to assessing person-organization fit," *Academy of Management Journal*, Vol. 34, No. 3, pp. 487-516.

Ostroff, C. (2012) "Person-environment fit in organizational settings," In S. W. J. Kozlowski (Ed.), *Handbook of Organization Psychology Vol. 1*, Oxford University Press, pp. 373-408.

Ostroff, C., Caldwell, D. F., Chatman, J. A., O'Reilly III, C. A., Edwards, J. R., Harrison, D. A., & Espejo, J. (2007) "Methodological and analytical techniques in fit research," In C. Ostroff & T. A. Judge (Eds.), *Perspectives on Organizational Fit*, Lawrence Erlbaum Associates, pp. 351-387.

Ostroff, C., & Judge, T. A. (Eds.) (2007) *Perspectives on Organizational Fit*, Lawrence Erlbaum Associates.

Ostroff, C., & Kozlowski, S. W. J. (1992) "Organizational socialization as a learning process: The role of information acquisition" *Personnel Psychology*, Vol. 45, No. 4, pp. 849-874.

Ostroff, C., & Rothausen, T. J. (1997) "The moderating effect of tenure in person-environment fit: A field study in educational organizations," *Journal of Occupational and Organizational Psychology*, Vol. 70, No. 2, pp. 173-188.

Ostroff, C., & Schulte, M. (2007) "Multiple perspectives of fit in organizations across levels of analysis," In C. Ostroff & T. A. Judge (Eds.), *Perspectives on Organizational Fit*, Lawrence Erlbaum Associates, pp. 3-69.

Ostroff, C., Shin, Y., & Kinicki, A. (2005) "Multiple perspectives of congruence: Relationships between value congruence and employee attitudes," *Journal of Organizational Behavior*, Vol. 26, No. 6, pp. 591-623.

Parasuraman, A., Berry, L. L., & Zeithaml, V. A. (1991) "Refinement and reassessment of the SERVQUAL scale," *Journal of Retailing*, Vol. 67, No. 4, pp. 420-450.

Parasuraman, A., Zeithaml, V. A. & Berry, L. L. (1985) "A Conceptual model of service quality and its implications for future research," *Journal of Marketing*, Vol. 49, No. 4, pp. 41-50.

Parasuraman, A., Zeithaml, V. A., & Berry, L. L. (1988) "SERVQUAL: A multiple-item schale for measuring consumer perceptions of service quality," *Journal of Retailing*, Vol. 64, No. 1, pp. 12-40.

Parker, S. K., & Collins, C. G. (2010) "Taking stock: Integrating and differentiating multiple proactive behaviors," *Journal of Management*, Vol. 36, No. 3, pp. 633-662.

Patrício, L., Fisk, R. P., e Cunha, J. F., & Constantine, L. (2011) "Multilevel service design: From customer value constellation to service experience blueprinting," *Journal of Service Research*, Vol. 14, No. 2, pp. 180-200.

Peiró, J. M., Agut, S., & Grau, R. (2010) "The relationship between overeducation and job satisfaction among young Spanish workers: The role of salary, contract of employment, and work experience," *Journal of Applied Social Psychology*, Vol. 40, No. 3, pp. 666-689.

Pervin, L. A. (1989) "Persons, situations, interactions: The history of a controversy and a discussion of theoretical models," *Academy of Management Review*, Vol. 14, No. 3, pp. 350-360.

Peters, T. J., & Waterman, R. H. (1982) *In Search of Excellence, Lessons from America's Best-run Companies*, Warner (『エクセレント・カンパニー――超優良企業の条件―』大前研一訳, 講談社, 1983年).

Pettijohn, C. E., Pettijohn, L. S., & Parker, R. S. (1997) "An exploratory analysis of the impact of salesperson customer-orientation on sales force productivity," *Journal of Customer Service in Marketing & Management*, Vol. 3, No. 4, pp. 5-24.

Pettijohn, C. E., Pettijohn, L. S., & Taylor, A. J. (2002) "The influence of salesperson skill, motivation, and training on the practice of customer-oriented selling," *Psychology & Marketing*, Vol. 19, No. 9, pp. 743-757.

Pfeffer, J., & Salancik, G. R. (1978) *The External Control of Organizations: A Resource Dependence Perspective*, Harper and Row.

Piasentin, K. A., & Chapman, D. S. (2006) "Subjective person-organization fit: Bridging the gap between conceptualization and measurement," *Journal of Vocational Behavior*, Vol. 69, No. 2, pp. 202-221.

Poole, M. S., & Van de Ven, A. H. (1989) "Using paradox to build management and organization theories," *Academy of Management Review*, Vol. 14, No. 4, pp. 562-578.

Pope, C., Mays, N., & Popay, J. (2007) *Synthesizing Qualitative and Quantative Health Evidence: A Guide to Methods*, Open University Press (『質的研究と量的研究のエビデンスの統合―ヘルスケアにおける研究・実践・政策への活用―』伊藤景一・北素子監訳, 医学書院, 2009年).

Premeaux, S. F., & Bedeian, A. G. (2003) "Breaking the silence: The moderating effects of self-monitoring in predicting speaking up in the workplace," *Journal of Management Studies*, Vol. 40, No. 6, pp. 1537-1562.

Reed, R., & DeFillippi, R. J. (1990) "Causal ambiguity, barriers to imitation, and sustainable competitive advantage," *Academy of Management Review*, Vol. 15, No. 1, pp. 88-102.

Resick, C. J., Giberson, T. R., Dickson, M. W., Wynne, K. T., & Bajdo, L. M. (2013) "Person-organization fit, organizational citizenship, and social-cognitive motivational mechanisms," In A. Kristof-Brown & J. Billsberry (Eds.), *Organizational Fit: Key Issues and New Directions*, Wiley-Blackwell, pp. 99-125.

Rousseau, D. M. (1989) "Psychological and implied contracts in organizations," *Employee Responsibilities and Rights Journal*, Vol. 2, No. 2, pp. 121-139.

Rubin, J. Z., Pruitt, D. G., & Kim, S. H. (1994) *Social Conflict: Escalation, Stalemate, and Settlement*, McGraw-Hill.

Rusbult, C. E., Farrell, D., Rogers, G., & Mainous III, A. G. (1988) "Impact of exchange variables on exit, voice, loyalty, and neglect: An integrative model of responses to declining job satisfaction," *Academy of Management Journal*, Vol. 31, No. 3, pp. 599-627.

Saks, A. M., & Gruman, J. A. (2011) "Organizational socialization and positive organizational behavior: Implications for theory, research, and practice," *Canadian Journal of Administrative Science*, Vol. 28, No. 1, pp. 14-26.

Saxe, R., & Weitz, B. A. (1982) "The SOCO scale: A measure of the customer orientation of salespoeple," *Journal of Marketing Research*, Vol. 19, No. 3, pp. 343-351.

Schein, E. H. (1985) *Organizational Culture and Leadership*, Jossey-Bass (『組織文化とリーダーシップ―リーダーは文化をどう変革するか―』清水紀彦・浜田幸雄訳，ダイヤモンド社，1989年).

Schein, E. H. (1990) *Career Anchors: Discovering Your Real Vales*, Jossey-Bass (『キャリア・アンカー 自分のほんとうの価値を発見しよう』金井壽宏訳，白桃書房，2003年).

Schein, E. H. (1999) *The Corporate Culture Survival Guide*, Jossey-Bass (『企業文化―生き残りの指針―』金井壽宏監訳，尾川丈一・片山佳代子訳，白桃書房，2004年).

Schneider, B. (1987) "The people make the place," *Personnel Psychology*, Vol. 40, No. 3, pp. 437-453.

Schneider, B. (1990) "The climate for service: An application of climate construct," In B. Schneider (Ed.), *Organizational Climate and Culture*, Jossey-Bass, pp. 383-412.

Schneider, B. (2001) "Fits about fit," *Applied Psychology*, Vol. 50, No. 1, pp. 141-152.

Schneider, B. (2004) "Welcome to the world of service management," *Academy of Management Exective*, Vol. 18, No. 2, pp. 144-150.

Schneider, B., Ehrhart, M. G., Mayer, D. M., Saltz, J. L., & Niles-Jolly, K. (2005) "Understanding organization-customer links in service settings," *Academy of Management Journal*, Vol. 48, No. 6, pp. 1017-1032.

Schneider, B., Goldstiein, H. W., & Smith, D. B. (1995) "The ASA framework: An update," *Personnel Psychology*, Vol. 48, No. 4, pp. 747-773.

Schneider, B., Kristof, A. L., Goldstein, H. W., & Smith, D. B. (1997) "What is this thing called fit?" *International Handbook of Selection and Assessment*, Vol. 55, No. 6, pp. 393-412.

Schneider, B., Smith, D. B., Taylor, S., & Fleenor, J. (1998a) "Personality and organizations: A test of the homogeneity of personality hypothesis," *Journal of Applied Psychology,* Vol. 83, No. 3, pp. 462-470.

Schneider, B., White, S. S., & Paul, M. C. (1998b) "Linking climate and customer perceptions of service quality: Test of a causal model," *Journal of Applied Psychology,* Vol. 83, No. 2, pp. 150-163.

Schultz, M., & Match, M. J. (1996) "Living with multiple paradigms: The case of paradigm interplay in organizational culture studies," *Academy of Management Review,* Vol. 21, No. 2, pp. 529-557.

Schultz, R. J., & Good, D. J. (2000) "Impact of the consideration of future sales consequences and customer-oriented selling on long-term buyer-seller relationships," *Journal of Business & Industrial Marketing,* Vol. 15, No. 4, pp. 200-215.

Sekiguchi, T. (2004) "Person-organization fit and person-job fit in employee selection: A review of the literature," *Osaka Keidai Ronshu,* Vol. 54, No. 6, pp. 179-196.

Sekiguchi, T. (2007) "A contingency perspective of the importance of PJ fit and PO fit in employee selection," *Journal of Managerial Psychology,* Vol. 22, No. 2, pp. 118-131.

Sekiguchi, T., & Huber, V. L. (2011) "The use of person-organization fit and person-job fit information in making selection decisions," *Organizational Behavior and Human Decision Processes,* Vol. 116, No. 2, pp. 203-216.

Shipp A. J., & Jansen, K. J. (2011) "Reinterpreting time in fit theory: Crafting and recrafting narratives of fit in medias res," *Academy of Management Review,* Vol. 36, No. 1, pp. 76-101.

Si, S. X., Wei, F., & Li, Y. (2008) "The effect of organizational psychological contract violation on managers' exit, voice, loyalty, and neglect in the Chinese context" *The International Journal of Human Resource Management,* Vol. 19, No. 5, pp. 932-944.

Siguaw, J. A., Brown, G., & Widing II, R. E. (1994) "The influence of the market orientation of the firm on sales force behavior and attitudes," *Journal of Marketing Research,* Vol. 31, No. 1, pp. 106-116.

Silva, N. D., Hutcheson, J., & Wahl, G. D. (2010) "Organizational strategy and employee outcomes: A person-organization fit perspective," *The Journal of Psychology,* Vol. 144, No. 2, pp. 145-161.

Simon, H. A., & Chase, W. G. (1988) "Skill in chess" In D. Levy (Ed.), *Computer Chess Compendium,* Springer, pp. 175-188. (Original work published 1973, *American Scientist,* No. 61, pp. 394-403)

Sin, L. Y., & Tse, A. C. (2000) "How does marketing effectiveness mediate the effect of organizational culture on business performance? The case of service firms," *Journal of Services Marketing,* Vol. 14, No. 4, pp. 295-309.

Slater, S. F., & Narver, J. C. (1995) "Market orientation and the learning organization," *Journal of Marketing,* Vol. 59, No. 3, pp. 63-74.

Staw, B. M. (1984) "Organizational behavior: A review and reformulation of the field's outcome variables," *Annual Review of Psychology*, Vol. 35, No. 1, pp. 627-666.

Stock, R. M., & Hoyer, W. D.（2005）"An attiude-behavior model of salers people's customer orientation," *Journal of the Academy of Marketing Science*, Vol. 33, No. 44, pp. 536-552.

Strauss, A., & Corbin, J.（1998）*Basics of Qualitative Research: Technicque and Procedures for Eveloping Grounded Theory*（2nd ed.）, Sage（『質的研究の基礎　グランデッド・セオリー開発の技法と手順（第2版）』操華子・森岡崇訳，医学書院，2004年）.

Tangirala, S., & Ramanujam, R.（2008a）"Employee silence on critical work issues: The cross level effects of procedural justice climate," *Personnel Psychology*, Vol. 61, No. 1, pp. 37-68.

Tangirala, S., & Ramanujam, R.（2008b）"Exploring nonlinearity in employee voice: The effects of personal control and organizational identification," *Academy of Management Journal*, Vol. 51, No. 6, pp. 1189-1203.

Tavakoli, A., Keenan, J., & Crnjak-Karanovic, B.（2003）"Culture and whistleblowing: An empirical study of Croatian and United States managers utilizing Hofstede's cultural dimensions" *Journal of Business Ethics*, Vol. 43, No. 1-2, pp. 49-64.

Thomas, D. C., & Au, K.（2002）"The effect of cultural differences on behavioral responses to low job satisfaction," *Journal of International Business Studies*, Vol. 33, No. 2, pp. 309-326.

Thomas, D. C., & Pekert, A. A.（2003）"Effect of culture on situational determinants of exchange behavior in organizations: A comparison of New Zealand and Indonesia," *Journal of Cross-Cultural Psychology*, Vol. 34, No. 3, pp. 269-281.

Thomas, J. P., Whitman, D. S., & Viswesvaran, C.（2010）"Employee proactivity in organizations: A comparative meta-analysis of emergent proactive constructs," *Journal of Occupational & Organizational Psychology*, Vol. 83, No. 2, pp. 275-300.

Tierney, P., Farmer, S. M., & Graen, G. B.（1999）"An examination of leadership and employee creativity: The relevance of traits and relationships," *Personnel Psychology*, Vol. 52, No. 3, pp. 591-620.

Tong, J., Wang, L., & Peng, K.（2015）"From person-environment misfit to job burnout: Theoretical extensions," *Journal of Managerial Psychology*, Vol. 30, No. 2, pp. 169-182.

VandenBos, G. R.（2007）*APA Directory of Psychology*, American Psychological Association（『APA心理学大辞典』繁桝算男・四本裕子監訳，培風館，2013年）.

Van de Ven, H. A., & Astley, G. W.（1981）"Mapping the field to create a dynamic perspective on organization design and behavior," In A. H. Van De Ven & W. F. Joyce（Eds）, *Perspective on Organization Design and Behavior*, Wiley-Interscience, pp. 427-468.

Vanderstukken, A., Proost, K., & Van Den Broeck, A.（2019）"Subjective PO fit in recruitment: Is it always really 'O'? Organizational values may be industry values, depending on temporal distance," *European Journal of Work and Organizational Psychology*, Vol. 28, No. 5, pp. 602-615.

Van Dyne, L., Ang, S., & Botero, I. C.（2003）"Conceptualizing employee silence and employee voice as multidimensional constructs," *Journal of Management Studies*, Vol. 40, No. 6, pp. 1359-1392.

Van Dyne, L., Kamdar, D., & Joireman, J. (2008) "In-role perceptions buffer the negative impact of low LMX on helping and enhance the positive impact of high LMX on voice," *Journal of Applied Psychology*, Vol. 93, No. 6, pp. 1195-1207.

Van Dyne, L., & LePine, J. A. (1998) "Helping and voice extra-role behaviors: Evidence of construct and predictive validity," *Academy of Management Journal*, Vol. 41, No. 1, pp. 108-119.

Van Katwyk, P. T., Fox, S., Spector, P. E., & Kelloway, E. K. (2000) "Using the Job-Related Affective Well-Being Scale (JAWS) to investigate affective responses to work stressors" *Journal of Occupational Health Psychology*, Vol. 5, No. 2, pp. 219-230.

Van Maanen, J. (1975) "Police socialization: A longitudinal examination of job attitudes in an urban police department," *Administrative Science Quarterly*, Vol. 20, No. 2, pp. 207-228.

Van Maanen, J., & Schein, E. H. (1979) "Toward a theory of organization socialization," In B. M. Staw & L. L. Cummings (Eds.), *Research in Organizational Behavior*, Vol. 1, JAI Press, pp. 209-268.

Van Vianen, A. E., Stoelhorst, J. W., & De Goede, M. E. (2013) "The construal of person-organization fit during the ASA stages: Content, source, and focus of comparison," In A. Kristof-Brown & J. Billsberry (Eds.), *Organizational Fit: Key Issues and New Directions*, Wiley-Blackwell, pp. 145-169.

Venkataramani, V., & Tangirala, S. (2010) "When and why do central employees speak up? An examination of mediating and moderating variables," *Journal of Applied Psychology*, Vol. 95, No. 3, pp. 582-591.

Verquer, M. L., Beehr, T. A., & Wagner, S. H. (2003) "A meta-analysis of the relations between person-organization fit and work attitudes," *Journal of Vocational Behavior*, Vol. 63, No. 3, pp. 473-489.

Vleugels, W., De Cooman, R., Verbruggen, M., & Solinger, O. (2018) "Understanding dynamic change in perceptions of person-environment fit: An exploration of competing theoretical perspectives," *Journal of Organizational Behavior*, Vol. 39, No. 9, pp. 1066-1080.

Vleugels, W., Tierens, H., Billsberry, J., Verbruggen, M., & De Cooman, R. (2019) "Profiles of fit and misfit: A repeated weekly measures study of perceived value congruence" *European Journal of Work and Organizational Psychology*, Vol. 28, No. 5, pp. 616-630.

Vroom, V. H. (1964) *Work and Motivation*, Wiley.

Wagner, R. K., & Stanovich, K. E. (1996) "Expertise in reading," In K. A. Ericsson (Ed.), *The Road to Excellence*, Mahwah, pp. 189-225.

Wheeler, A. R. (2010) "Which of these is not like the others? PE fit, lack of PE fit, and misfit," Paper presented at the 4th Global e Conference on fit. Retrieved from http://www.conference.fit/images/2010arch/key01.pdf (December 28, 2017).

Wheeler, A. R., Gallagher, V. C., Brouer, R. L., & Sablynski, C. J. (2007) "When person-organization (mis) fit and (dis) satisfaction lead to turnover: The moderating role of perceived job mobility," *Journal of Managerial Psychology*, Vol. 22, No. 2, pp. 203-219.

Wheeler, A. R., Jonathon, R. B., Halbesleben, J. R., & Shanine, K. (2013) "Exploring the middle range of person-environment fit theories through a conservation of resources perspective," In A. Kristof-Brown & J. Billsberry (Eds.), *Organizational Fit: Key Issues and New Directions*, Wiley-Blackwell, pp. 170-194.

Wingreen, S. C., & Blanton, J. E. (2007) "A social cognitive interpretation of person-organization fitting: The maintenance and development of professional technical competency," *Human Resource Management*, Vol. 46, No. 4, pp. 631-650.

Yu, K. Y. T. (2013) "A motivational model of person-environment fit: Psychological motives as drivers of change," In A. Kristof-Brown & J. Billsberry (Eds.), *Organizational Fit: Key Issues and New Directions*, Wiley-Blackwell., pp. 21-49.

Zablah, R. A., Franke, R. G., Brown, T. J., & Bartholomew, D. E. (2012) "How and when does customer orientation influence frontline employee job outcomes? A meta-analytic evaluation," *Journal of Marketing*, Vol. 76, No. 3, pp. 21-40.

Zhou, J., & George, J. M. (2001) "When job dissatisfaction leads to creativity: Encouraging the expression of voice," *Academy of Management Journal*, Vol. 44, No. 4, pp. 682-696.

Zubielevitch, E., Cooper-Thomas, H. D., & Cheung, G. W. (2021) "The (socio) politics of misfit: A moderated-mediation model," *Journal of Managerial Psychology*, Vol. 36, No. 2, pp. 138-155.

294

【日本語文献】

赤尾勝己編（2004）『生涯学習理論を学ぶ人のために―欧米の成人教育理論，生涯学習の理論と方法―』世界思想社.

安達智子（1998）「セールス職者の職務満足感―共分散構造分析を用いた因果モデルの検討―」『心理学研究』第69巻第3号，pp. 223-225.

伊丹敬之（2012）『経営戦略の論理―ダイナミック適合と不均衡ダイナミズム―（第4版）』日本経済新聞出版社.

伊藤友章（2009a）「市場志向研究の展開と課題―顧客と接している従業員および顧客の視点を組み込む必要性―」『北海学園大学経営論集』第7巻第1号，pp. 1-27.

伊藤友章（2009b）「顧客接点を重視した市場志向研究―顧客接点の従業員および組織外部の視点を取り入れた市場志向研究の現状―」『北海学園大学経営論集』第7巻第2号，pp. 51-85.

伊藤友章（2012）「市場志向とイノベーションとの関係を巡る問題―伝統的市場志向概念とイノベーションとの関係について―」『北海学園大学経営論集』第10巻第2号，pp. 33-59.

岩下仁（2010）「市場志向研究の潮流と今後の展望―マーケティング戦略と成果のメカニズムの解明に向けて―」『早稲田大学大学院商学研究科紀要』第71号，pp. 187-199.

岩下仁（2011）「市場志向における先行要因の整理と探索―マーケティング志向に影響を与える要因とは何か―」『早稲田大学大学院商学研究科紀要』第73号，pp. 145-158.

岩下仁（2012a）「マーケティングにおける市場志向の二元性の解明―Narver and Slater (1990) と Kohli and Jaworski (1990) によって開発された測定概念―」『早稲田大学大学院商学研究科紀要』第74号，pp. 51-75.

岩下仁（2012b）「市場志向の代替的志向性の整理と解明―マーケティング志向と同次元に位置する志向性とは何か―」『早稲田大学大学院商学研究科紀要』第75号，pp. 141-160.

上田泰（2003）『組織行動研究の展開』白桃書房.

大浦容子（1996）「熟達化」波多野誼余夫（編）『認知心理学5―学習と発達―』東京大学出版会.

大里大助（2015）「日本における個人組織適合と組織適応との関連」『久留米大学商学研究』第20巻第2号，pp. 75-89.

尾形真実哉（2007）「キャリア初期における組織社会化の複眼的分析」神戸大学経営学研究科博士論文.

尾形真実哉（2012）「リアリティ・ショックが若年就業者の組織適応に与える影響の実証研究―若年ホワイトカラーと若年看護師の比較分析―」『組織科学』第45巻第3号，pp. 49-66.

小川憲彦（2006）「組織における社会化過程と個人化行動に関する理論的・実証的研究」神戸大学大学院経営学研究科博士論文.

小川憲彦（2012）「組織社会化戦術と役割志向性の関係における個人学習の媒介効果と組織文化の調整効果―変革志向の人材をいかに育成するか―」『法政大学イノベーション・マネジメント研究センター ワーキングペーパー』No. 125.

小沢伸光（1986）「アージリスの経営管理思想-1 ―P-O 理論から行為の理論へ―」『函大商学論究』第 21 巻第 1 号，pp. 1-15.

小塩真司・西口利文（2007）『質問紙調査の手順』ナカニシヤ出版.

小野讓司（2016）「サービス・エクセレンスと顧客戦略―累積的顧客満足モデルによる分析―」『流通研究』第 18 巻第 2 号，pp. 3-31.

抱井尚子・成田慶一編，日本混合研究法学会監修（2016）『混合研究法への誘い―質的・量的研究を統合する新しい実践研究アプローチ―』遠見書房.

角方正幸・萱園理（2007）「サービス経済化における"顧客接点人材"の現状分析―サービス分野とサービス類型から―」『Works Review』第 2 号，pp. 146-159.

角山剛・松井賚夫・都築幸恵（2001）「個人の価値観と組織の価値観の一致―職務態度の予測変数およびパーソナリティー職務業績関係の調整変数としての効果―」『産業・組織心理学研究』第 14 巻第 2 号，pp. 25-34.

加護野忠男（1980）『経営組織の環境適応』白桃書房.

加護野忠男（1998）『組織認識論―企業における創造と革新の研究―』千倉書房.

笠井恵美（2007）「対人サービス職の熟達につながる経験の検討―教師・看護師・客室乗務・保険営業の経験比較―」『Works Review』第 2 号，pp. 50-63.

加藤一郎（2012）「個人の組織への適合に対するナラティヴ・アプローチの可能性」『釧路公立大学紀要．社会科学研究』第 24 号，pp. 73-89.

金井壽宏（2005）『リーダーシップ入門』日本経済新聞出版社.

金井壽宏（2008）「実践的持論の言語化が促進するリーダーシップ共有の連鎖」『国民経済雑誌』第 198 巻第 6 号，pp. 1-29.

金井壽宏・尾形真実哉・片岡登・元山年弘・浦野充洋・森永雄太（2007）「リーダーシップの持（自）論アプローチ―その理論的バックグラウンドと公表データからの持（自）論解読の試み―」『神戸大学大学院経営学研究科ディスカッションペーパー』.

金井壽宏・尾形真実哉（2013）「キャリア発達における時間展望」金井壽宏・鈴木竜太（編著）『日本のキャリア研究―組織人のキャリア・ダイナミクス―』白桃書房，pp. 3-42.

金井壽宏・鈴木竜太編著（2013a）『日本のキャリア研究―専門技能とキャリア・デザイン―』白桃書房.

金井壽宏・鈴木竜太編著（2013b）『日本のキャリア研究―組織人のキャリア・ダイナミクス―』白桃書房.

金井壽宏・高橋潔（2004）『組織行動の考え方―ひとを活かし組織力を高める 9 つのキーコンセプト―』東洋経済新報社.

金井壽宏・高橋潔（2008）「組織理論における感情の意義」『組織科学』第 41 巻第 4 号，pp. 4-15.

鎌原雅彦・宮下一博・大野木裕明・中澤潤（1998）『心理学マニュアル 質問紙法』北大路書房.

唐沢かおり編（2005）『社会心理学』朝倉書店.

唐沢かおり編著（2014）『新社会心理学―心と社会を繋ぐ知の統合―』北大路書房.

河合篤男（2006）『企業革新のマネジメント―破壊的決定は強い企業文化を変えられるか―』中央経済社.

北居明（2004）「80年代における「強い文化」論をめぐる諸議論について」『大阪府立大學経済研究』第50巻第1号，pp. 287-306.

北居明（2005）「組織文化と経営成果の関係―定量的研究の展開―」『大阪府立大學経済研究』第50巻2-4号，pp. 141-164.

木下康仁（2003）『グラウンデッド・セオリー・アプローチの実践―質的研究への誘い―』弘文堂.

木下康仁（2007）『ライブ講義M-GTA実践的質的研究法―修正版グラウンデッド・セオリー・アプローチのすべて―』弘文堂.

黒田兼一（1982a）「アージリスの管理論について（1）」『桃山学院大学経済経営論集』第24巻第1号，pp. 79-111.

黒田兼一（1982b）「アージリスの管理論について（2）」『桃山学院大学経済経営論集』第24巻第2号，pp. 175-200.

桑田耕太郎・田尾雅夫（1998）『組織論』有斐閣.

小菅竜介（2006）「顧客接触と顧客志向―市場志向研究の方法論的再検討―」『組織科学』第40巻第2号，pp. 52-61.

小菅竜介（2007）「顧客志向から市場志向へ―理論と測定―」『赤門マネジメント・レビュー』第6巻第7号，pp. 243-266.

近藤隆雄（2000）「サービス品質の評価について」『経営・情報研究―多摩大学研究紀要―』第4号，pp. 1-16.

近藤隆雄（2004）『サービスマネジメント入門―商品としてのサービスと価値づくり―』生産性出版.

戈木クレイグヒル滋子（2008）『質的研究方法ゼミナール―グラウンデッドセオリーアプローチを学ぶ―』医学書院.

坂下昭宣（2002）『組織シンボリズム論―論点と方法―』白桃書房.

佐藤郁哉（2005）「トライアンギュレーション（方法論的複眼）とは何か？」『インターナショナル・ナーシング・レビュー』第28巻第2号，pp. 30-36.

佐藤郁哉（2008）『質的データ分析法―原理・方法・実践―』新曜社.

佐藤郁哉・山田真茂留（2004）『制度と文化―組織を動かす見えない力―』日本経済新聞出版社.

嶋﨑尚子（2004）『社会調査データと分析 基礎編』早稲田大学文学部.

鈴木竜太（2002）『組織と個人―キャリアの発達と組織コミットメントの変化―』白桃書房.

鈴木竜太（2013）『関わりあう職場のマネジメント』有斐閣.

高尾義明・王英燕（2012）『経営理念の浸透―アイデンティティ・プロセスからの実証分析―』有斐閣.

高橋弘司（1993）「組織社会化をめぐる諸問題―研究レビュー―」『経営行動科学』第8巻第1号，pp. 1-22.

高橋弘司・渡辺直登・野口裕之，Meyer, J. P.（1998）「3次元組織コミットメント尺度日本語版の翻訳等価性の検討―日本-カナダ比較―」『経営行動科学学会年次大会：発表論文集』，pp. 159-169.

竹内倫和（2009）「新規学卒就職者の個人‐環境適合が組織適応に及ぼす影響―個人‐組織適合と個人‐職業適合の観点から―」『産業・組織心理学研究』第22巻第2号，pp. 97-114.

竹内規彦・竹内倫和・外島裕（2007）「人的資源管理研究へのマルチレベル分析の適用可能性―HRM施策と組織文化が職務態度，行動に与える影響の検討事例―」『組織行動科学』第20巻第2号，pp. 127-141.

田中堅一郎・外島裕（2005）「日本版組織機能阻害行動の測定尺度の開発」『経営行動科学』第18巻第1号，pp. 11-19.

谷口智彦（2011）「時間的統合によるキャリア上の仕事経験学習の考察」『商経学叢』第58巻第1号，pp. 83-107.

津田眞澂（1977）『人事労務管理の思想』有斐閣.

露口健司（2004）「学校組織における価値適合の規定要因と適合効果」『教育経営学研究紀要』第7号，pp. 1-15.

鄭真己・山崎喜比古（2003）「情報サービス産業における労働職場環境特性が労働者の心身の健康，職務不満足及び離職意向に及ぼす影響」『産業衛生学雑誌』第45巻第1号，pp. 20-30.

鄭有希・竹内規彦・竹内倫和（2011）「人材開発施策が従業員の職務態度に与える影響過程―個人‐環境適合の媒介効果とキャリア計画の調整効果―」『日本経営学会誌』第27巻，pp. 41-54.

徳田治子（2007）「半構造化インタビュー」やまだようこ（編）『質的心理学の方法―語りをきく―』新曜社，pp. 100-113.

西尾久美子（2007）『京都花街の経営学』東洋経済新報社.

西尾チヅル編著（2007）『マーケティングの基礎と潮流』八千代出版.

野中郁次郎・加護野忠男・小松陽一・奥村昭博・坂下昭宣（2013）『新装版 組織現象の理論と測定』千倉書房.（初版発行年1978）.

服部泰宏（2011）『日本企業の心理的契約―組織と従業員の見えざる約束―』白桃書房.

服部泰宏（2016）.「人材管理の基底としての個人‐組織関係―欧米における研究の系譜と日本型マネジメントへの示唆―」『横浜経営研究』第37巻第1号，pp. 85-109.

濱口桂一郎（2011）『日本の雇用と労働法』日本経済新聞出版社.

濱口桂一郎（2021）『ジョブ型雇用社会とは何か―正社員体制の矛盾と転機―』岩波書店.

林祥平（2013）「組織社会化と組織的同一化の弁別妥当性」『経営行動科学』第26巻第1号，pp. 1-15.

廣瀬春次（2012）「混合研究法の現在と未来」『山口医学』第61巻第1・2号，pp. 11-16.

福島章（1989）「性格と適応」福島章他（編）『性格心理学新講座 第3巻―適応と不適応―』金子書房.

福本俊樹（2011）「組織社会化概念の再定位」神戸大学大学院経営学研究科大学院生ワーキングペーパー.

藤永保監修（2013）『最新心理学事典』平凡社.

二村敏子（2004）『現代ミクロ組織論―その発展と課題―』有斐閣.

保坂亨・中澤潤・大野木裕明（2000）『心理学マニュアル 面接法』北大路書房.

松岡久美（2000）「経営理念の浸透とリーダーシップに関する研究」神戸大学大学院経営学研究科博士論文.

松尾睦（2006）『経験からの学習―プロフェッショナルへの成長プロセス―』同文館出版.

松尾睦（2010）「救急医の熟達と経験学習」『国民経済雑誌』第202巻第4号，pp. 13-44.

松尾睦（2012）「マネジャーの熟達と経験学習」『国民経済雑誌』第206巻第4号，pp. 79-94.

松尾睦・奥瀬喜之・ブラート・カロラス（2001）「サービス・クオリティ次元に関する実証研究―SERVQUALの再検討―」『流通研究』第4巻第1号，pp. 29-38.

南知恵子（2012）「サービス品質と顧客満足」『流通研究』第14巻第2/3号，pp. 1-15.

三輪哲・林雄亮編著（2014）『SPSSによる応用多変量解析』オーム社.

守島基博（2021）『全員戦力化―戦略人材不足と組織力開発―』日本経済新聞出版.

柳澤武（2004）「人事採用における資格過剰（overqualified）と年齢差別の成否―アイルランドとアメリカの調停・裁判例を素材に―」『名城法学』第54巻第1・2巻，pp. 1-33.

山﨑京子（2009a）「セールス人材と組織のfitがサービス・パフォーマンスに与える影響」筑波大学大学院ビジネス科学研究科修士論文.

山﨑京子（2009b）「P-O fit研究における分析手法に関する考察―個人と組織の価値観適合を分析する際の手法比較―」『産業・組織心理学会年次大会：発表論文集』，pp. 203-206.

山﨑京子（2009c）「セールス人材と組織のfitに影響を与える規定要因について―自由回答欄の定性分析からの探索―」『国際戦略経営研究学会全国大会：報告要旨集』，pp. 39-42.

山﨑京子（2012）「顧客接点人材と組織のP-O fitがサービス行動に与える影響」『経営行動科学学会年次大会：発表論文集』，pp. 367-372.

山﨑京子（2013）「個人と組織の価値観が100％適合をしない意味の探求―顧客志向性価値観による適合の定性的研究から―」『経営行動科学学会第16回年次大会発表論文集』

山﨑京子（2014）「顧客接点人材の顧客志向性価値観とその形成過程―個人と組織のfit研究の前提として―」『日本商業学会全国研究大会：報告論集』，pp. 11-21.

山﨑京子（2017a）「P-O fit/misfit研究における群分類の検討」『国際戦略経営研究学会大会：報告要旨集』，pp. 49-52.

山﨑京子（2017b）「P-O misfit（個人と組織の不適合）がもたらす組織内行動―顧客接点人材に対する質的パネル調査―」『経営行動科学学会年次大会：発表論文集』，pp. 83-90.

山﨑京子（2019）「個人と組織の適合と不適合のダイナミクス―顧客志向による外部環境への適応―」神戸大学大学院経営学研究科博士論文.

山﨑京子（2022）「個人－組織適合研究の系譜と新展開」組織学会（編）『組織論レビューⅢ―組織の中の個人と集団―』白桃書房，pp. 27-49.

事項索引

人名索引

■著者紹介

山﨑 京子（やまざき・きょうこ）

立教大学大学院ビジネスデザイン研究科特任教授

東洋大学短期大学ホテル観光学科卒業後，旅行会社に就職。海外駐在帰国後に，ロイター
ジャパン，日本ゼネラルモーターズにて能力開発に従事。エルメスジャポンでの人材開発
マネージャーを経て，人事・組織開発コンサルティングのアテナHRODを設立。日本企
業や外資企業日本法人での人事コンサルティングや研修講師，さらにJICA日本人材開発
センタープロジェクトで移行経済国7か国の現地経営者に対して人的資源管理の実務指導
を行う。
1996年放送大学教養学部卒業，2009年筑波大学大学院ビジネス科学研究科修了，2019年
神戸大学大学院経営学研究科 博士課程後期課程修了。博士（経営学）。学習院大学経済学
部特別客員教授を経て，2021年より現職。

研究分野：
　組織行動論，人的資源管理論，キャリア論

主要業績：
　「個人−組織適合研究の系譜と新展開」『組織論レビューⅢ』白桃書房，2022.
　「移行経済国における人的資源管理の経路依存性に関する一考察 −モンゴル企業の事例
　　から−」（共著）『国際戦略経営研究学会2022年度年次大会報告要旨集』pp.77-80.,
　　2022.
　『未来を拓くキャリア・デザイン講座』（共著）中央経済社，2018.
　"Person-Organization Value Fit under Asian Current Economic Conditions: The case
　　of Vietnam & Mongolia" Labor and Employment Relations Association 2013 ASSA/
　　AEA Annual Meeting. 2013.

■▨ 個人と組織 不適合のダイナミクス
　　　—適合と不適合が牽引する外部環境適応

▨ 発行日——2023年2月24日　　初 版 発 行　　　　〈検印省略〉

■ 著　者——山﨑　京子

■ 発行者——大矢栄一郎

■ 発行所——株式会社 白桃書房
　　　　〒101-0021　東京都千代田区外神田5-1-15
　　　　☎ 03-3836-4781　FAX 03-3836-9370　振替 00100-4-20192
　　　　https://www.hakutou.co.jp/

■ 印刷・製本——三和印刷

好 評 書